Festival, Tourism, & Folklore

節慶觀光與民俗

教你如何設計、企畫、策劃與經營管理

方偉達 著

五南圖書出版公司 印行

推薦序

　　節慶是人類社會自古以來即存在的家族或社群活動，傳統節慶多數由民俗演變而來，有些則演化為宗教性的節慶活動而代代流傳。工商業社會時代，不少節慶活動則是因為休閒需要或觀光發展目的而創造出來，而且方興未艾。但無論是與民俗有關的傳統節慶或新創的活動盛會，它們都能為人們帶來身心歡樂，為社會增進人文內涵。

　　節慶活動也是行銷觀光的利器，籌辦節慶是會展專業領域之一部分。為配合政府推展我國觀光及會展產業之發展政策，中華大學在96學年度成立觀光學院，同時創設了國內第一個以培育會展人才為目的之「觀光與會議展覽學士學位學程」（101學年改為觀光與會展學系）。而在政府持續推動觀光與會展發展計畫的推波助瀾之下，不少院校亦接踵成立相關學系，霎時之間會展成為大學的一個教學專業領域。

　　方偉達副教授曾經在2008年至2012年擔任本校觀光學院休閒遊憩規劃與管理學系、觀光與會議展覽學士學位學程的合聘專任助理教授，現任國立臺灣師範大學環境教育研究所副教授。他治學認真、勤於筆耕，在本校任教時就出版了《國際會議與會展產業概論》一書，《節慶觀光與民俗》則是他在五南圖書公司出版觀光書籍系列的第六本大學教科書，本人對他勤快著書的表現至為感佩。

　　此書內容涵蓋時令節慶與民俗、節慶活動心理、造節活動、節慶社會文化經濟、節慶文化調查分析、節慶活動策劃設計、節

慶活動經營管理、節慶活動影響評估等，內容相當豐富，有收錄整理之寶貴資料，也有不少理論與見解，不但可以做為教科書，而且也是一本認識節慶觀光與民俗的極佳參考書。

蘇成田

2016.1.20　謹識

中華大學觀光學院 教授兼院長

行政院觀光發展推動委員會委員

前交通部觀光局局長

自　序

　　在臺灣，傳統節慶大多是由中原漢族所繼承下來，過去由宗族及鄉街組織來扮演的節慶角色，例如炮獅、遶境、炸寒單、放水燈、燒龍船、八家將、迎神賽會等方式進行。然而，臺灣在邁向工商業社會之後，因社會生產力快速發展，藉由社會種種分工作業，演變專業社團機構主導，衍生出來的「造節」運動。

　　因此，在廣義的節慶中，包含了傳統節慶和造節活動。造節活動在臺灣發展的脈絡，主要是因為觀光產業的興盛，而逐漸受到重視。這些造節活動，透過過去的傳統節慶的啟發，衍生出新的節日意義，發展成「節」（Festival）、「會」（Fair）（市集、廟會、展售、展覽）等活動形式：另外，依據會展產業的定義，發展成活動（Event）的概念。因此，造節活動是根據傳統民俗慶典活動、地方新興產業觀光活動、運動競技活動、商業博覽活動，以及其他特殊項目活動而產生。

　　有鑒於節慶活動受到全球化的影響，節慶消費帶動了觀光產業的發展，節慶活動被認為是建立社區特色的一個方式，不論是新興節慶，還是地方傳統宗教節慶，其目的都是在塑造社區的認同感和地方感，藉以帶動地方經濟產業的發展。因此，2013年《圖解節慶觀光與民俗：SOP標準流程與案例分析》書稿付梓之際，筆者運用在國立臺灣師範大學理學院進行教學、研究，協助Marinus Otte總編輯主編Wetlands SCI期刊、寫作SCI、SSCI期刊文章的空檔，利用2015年的暑假，凌晨四點即起，振臂疾書完成了《節慶觀光與民俗》，全書強調節慶活動，根本上應該確認

「人」是節慶服務的對象。

全書分為節慶觀光與民俗《基礎篇》和《應用篇》兩個篇章，第一篇命名為節慶觀光與民俗基礎篇，包含了時令節慶總論、節慶活動心理、節慶社會、文化與經濟、民俗節慶與造節活動等傳統典故和文獻之梳理；第二篇命名為節慶觀光與民俗應用篇，進行節慶規劃的應用設計，談論節慶觀光及民俗調查與分析、節慶觀光活動策劃與設計、節慶觀光活動經營與管理、節慶觀光方案評估與影響。全書應用整合性的節慶參考文獻，進行文字編排和內容撰寫，形成以圖解、表格和文字等視覺化呈現的教科書。

《節慶觀光與民俗》兼具闡釋理論觀念，建構實務Know-how技巧的優點，適用於會展、休閒、觀光、餐旅、歷史、人類學、會展行銷、會展管理、民俗藝術、劇場藝術、表演藝術、國際企業經營、文化創意產業、文化觀光產業、會議展覽行銷、會議展覽服務業、文化與自然資源、節慶活動暨婚禮企畫等學系、研究所、學位學程開設的節慶觀光與民俗課程，以及用於實務界辦理節慶活動管理的專業訓練教材。本書力圖建構國內外節慶觀光與民俗理論體系，以紮實的理論和實務基礎，進行節慶觀光與民俗強化分析；在實務進階運用階段，佐以案例操作及規劃練習。本書之案例操作建議採用2016年再刷姊妹作《圖解節慶觀光與民俗：SOP標準流程與案例分析》的圖解實例分析。兩本著作涵蓋國內外繽紛亮麗的節慶活動，藉由歷史嚴謹的考據方法，透過節慶教育宣傳及訓練活動，發揚國內外民俗文化，凝聚傳統信仰及民族自信，並且增加我國觀光產業節慶規劃與遊憩管理的

競爭力。

　　本書感謝五南圖書公司黃惠娟主編的出書構想，感謝愛妻伽穎的鼓勵，感謝四歲半的承竣和三歲半的承舜，從孩童身上，我看到了集體記憶（Collective memory）的可能性。沒有他們，我無法在理性思考上逐漸領悟感性世界，更無法敞開心房，放棄自然科學家最後的矜持，陪著他們走訪臺灣北部和中南部的廟宇，到媽祖廟、關帝廟俯首膜拜；甚至到天主教堂前的聖母瑪利亞聖像前禱告沉思。沒有兩位兒子在智慧、童言和童心上的啓發，這本《節慶觀光與民俗》，也無法靈光乍現，那麼快可以迅速完成。

方偉達

誌於臺北興安華城

2015年12月25日　聖誕節

CONTENTS
目　錄

楔子 ——《春雷蟄伏》

欲證心之康泰，法道之常規，必通易而後覺，以效古之仁人。雖力有不逮，勉力而矣已。憶及文山之《正氣歌》，乃覺學古通今，逝者斯時也。心契神會，慨然悠遊如上古之麋。春雷蟄伏、跫音初動；春風馳蕩，冬氣幽幽。余正襟危坐，神清氣閒，高誦：「風簷展書讀、古道照顏色」。

方偉達

寫於丁卯正月初五幻非居
1987年2月2日（時年22歲）

第一篇

節慶觀光與民俗　基礎篇

第一章
時令節慶總論

學習焦點

　　傳統節慶配合四季的節序更替，舉辦年度的慶典活動。人類在遠古時期，早在奇貝哥力石陣（Göbekli Tepe）興建之初，即建立了信仰中心，並且聚集在一起祈禱，形成了爲信仰而形成的聚集活動。因此，最初節慶是原始儀式的一部分，與神話、宗教，以及文化傳統有關。目前國內外節慶常被使用的名詞，包含了「慶典」、「嘉年華」等；而在英文用字方面，則包括了festival、fair、event、gala、mega-event及hallmark event等單字，都是充滿著歡樂愉悅的字眼。本章從世界節慶的緣由與定義進行分析，談到宗教、文化及時令對於全球節慶的影響。此外，針對傳統漢人之時令節慶，從甲骨文、金文和小篆中探討「節慶、觀光和民俗」字義，並說明其節慶、觀光和民俗相互之間的深遠影響和關係。本章探討過去以農業社會爲基礎的傳統節慶，希望重新思考及建構傳統價值，希冀更加鞏固文化內涵。

第一節　節慶的緣由與定義

　　人類自從能夠思考以來，從遠古採集、狩獵、遊牧，到了農業生活，已經歷經了七萬年。以遠古的採集者來說，他們普遍都有泛靈信仰（animism），也就是說山川大地、風雨雲露，只要是自然現象，都有意識和情感，也都會和人類溝通。對於泛靈者來說，天使、精靈、惡魔、鬼魂，都是原始信仰中，全世界數千種不同的宗教和信仰最初的起源。從舊石器時代到新石器時代，從狩獵爲主的生活，進展到遊牧、農耕生活，從

山壁上的畫作，可以看出人類原初的狩獵生活、節慶活動和祭祀儀式，例如法國多爾多涅省蒙特涅克村的韋澤爾峽谷拉斯科洞窟壁畫、南非德拉肯斯山派公園的岩石壁畫、挪威亞爾他岩石壁畫、美國田納西州坎伯蘭高地壁畫等，都是早期人類著名的洞穴壁畫。距今32,000年的德國西南部的洞穴，考古學家更發現了原始人類製作半人半獸的神話雕像，奧瑞納文化（Aurignacian culture）的文物「獅子人」，是世界最早的擬人化小雕像。顯示當時人類擁有豐富的精神生活，這些文物可能是古老宗教的最早證據（圖1-1）。

圖1-1　獅子人是世界最早的擬人化小雕像，距今32,000年。顯示當時人類擁有豐富的精神生活，這些文物可能是古老宗教的最早證據（方偉達翻攝於德國的烏爾姆（Ulm）博物館）。

距今約11,500年前，人類開始從採集走向農業。到了農業時代，因為水災、旱災、颱風、火山爆發等自然災害頻傳，大自然的不確定因素造成每年的農業收成欠收。人類受制於大自然，處處要藉由超自然力的保佑，因此發展宗教信仰以安頓身、心、靈，寺廟及祭壇成為教化大眾的場域。農民在風不調、雨不順的情況之下，成為有神論者（theism），農業環境的居住安全、和平，以及五穀豐登，繫於天地鬼神的手中。

舉例來說，在土耳其東南部烏爾法市郊近十公里處的奇貝哥力石陣（Göbekli Tepe），距今約11,500年前即開始落成，這是人類為信仰而完成集體創作的最早的考古紀錄。這些直立的石頭上雕刻的作品，主要是狩獵時代所獵捕到的野豬、鴨子、蛇、龍蝦和獅子。奇貝哥力人在進行集體捕獵之後，匯聚在一起，祈禱神明給予他們一年一度的豐收和平安。後來，他們從狩獵文化，轉而在山坡地上種植牧草，過著半獵、半農的生活。奇貝哥力人擁有共同的宗教信仰，他們的後代居住於安那托力亞平原，後來從野豬開始馴養世界上第一頭的家豬，並且從小麥、裸麥、燕麥等野生採集來的植物開始進行培育和育種，促使農耕活動的興起。我們可以說，在農忙之餘，奇貝哥力人為了祭拜天地鬼神，佐以相同的宗教和意識型態，建立了奇貝哥力石陣信仰中心，並且聚集在一起祈禱，形成了最早人類為信仰而形成的聚集活動。

　　到了距今9,000年前，在中東伊拉克與巴勒斯坦的約律哥（Jericho）與雅莫（Jarmo）出現人類史上第一個城鄉雛形，這個遺址估計可養活三千人的形式聚落；後來，土耳其的加泰土丘甚至出現可以養活一萬人的聚落，象徵人類生活方式的進步，也改變人類史上空間利用的集居行為。到了埃及帝國、亞述帝國、巴比倫帝國和波斯帝國的興起，城鎮建設發達，在發展農業之際，人們在年度農忙之間隙，為了紀念重要的人物或是紀念重大的事件，每年固定在年度舉辦慶祝活動的節目，常利用舉行儀式活動達到歡慶的目的。例如：在古希臘和羅馬時代，農神節（Saturnalia）是一種與宗教有關的活動。這些舉行紀念性或消災降福祭祀的儀式活動，仰賴祭司解讀曆法，依據曆法舉行季節性儀式，祭司（神在人間的代言人）統治早期的文明，也產生了時令節慶。

　　在西方國家，人類以節慶活動，記錄生活上的重要節日和事件，許多節慶與農業收割時間有關，慶祝季節變化和豐收，例如豐年祭（harvest festivals）。有些節慶慶祝重要的軍事勝利；有些節慶慶祝生命中重要的里程碑，並且企圖建構人類生活在世間上的秩序。教皇、君主、祭司採用各種慶典儀式，進行人類聯繫彼此之間，在社會網絡關係上的生命連結，

形成了節慶、人類、神明、社區、國家等單元，在相互交流中，互為主體性的內涵（Harari, 2015）。

轉觀遠東的文化，晚於中東文明。從商朝開始，在甲骨文中展現了祭祀神鬼的紀錄。商人擁有「尚鬼」的習俗，他們祭拜祖先亡靈，商王祭拜祖先，認為他們是庇蔭商王的死後真神；商王也祭祀泛神靈，例如：火星、饕餮。早期的商人，栖栖遑遑，在成湯建國之前，八次遷徙；後來建了商朝之後，又遷徙了五次，尋找更為適宜的統治之都。在甲骨文之中，載明了「上帝」、「帝」的字眼。在時令方面，商朝用的是干支紀日，組成六十天干地支，月有大小之分，大月三十日，小月二十九日。在商朝末年，已經可以區分出春分、夏至、秋分、冬至四個節氣（徐楓、牛貫杰，2013）。

商人嗜酒，但是充滿歡樂的「節慶」的字眼，在中國語文中，出現的時間也比較晚，直到商朝中期才產生。在甲骨文中，並沒有「節」這個字，直到金文中，才出現了「節」，金文也稱為銘文或鐘鼎文，是鑄造或是雕刻在青銅器上的文字。剛開始出現在商朝中期，但是大量出現於西周，記錄的內容和當時社會，尤其是王公貴族的活動息息相關，例如祀典、賜命、征伐等活動有關。

「節」的本義，在古代是用來進餐的竹碗盛具，後來從竹節的狀態中，引申為鏈狀事物的一部分，這和階段性的時間、人體、器物的概念有關。例如：《黃帝內經‧素問‧寶命全形論》，說明：「人有十二節」。《莊子‧養生主》談到：「彼節者有間」。到了《列子‧湯問》上說：「寒暑易節，始一返焉」，在春秋戰國時期，「節」這個字，賦予更為豐厚的「節氣」內涵。

但是「慶」這個字，出現在甲骨文中的時間比「節」還要早，「慶」的本義為眉開眼笑地拿著禮物去主人家祝賀，以紀念主人稱心如意的事件。從甲骨文到金文的演變過程中，我們可以看到字型中間有個「心」，表示祝賀時要發抒於誠懇之心，但是這一顆誠懇之心，後來演變到金文時，心不見了，在實物上卻變成了一張鹿皮禮物。「慶」這個字的金文，

代表著帶著一張貴重的鹿皮禮物，真誠地向主人表示慶賀之意。因此，《說文》中說：「慶為行賀人也。吉禮以鹿皮為摯，故從鹿省」。《國語‧魯語》，說明「故慶其喜」；在《詩經‧小雅‧裳者華》也說：「是以有慶矣」。此外，在《書‧呂刑》上也說：「一人有慶，兆民賴之」。我們看「慶」這個字，真的是喜氣洋洋，在複合字中，「慶室」表示吉宅；「慶雲」表示祥瑞的雲氣；「慶霄」表示吉祥的雲氣；「延慶」表示福澤綿延的意思。（見表1-1）

表1-1 節慶的字型演變

節，「節」的原義為竹子分枝長葉的部分，引申為物體的分段或兩段之間連接的部分。在中國曆法中，將一年分為二十四個段落，每個段落開始的名稱，稱為「節氣」。後來以「節日」代表特定的紀念日，或是宴樂的時日。		
甲骨文	金文	小篆
慶，甲骨文像一個眉開眼笑的人手捧寶貝。造字本義為手持著禮物，眉開眼笑地前往祝賀。但是金文將眉毛寫成鹿角的形狀，在「人」的下方加上鹿的尾巴，並且將「貝」寫成「心」，於是甲骨文中眉開眼笑前來慶祝的人，變成了一頭鹿。小篆字延續金文字形，並將金文中的鹿尾改寫成倒「止」，表示前往祝賀之意。		
甲骨文	金文	小篆

從人類歷史中，節慶是人類極為重要的集體活動。後來古人將「節慶」兩字變成一詞，自然而然的發展出「節日慶典」的觀念。自古以來，中國人敬畏天地、對於祖先懷抱著感恩之心，以及順天應人的自然觀，展現出中國人富而好禮、崇尚四時循環，並與時俱進的民族性格。我們可

以說，節慶是一個民族因應所處的地理環境與空間居處，為紀念特殊的風俗或是紀念活動，所舉行的特殊儀式，詳見附錄一：臺灣的節慶活動（P.255）。這些儀式隨著季節而代代相傳，活動中蘊涵著生活價值和意義，以及長久累積的生活智慧（陳柏州、簡如邠，2004）。

第二節　世界宗教節慶

在東方國家，節慶的價值不在於宗教，因為東方在傳統中，宗教的信念不在於追求死後的永生，而在於追求今生的幸福。從殷商甲骨文卜辭和周朝金文卜來看，「帝」和「天」是相當抽象的名詞，上帝是華夏信仰系統天神、地祇、人鬼中的至上至高的神明。在商周時期，統治者「君主」為了強化自身的統治信仰，說明上帝給人類指派了「君」和「王」，讓君王對子民施行治理和教化。由此可知，「天、帝、王、君、相、臣、民、奴」之間的關係，由節慶中的祭祀、禮儀、饗宴、行賀等世俗的交易關係，進行階級制度之處理。

中國自古以來，就不是一神論的國家，商朝對於神明的信仰之中，融入了「天帝」、「昊天上帝」等觀念，並且將人倫秩序納入了社會網絡結構。在中國社會發展的進程，從原始母系共產社會，到父權帝王封建社會，以中國古代「君君、臣臣、父父、子子」的倫理概念中，「長幼有序」、「物有終始」、「使老有所終，壯有所用，幼有所長，鰥寡孤獨廢疾者皆有所養；男有分，女有歸」的秩序概念，一直是東方文明秩序延續的基本法則。中國人重視家庭觀念，重視宗族祭祀，重視臍帶關係，從傳統以來孔子強調「尊王」的概念，衍生到「父子有親、君臣有義、夫婦有別、長幼有序、朋友有信」的五倫關係。這種從家庭、社會到國家階層的概念，根深蒂固成為「天、地、君、師、親」的五尊概念。在人間如此，在天上亦是如此（方偉達，2009）。

東方的宗教，從眾星拱月，到定於一尊，都是具有「層級性」和「師生關係」的眾佛、眾神和眾師尊的群體概念，不論是印度產生的印度教、

佛教；還是中國本土產生的道教，都有模糊混沌和逐步拾階的階層關係。也就是說，東方宗教可以用層級模糊理論進行說明，模糊理論中，由老子《道德經》一語道破其中抽象哲學的奧祕：「道可道，非常道；名可名，非常名。無，名天地之始；有，名萬物之母」。佛教中《般若波羅密多心經》也談到現象學中的人間透視觀，指出了苦、無常、無我的概念；《金剛經》中「無相觀」，有所謂「無我相、無人相、無眾生相、無壽者相」，實際上就是「五蘊皆空」，在人類思維領域中，都有著精微與模糊相互交參的奧義。

層級理論由儒家「天、地、君、師、親」的五尊概念建構而來。以傳統儒、道的宗教信仰上來說，即使宗教彼此之間共存共榮；然而，也有定為一尊的地位階層概念。這種以眾星拱月的社會關係，起源於君臣關係。之後，這種以「領導階層」對「被領導階層」的菁英主義思想，已經從「論資排輩」的論點，衍生到國家社會「天無二日，民無二主」的人間地位觀念（方偉達，2009）。此外，東方宗教強調「天人和諧」，力求人與自然的對話，反映對於大自然神祕力量的崇敬。古人藉由超自然的宗教觀點，採用信仰所傳達的倫理觀與價值觀，自「崇物信仰」、「崇相信仰」，逐漸轉變為「崇聖信仰」，許多對世人有功而被神化的古聖先賢，他們的行為也流傳下來成為教化後代的精神典範。

西方的宗教，從猶太教、基督到回教，從耶和華和阿拉是宇宙中唯一的真神，在本質上說明唯一的造物主的一神觀念。自此，在西方文化和近東文化中，埃及、亞述、巴比倫、波斯、希臘、羅馬、北歐文化等諸神退位。西方在宗教觀上，從多元諸神並立，到一神降臨世間，經歷了歷史革命和宗教流血事件，西方宗教中，「善與惡」、「天使與魔鬼」的二元明確對立觀，和伊斯蘭教誕生之前，在近東瑣羅亞斯德教所創立的祆教有關，祆教認為，善神阿胡拉馬茲達（Ahura Mazda）從光中誕生；惡神安格拉曼紐（Angra Mainyu）隱藏在黑暗之中，他們是各自獨立的神。

在西方觀點中，極善的上帝建立了宇宙，但是上帝創造的天使長，墮落成為極惡的撒旦，這也是一種「二元對立」、「非白即黑」的宇

宙觀（圖1-2）。於是「是與非」、「黑與白」的布林邏輯（Boolean Logic），主導了西方的宗教數千年。西方基督教文明強調宗教一元化的社會，上帝耶和華是唯一的真神；耶穌基督是祂親生的兒子。耶穌說：「我就是道路、真理、生命。要不是藉著我，沒有人能到父那裡去」。穆斯林清真言說：「萬物非主，唯有阿拉；穆罕默德是阿拉的使者」。伊斯蘭教的理論體系，和基督教的理論體系極為相似（Wright, 2010）。

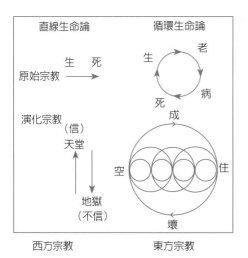
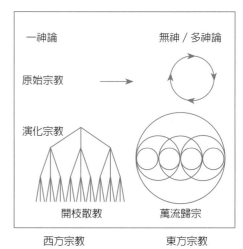

圖1-2　西方宗教和東方宗教的差異，主要是一神論和多神論（修改自：Groff and Smoker, 1996）。

個案分析　「耶和華」和「阿拉」的發音溯源

　　基督教在西元一世紀成立的時候，以信仰耶和華和耶穌基督的唯一真神的一神論宗教。伊斯蘭教在西元七世紀在阿拉伯地區由穆罕默德建立，在聖典《古蘭經》中認為，阿拉派遣了多位先知給人類，包括易卜拉欣（亞伯拉罕）、穆薩（摩西）、爾撒（耶穌）等，但最終訊息是傳達給最後先知穆罕默德，而在《古蘭經》中的真主「阿拉」（al-el-hu），意即「獨一的全能上帝」，與《聖經》馬太福音、出埃及記中的耶和華（Al-el-hum, Elohim, Yahweh）是同一位（Wright, 2010）。

在羅馬帝國以單一宗教定為一尊之後，所謂希臘文明中蘇格拉底、柏拉圖和亞理斯多德強調的個人哲學極致體現的程度，遭到宗教的壓抑。在歐洲，宗教慶典活動，成為中世紀西方文明的一種符號。西元五世紀時，德國在固定宗教集會結束之後，居民在教堂附近陳列各種交易物品，德語Messe（展覽會）亦有宗教彌撒（Messe）之意，意思是宗教性的聚會。文藝復興之後，個人主觀意識逐漸抬頭，理性主義及人本思想逐漸深植人心，直到19世紀資本主義達到高峰為止。但是，二元對立的主張，影響到科學中黑格爾的「正、反、合」的三段式邏輯辯證觀念，也影響了近代機械論科學學派的興起。這些觀念，到了二十世紀，才逐漸被模糊理論（Fuzzy Logic）和海森堡測不準理論（Uncertainty Principle）（不確定性原理）所打破，測不準理論（不確定性原理）和模糊理論，創造了新的科學、宗教和哲學觀。

東西方的宗教哲學，都曾經一分陰陽為二，「一劃開天」、「非白即黑」，就會有矛盾和對立產生。許多節慶活動，在於慶祝對抗邪惡勢力的勝利而產生，並且透過地方獨有人文資源與文化資產，而舉辦慶祝活動，以下介紹世界上主要宗教及節慶活動，詳如表1-2。

表1-2　世界宗教節慶

名稱	英文名稱	宗教	緣由	活動
浴佛節	Buddha Purnima	佛教	浴佛節慶祝佛教創始人釋迦牟尼佛誕生的日子，在漢傳佛教和藏傳佛教一般訂為農曆四月初八。在東南亞稱為衛塞節（United Nations Day of Vesak），訂於五月的月圓之日舉行。	浴佛、獻花、獻果、供僧、供舍利、演戲。
聖誕節	Christmas	基督教	西方教會在發展初期在西元四世紀開始將聖誕節定在十二月二十五日，紀念耶穌降生。	宗教儀式、節慶布置、親朋團聚。

名稱	英文名稱	宗教	緣由	活動
萬燈節	Diwali	印度教、耆那教、錫克教、佛教	西曆十月下旬或十一月上旬舉行，慶祝紀念拉瑪（Rama）率領戰士，打敗惡魔拉瓦納（Ravana）；另外紀念吉祥天女拉克希米（Lakshmi），「以光明驅走黑暗，以善良戰勝邪惡」。	吃糖果、點光明燈、吃印度煎餅、魚、素食咖哩餃。
復活節	Easter	基督教	復活節象徵重生與希望，乃紀念耶穌基督於西元33年被釘死後第三天復活的事蹟，訂在每年春分月圓之後第一個星期日舉行。	吃十字包、吃彩蛋、繪彩蛋。
光明節	Hanukkah	猶太教	紀念在馬加比家族的領導下，從敘利亞塞琉古王朝國王安條克四世（Antiochus IV Epiphanes）手上奪回耶路撒冷，並將耶路撒冷第二聖殿獻給上帝。	點燃蠟燭，唱光明節歌曲，吃油炸及乳類食品，玩陀螺，分發光明節金幣。
逾越節	Passover	猶太教、基督教	原為猶太教紀念日，從以色列地境內各地步行至耶路撒冷朝聖，並獻上祭祀之物到當地的聖殿，後為基督教紀念基督受難，在聖週中的星期五舉行。	禱告、洗手、吃蔬菜、無酵餅、唱逾越節歌曲。
齋戒月	Ramadan	伊斯蘭教	伊斯蘭教真主阿拉將經文下降給穆罕默德的月份，是伊斯蘭曆（回曆）的第九個月，齋月結束的節日為開齋日。	開齋飯、禮拜、禁食、增加夜間禮拜、閱讀《可蘭經》。
三元節		道教	三元節，就是「三官大帝」的誕辰，以天官生日為上元節，為天官賜福之日，要舉行祈福法事；地官生日為中元節，為地官赦罪之日，要普渡孤魂；水官生日為下元節，為水官解厄之日。以夏曆正月十五日為上元節，七月十五日為中元節，十月十五日為下元節。	消災解難、建醮、誦經、吃齋、祈福。

一、基督教

　　基督教是以信仰耶和華和耶穌基督的一神論宗教。耶穌基督信奉教徒在公元一世紀羅馬帝國猶太省（今以色列國一帶）向猶太教的信奉傳教；到了西元三世紀末，基督教發展成爲北地中海地區最大的宗教。基督教的主要教派有天主教教會、東正教教會和基督新教教會，其中基督新教可分爲約四萬個獨立教派，這些教派各不隸屬，且各自表述對於眞神的唯一詮釋（詳見圖1-3及附錄二（P.290））。全世界基督徒總數約22.5億人，約占全球人口三分之一，爲地球上最大的宗教信仰。根據統計，美國是當前全球基督教最興盛的國家之一，將近80%的美國人屬於基督教的各種教派，包括東正教和摩門教徒。在節慶方面，基督教主要有兩個節日，聖誕節是慶祝主耶穌的誕生；復活節是慶祝耶穌基督的死後復活。此外，天主教、東正教、英國聖公會也有相關的節慶，紀念聖人誕辰、逝世及眞神顯靈的神聖事件。（見圖1-4、1-5）

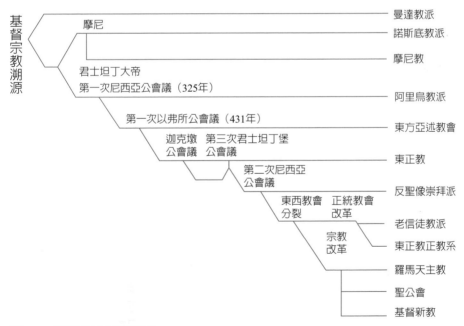

基督宗教溯源

摩尼 ── 曼達教派
　　　── 諾斯底教派
　　　── 摩尼教

君士坦丁大帝
第一次尼西亞公會議（325年）── 阿里烏教派

第一次以弗所公會議（431年）── 東方亞述教會

迦克墩　第三次君士坦丁堡
公會議　公會議 ── 東正教

第二次尼西亞
公會議 ── 反聖像崇拜派

東西教會　正統教會
分裂　　　改革 ── 老信徒教派

宗教　　　── 東正教正教系
改革

── 羅馬天主教
── 聖公會
── 基督新教

圖1-3　基督教流派演變圖

圖1-4　最後的晚餐，通常指耶穌赴死前與十二使徒和門徒共進的晚餐。在最後的晚
　　　餐的過程中，提到吃麵包和喝葡萄酒是紀念耶穌，形容這是「體制中的聖
　　　體」（方偉達攝於捷克布拉格）。

圖1-5　西方國家過聖誕節時，聖誕老人坐的雪橇，是用馴鹿（Reindeer）來拉的，
　　　領頭的聖誕馴鹿名字叫魯道夫（Rudolph）。

二、伊斯蘭教

　　伊斯蘭教是以信仰真主阿拉的一神論宗教。伊斯蘭名稱的來源，
是來自閃語字根S-L-M，意為「順從（真主）」，伊斯蘭教認為阿拉

（Alelhu）派遣了先知給人類，包括亞伯拉罕、摩西、耶穌等，但最終訊息是傳達給先知穆罕默德，並載於《古蘭經》之中，這也是伊斯蘭教和基督教各自表述對於眞神的唯一詮釋。伊斯蘭教的信仰者稱爲穆斯林，屬於遜尼派（85%）或什葉派（15%）兩大派別。全世界伊斯蘭教徒總數約13.9億人，爲地球上第二大宗教信仰。在日常功課方面，分爲五功：㈠清眞言：「萬物非主，唯有阿拉；穆罕默德是阿拉的使者」；㈡每天必需禮拜五次，每次禮拜都面向麥加；㈢穆斯林在齋戒月的黎明至黃昏期間不吃不喝，並反省過錯；㈣施捨累積財富；㈤赴麥加的朝覲。伊斯蘭的節慶活動，包括開齋飯、禮拜，以及夜間禮拜。

三、佛教

佛教起源於古印度迦毘羅衛國的太子悉達多・喬達摩（釋迦牟尼佛，又稱佛陀）西元前六世紀，對於弟子所開示的教導，後來發展爲宗教，活躍於亞洲地區。佛教東傳時，分爲南傳上座部佛教（斯里蘭卡及東南亞）（28%）、北傳部派佛教（天臺宗、禪宗、密宗、淨土宗、日蓮宗等分支）（67.3%）、藏傳佛教（3.4%）及其他地區（1.3%）。目前佛教徒約爲5.35億人，爲地球上第三大宗教信仰。佛陀誕生的年代，當時印度信仰婆羅門教，信奉創造萬有的梵天（Brahma）、保護神毗濕奴（Vishnu）以及破壞、再生和舞蹈神濕婆（Śiva）主宰一切，認爲通過對於神靈虔誠祈禱，舉辦祭祀活動，以及對各種神靈的讚詠，可以得到庇佑。佛陀則持不同的觀點，他認爲人和其他眾生一樣，沉淪於苦難之中，並不斷的輪轉生死。惟有破除無明的人，才能出三界脫離輪迴，而不是靠形式上的規儀。在南亞地區，斯里蘭卡和泰國舉辦的節慶有佛牙節（Esala Perahera）；印度教舉辦灑紅節（Holi）；錫克教則慶祝光明節（Vaisakhi），標誌著錫克教團卡爾薩（Khalsa）新的一年誕生。

四、道教

中國道教是一個崇拜諸多神明的原生的宗教形式，主要宗旨是追求長

生不死及濟世救人。其主要信仰緣起於商朝時期的風俗，商人崇尚「天帝」及「泛靈」，到了春秋、戰國時期形成方仙道，方仙道常利用鄒衍的五德終始說和五行陰陽學說來解釋他們的方術，宣稱能夠有辦法使靈魂離開肉體與鬼神交通。到了漢朝中後期，張陵在益州（四川省）的鶴鳴山修道，創立了天師道，信奉老子爲太上老君，到了南北朝時期，道教宗教形式逐漸完善。道教是一個多神教，以道書來說，道教的神仙譜系中，最高爲「三清」、「四御」，最低爲「城隍」、「土地」。最高的神是三清尊神，即元始天尊、靈寶天尊和道德天尊。天庭中玉皇大帝、西王母、九天玄女、地府中閻羅王、海中龍王是中央神仙官員，再加上地方神仙，例如四値功曹、山神、城隍爺、土地公、司命眞君（灶神）等。此外，天上聖母媽祖、關聖帝君、岳武穆王、孚佑帝君、豁落靈官、文昌帝君、濟公活佛、中壇元帥也是道教的重要神明，道教重大的節慶活動爲三元節。中華民國內政部於西元2000年1月28日宣布訂農曆正月初一爲道教節，屬於國定假日。

第三節　節慶活動的特性

節慶活動是一個民族隨著季節和時間轉移，並且適應環境而所代代相傳的慶典。所謂的節慶，就是「節日慶典」的簡稱。目前國內外節慶常被使用的名詞，包含了「慶典」、「嘉年華」等；而在英文用字方面，則包括了Festival、Fair、Event、Gala、Mega-event及Hallmark event等單字。

一、節日（Festival）

Festival是最廣泛使用的英文單字，十四世紀後期由拉丁文Festivitas轉爲古英語，意指大家聚集在一起慶祝或感謝的活動。1589年產生Festifall這個字彙，最初是代表宗教節日（festival dai）。在許多國家，許多節日具有宗教和文化意義。最重要的宗教節日，例如，西方國家的聖

誕節（Christmas）、逾越節（Passover）、復活節（Easter）、猶太教的光明節（Hanukkah）、印度的萬燈節（Diwali），以及中東地區的宰牲節（Eid al-Adha），都是用來紀念的年度大慶。又例如有些古老文明的國家，為了紀念歷史事件，例如重要的軍事勝利或是農業豐收，舉辦慶典活動。例如，古埃及法老拉美西斯三世（Rameses III）慶祝他戰勝了利比亞，建立了節慶日。

二、交易會（Fair）

Fair的英文，有貿易展覽會、遊樂園、交易會，以及評價農業和畜牧產品市場的含意，其商業性質高於節日慶祝之意涵。

三、活動（Event）

Event的英文，包含了重大事件和比賽項目，其目的為了促進產業發展，強化區域及地方意象舉辦之活動。

四、大型活動（Mega-event）

大型活動是指經過長時間籌劃，動員龐大人力、財力和物力所舉辦之活動。大型活動因具公益性質，且需要投入龐大資源，一般都是政府主導，民間協辦，所舉辦之活動具備國際級性質。

五、特殊活動（Hallmark event）

固定之時間內，舉辦的行銷活動，以增加觀光收入。

六、慶典（Gala）

Gala的英文，包含了慶典、演出和體育競賽。（見表1-3）

表1-3　節慶活動英文的定義

中文	英文	說明	範例
節日	Festival	節日、祭祀、歡宴、慶祝活動。	元宵燈會、媽祖文化節、基隆中元節、頭城搶孤。
交易會	Fair	貿易展覽會、遊樂園、交易會，以及評價農業和畜牧產品市場。	臺北國際旅展、電腦展、農特產品展售會。
活動	Event	事件、比賽項目。	溫泉美食嘉年華、客家桐花祭、原住民豐年祭。
大型活動	Mega-event	需要投入龐大資源之公益活動。	2008北京奧運會、2010上海世界博覽會、2016臺北全球自行車城市大會、2016臺北世界設計之都、2017年世界大學運動會。
特殊活動	Hallmark event	固定之時間內，舉辦的行銷活動。	宜蘭童玩節、屏東黑鮪魚節、白河蓮花節。
慶典	Gala	慶典、演出、體育競賽、慈善晚會、慈善晚宴。	紐約大都會博物館慈善晚會。

　　根據西方學者的研究，節慶活動廣義係以創造社區本身的獨特性為宗旨，且以一種公開性、主題性的慶祝方式，配合相關單位在一年內固定舉辦的特殊活動，其目的為了要提高某一地區的知名度、吸引力及增加收入。定義節慶活動是一項困難的任務，因為節慶具有許多類型（Hawkins and Goldblatt, 1995）。威廉（William, 1997）指出節慶活動為大眾共同參與的活動，為創造社區的獨特性，並且可以提升當地居民的地方認同感。傑克森（Jackson, 1997）認為透過活動的內涵來解釋節慶活動，描述節慶係一種特別、非自發性的活動，並且經由詳細的規劃設計，賦予人們享受歡樂之活動。例如，在西班牙奔牛節嘉年華會、巴西森巴嘉年華會、英國愛丁堡國際藝術節，都是上述定義中著名的節慶案例。二次世界大戰之後，興起的都市節慶活動，多屬現代文化轉型期的產物，藉由展演活動凸顯其生活環境與文化價值，除了展演內容之外，也強調節慶感受與民眾之參與性（邱坤良，2012）。依據國際學者的研究，茲將現代節慶活動

的特性歸類成以下八項（Shone and Parry, 2010）：

1. 獨特性（Uniqueness）：地方節慶皆有一核心主題，並且具有特殊的文化價值。

2. 易逝性（Perishability）：節慶活動內容通常不容易保存，容易消失。活動時程結束之後，不易留存。

3. 無形性（Intangibility）：節慶活動的影響無形無色，捉摸不定，其影響是看不到或摸不到的。

4. 儀式典禮（Ceremony）：節慶活動具有特殊之慶典儀式，需要進行繁文縟節的演練。

5. 特殊氣氛（Ambience）：節慶活動蘊含特殊氣氛，非親臨無法體會其奧祕。

6. 個人接觸（Personal Contact）：節慶活動通常能吸引許多遊客親自參與，並對當地產生個人的接觸。

7. 群眾聚集（Visitor-Collection）：舉辦節慶活動可以彙集許多參與或體驗的遊客。

8. 固定的時間與規模（Fixed Timescale）：節慶活動通常於一定時間之內舉行，並具有相當的舉辦規模。

世界上重大節慶活動，和國家慶典與傳統賽事和活動相關。大多數活動在高潮迭起之際，特意準備的豐盛的餐點，讓食物的美味與慶典相連結。此外，慶典活動也在國家法定節假日中舉行，政府領導者和庶民同樂。由於節慶活動的產生，透過活動的過程，將古今中外珍貴的文化遺產、古老神話、祭祀儀式、口語舞蹈、音樂服飾、民俗技藝、傳統美食等傳統文化藝術，世世代代的流傳下來，建構了人類傳統文化的象徵。

陳炳輝（2008）認為節慶活動的形成原由是因人類群居、戰爭演變、人類活動，或是由統治階段制定等四種所產生的活動。陳柏州、簡如邠（2004）認為，節慶是一個民族因應所處的環境、地理；為特定的風俗或紀念意義所舉行的活動儀式，並隨著季節而開展且代代相傳，因而蘊涵著生活情趣，及累積長久的生活智慧。為促使節慶活動能世代永傳，累

積民族文化智慧，因此，政府應制訂節慶活動的承傳方向，引領時代潮流，並且建構文化政策，以強化節慶在文化觀光產業生的誘因，增加民族文化活力。

第四節　觀光的緣由與定義

　　為解決觀光發展之困境，可將節慶納入觀光的元素，並且佐以社區人文歷史、古蹟遺產及宗教祭典等活動，創造居民就業，並且增進觀光經濟產值，有利偏遠地區的文化發展，進而提升居民的認同感及參與感。

　　然而，節慶和觀光的關係如何？在中國大陸，涌稱「觀光」為「旅遊」。在現代旅遊業興起之前，古人的旅遊活動已經存在。在明清之際，稱呼為「遊觀」，意即「旅遊觀光」。士大夫的遊覽活動，稱為「冶遊」，探險歷程活動，稱為「壯遊」（巫仁恕，2010）。明清之際，城市周圍形成了遊覽勝地，歷如北京、杭州、蘇州、揚州等地。例如，明朝崇禎八年出版（西元1635年）的《帝京景物略》，集合歷史地理、文化、文學著作於一體的旅遊介紹書，是由劉侗、於奕正撰寫，周損編輯成書，最後請方逢年大學士作序。《帝京景物略》記述明朝時北京地區的歲時風俗、山川園林、寺廟觀庵、亭臺樓閣、泉潭橋路，針對北京的園林景觀、民俗文化，甚至外國宗教在北京城的流傳等，詳細地記載了明代北京城的風景名勝及風俗民情（方偉達，2013）。

　　西元十七世紀，參觀風景名勝及風俗民情大眾遊覽活動已經非常盛行。共分為四種，包含了歲時節日、廟會遊觀、市肆遊觀、園林遊觀；這些遊覽方式，包含了現代旅遊形式的節慶活動、廟會活動、城市旅遊、風景區旅遊的概念，形成了大眾化的遊覽活動（巫仁恕，2010）。

　　在東方傳統文化下，原來觀光是士大夫階層的象徵，但是到了明清之際，由於民間逐漸富裕，一般遊客也喜歡到觀光景點遊歷，形成士大夫階層對於大眾旅遊的不滿。例如，風景區中遊人雜沓、俗氣、載歌載舞，讓這些士大夫階層對於傳統的景點敬而遠之，開始尋找遠離城市的新景點。

士大夫需要雇用大船，帶著隨從及僕人，到了新的景點之後，還會帶著寢具和飲食的器皿。後來，士大夫開發的旅遊景點，還被一般大眾捧爲大眾遊觀的新景點，大加吹捧，擴大了郊區的觀光旅遊的空間。

從上述的歷史看來，觀光一詞，在中國文化上的轉折很大，尤其是明清之際。在中國古代，觀光的義涵非常嚴肅。我們從《易經》觀國之光這一爻，瞭解到春秋時代，觀光是在觀察其他國家之祭禮，也就是著重於觀察一國之人文狀況，和純粹享樂的旅遊概念全然不同；意即是由觀察他國的風俗民情，就可以了解到春秋時期君王的德行。後來「觀光」演變成有志者應該趁年輕時遊歷他國，觀察其他國家的民俗風土和典章制度，體認民間疾苦；並且宣揚國威，以進行兩國國際經驗之交流。這是中國古代對於「觀光」之見解。

觀光和時令節慶、地方祀典有關，透過前人針對甲骨文、易經及先秦史料的考證，瞭解觀光和節慶之間之含意。我們以殷墟甲骨文爲探討案例，「觀光」兩字起源於早期之節慶概念。甲骨文中之觀，去掉見部，字形像是頭頂有羽毛，雙眼突出之貓頭鷹（馬如森，2007：292）。「見」用作看見、渴見等義，「觀」義爲觀看（李霖生，2002：113；郭錫良，2005：149）。李霖生又認爲，「觀」字像是加戴毛角之形，是祭名，後來引申爲「觀見」（2002：113）。古者包犧氏之王天下也，仰則觀象於天，俯則觀法於地」，在這裡「觀」就是「看見」之意思。（見表1-4）

表1-4　觀光的字型演變

觀，「觀」的本字爲「雚」，在古代象徵鳥神，原意字像頭頂有羽毛，雙眼突出之貓頭鷹。造字本義爲貓頭鷹瞪大銳利的眼睛警覺察看。金文基本承續甲骨文字形，加上了「見」，成爲形符，「雚」成爲聲符，形成了「觀」，強調猛禽誇張的大眼，還有銳利的觀察力。

甲骨文	金文	小篆

光，「光」之下部是一個跪著之人，頭上有一把火在照耀；有火光在人頭之上頭，人之前面就一片光明。造字本義是古代提供照明，由奴隸手舉的火把。小篆字之上部是「火」部，下面是「儿」部件，表示人的意思。

甲骨文	金文	小篆

　　甲骨文「光」一詞之字形從火從人，可見光之本義是火光，火從天上而來。然而，觀光兩字之原形，字體都像是從古代之卜筮禮而來。尤其光之下部，是一個跪著頂火的人形，更象徵筮禮的儀式性。古代節慶儀式隨著用火、觀火，甚至以奴隸為犧牲品用以敬神之開始，都是有從宗教儀式演進為節慶儀式的意涵。隨著宗教儀式推演，因而展開節慶、祭典，或是祭禮儀式，都和火光有關（馬如森，2007：425；方偉達，2011）。

個案研究　觀光的緣由

　　觀光也是古漢語用詞，很早就出現於中國古代典籍《易經》，這是歷代典籍最早有觀光字詞之記載。《易經》在觀卦六四爻辭上說：

　　　觀國之光，利用賓於王。

　　易經《象》說：「觀國之光，尚賓也」。「賓」就是「仕」，也就是做官之意思。古代有德行之人，天子以賓客之禮儀招待，所以說賓。這個卦屬陰爻「六四」，最接近陽爻「九五」。「九五」象徵陽剛、中正和德高望重之君王，所以「六四」陰爻可觀看到君王德行之光輝。孔穎達（西元574年~648年）在《周易正義》解釋為：「居在親近而得其位，明習國之禮儀，故曰利用賓于王庭也」。說明「觀國之光」之意思是：「親自沐浴在四

方美好之光輝之下」；「利用賓於王」之意思是：「在朝為官之人仰望君王，君王則禮賓他；不在朝為官之人，君王則理敬他。」「尚賓」之意思是「心志所趨，說明他的心志留在朝廷為官，接受君王之禮賓。」。

在《左傳》中有一個故事，闡釋了「觀國之光」之涵意。春秋時代陳厲公是由蔡國之女子所生。當蔡國人殺了五父，而立他為國君之後，後來生下敬仲。在敬仲少年時，曾有周朝太史帶著《易經》來見陳厲公，陳厲公讓他以蓍草替敬仲占卜，後來占到了「風地觀」這個卦象，卻演變為「天地否」這個卦象，陳厲公看到否卦很不高興。

周朝太史表示說：「這代表敬仲將出使他國，也有利於敬仲將成為君王之座上賓客。他將會代替陳國而享有國家之榮耀。然而這種榮耀，不在本國，而是在其他國家；不在自己本身，而是在於榮耀子孫。這種光輝是由遠方照耀過來之。」

「我所占卜到之『坤』象徵土，『巽』象徵風，『乾』象徵天。在這裡風起於天，而行於地上，這就是山之意思（觀之互卦）。當一個人擁有山中之物產，又有來自於上天之光彩照射時，就非常適合居住於土地上。所以敬仲將出使其他國家，這將有利於他成為君王之座上賓。」

「庭中陳列了許多諸侯朝觀之禮品，也進貢墊了綢帛之美玉，天底下所有美好之事物都已經具備。所以說：『有利成為君王之座上賓。』而後面還有許多等著觀賞之禮品，所以說：『將昌盛在其後代』。」「風吹帶起沙土，將它落在遠方之土地上，所以說：『將昌盛在其他國家。』如果說是在其他國家，必定是姜姓之國家（之前姜子牙被封於齊）。姜姓，是太岳之後代，山岳高大足以和天相匹配，但所有事物不能同時並存，因此當陳國衰亡之時，敬仲之後代就要昌盛了吧！」

敬仲後來因為國家動亂，在陳厲公遇刺之後，經歷了許多變故，之後便投奔到了齊國，受到齊桓公的款待，當了齊桓公的「客卿」。但是，敬仲很謙虛地辭退：「我是走投無路，投奔到齊國，您讓我安頓，我已經非常知足了，怎麼敢高居『卿』位，讓人笑話呢！」齊桓公知道他不願意接受高

位，便聘請他為「工正」，管理齊國的工匠，但是他自律甚嚴，管理起工匠也是一板一眼。

有一次，齊桓公到敬仲家裡喝酒，敬仲招待他一天，齊桓公準備喝到半夜。但是敬仲勸告他說：「我只準備白天陪您，但是並沒有想說陪您到夜晚，恕我不能久留您！」

敬仲的嚴謹態度，讓春秋五霸之一的齊桓公也為之肅然起敬。

孔穎達在解釋「觀國之光」時，認為是敬仲親自沐浴在「他國君王美好的光輝」之下，同時和當年周朝太史說的一樣，敬仲將出使他國，也有利於敬仲成為齊桓公的貴賓，代表陳國而享有國家的榮耀。也因為如此，春秋時流亡齊國的敬仲，成為「觀國之光」的典範故事。

等到後來陳國第一次滅亡之時候，陳桓子（敬仲之第五代子孫）便在齊國崛起。後來陳國再次被楚國滅亡時，陳澄子（敬仲之第八代子孫）便取得了齊國之政權。

在西方文化中，觀光（以下通稱為「旅遊」）（tourism）源起於拉丁文的tornare，意思是返回原點的圓形移動軌跡（方偉達，2010）。鄭佳昆、沈立（2012）認為，旅遊與觀光的差異卻很難界定，「旅客」是在費力的情境下離開居住地到其他地方，如朝聖活動；而「觀光客」則利用組織及套裝的行程進行旅遊，在有足夠時間、金錢的條件之下，為遊憩的目的參加旅遊。因此，旅遊又稱為tour，或稱為travel，在漫長的歷史脈絡中，旅遊是一種複雜的動態和長路漫漫的過程。

從字源上來看，旅遊的原意指的是按照圓形軌跡的移動和反覆活動，也就是指離開後再回到原點的行程。依據世界旅遊組織對於旅遊的定義，旅遊具備娛樂性、異地性和暫時性活動的特徵。在20世紀初，旅遊是為了滿足生活和文化的需求，因而居住在外地，與當地的人互動的行為。聯合國統計處認為旅遊有下列三個要素：

㈠旅客從事的活動是離開日常生活居住地；

㈡這些活動需要交通運輸將旅客帶到目的地；

㈢目的地有充分的軟硬體設施與服務等，能夠滿足旅客旅遊準備，以及在該地停留期間的需要。

　　歷史文獻中最早定義「旅遊」的西方學者是奧地利的經濟學者舒樂得（Hermann V. Schullard）。舒樂得在1910年的時候定義旅遊為：「旅遊是一種經濟本質的總和，關係到一個國家、地區或是城市中的外國人的入境、停留和流動等活動」。由於這個定義受到限制，不能涵蓋所有的旅遊活動，後來瑞士學者亨澤爾和克拉普夫提出了新的定義。亨澤爾和克拉普夫在他們合著的《普通旅遊學綱要》中提出：「旅遊和營利無關，僅止於某地方進行短暫的停留，並且在停留時間內所衍生的各種現象和關係的總和」（Hunziker and Krapf, 1941）。亨澤爾和克拉普夫定義旅遊包括國內旅遊和國外旅遊，後來國際專家旅遊協會（AIEST）採用這個定義，定義旅遊的前提是：「非居民」、「短暫停留」，而且不進行「營利事項」的旅行活動。在20世紀中葉，商業活動和旅遊活動還沒有具體結合，亨澤爾和克拉普夫的定義僅止於休閒、時間和會晤關係，缺乏針對20世紀中葉後所發展的「商務旅行」進行完整的詮釋。（見表1-5）

表1-5　觀光（旅遊）（tourism）定義的演變

定義者	時間	定義	定義關鍵詞
舒樂得	1910年	舒樂得為奧地利經濟學者，他以經濟學觀點定義旅遊是一種經濟本質的總和，關係到一個國家、地區或是城市中的外國人的入境、停留和流動等活動。	1.經濟活動。 2.外國人。 3.入境、停留、流動。
亨澤爾、克拉普夫	1941年	亨澤爾和克拉普夫是瑞士學者，以教育的觀點提出旅遊和營利無關，僅止於某地方進行短暫的停留，並且在停留時間內所衍生的各種現象和關係的總和。	1.和營利無關。 2.短暫停留。

定義者	時間	定義	定義關鍵詞
世界旅遊組織	現代	是指個人或團體出外最少離家55哩（88.5公里），為了個人或公（商）務因素，到居住地及工作以外的地方，至少逗留24小時，而且停留時間不超過一年的遊覽活動，其中包含遊程、住宿及交通運輸元素。	1.個人因素、公務因素、商務因素。 2.路程超過88.5公里。 3.停留時間超過一天，少於一年。

從1967年開始，世界各國接受了旅客（visitor）、觀光客（tourist）和遊客（excursionists）的定義。在1967年的瑞士日內瓦會議上，聯合國統計處提議遊客（excursionists）這個名詞。在羅馬會議的定義中，旅客至少要逗留24小時，但是有些遊客外出遊覽，但於在當日返回了居住地，這些人被定義為遊客（excursionist），遊客包括：一日遊者、乘船旅客和過境旅客。目前世界旅遊組織認為，旅遊除了包含上述的理由之外，應該還要包括因為公務或是商務進行的個人或是團體活動，因此定義「旅遊」為：

旅遊是指個人或團體出外最少離家55哩（88.5公里），為了個人或公（商）務因素，到居住地及工作以外的地方，至少逗留24小時，而且停留時間不超過一年的遊覽活動，其中包含遊程、住宿及交通運輸元素。

第五節　民俗的緣由與定義

一、西方的民俗

「民俗」（folklore）一詞公認最早是由英國的學者湯姆斯（Willam J. Thoms, 1803~1885）於1846年所正式提出，當時他在寫給《雅典娜》（*Athenaeum*）雜誌的信中，湯姆斯提出用folklore一詞來說明此一新興的學科。folklore由盎格魯撒克遜語Folk和Lore合成，係指「民眾的知識」

（the lore of the people）。湯姆斯認為，民俗（folklore）涵蓋的範圍很廣，是針對信仰、風俗、口傳文學、傳統文化及思考模式進行研究的學問，並且採用民間流傳的現象，進行歷史、地理和文化上的考據。

民俗學與發生在我們周圍的各種生活現象息息相關。在湯姆斯還沒有提出這個概念之前，民俗學在英國被稱為大眾古俗（popular antiquities）或是通俗文學（popular literature）；在德國被稱為人民學（volkskunde）。民俗，簡單來說，是指一般民眾在風俗生活文化的總稱，也說明一個國家、民族、地區中集居的一般大眾所創造、分享、傳承的風俗和生活習慣。雖然民眾在日常生活中，不一定能體悟到民俗環境對自身產生多大的意義，但是民俗在文化傳播上，形成精神文明和物質文明交織出的卓越成果，在生產生活過程中，所形成的文化現象，具備普遍、傳承、以及變異的特色。

在中國，從甲骨文中的「民」進行分析，原來在殷商到西周時期，「民」是奴隸的象徵。《廣雅》中解釋：「民，氓也」。《詩·大雅·瞻卬》上說：「人有土田，女反有之。人有民人，女覆奪之」。《詩·小雅·何草不黃》說：「哀我征夫，獨為匪民。」到了春秋戰國時代，「民」還是代表指勞苦的平民百姓。《孟子·盡心下》說：「民為貴，社稷次之，君為輕」。後來在小篆中，已經取代了原有奴隸的意義，轉變為人民的意思。在《說文解字》上解釋：「民，眾萌也。從古文之象。凡民之屬皆從民」。民從奴隸，演變成勞苦大眾和平民百姓，再演變成「人」的意思，已經經過了數千年的歷史。

「民俗」兩字形成一個概念，古代是用「俗」一詞來形容。「俗」有風尚、傳統、習慣等解釋。例如《周禮·大司徒》：「六曰以俗教安」。《禮記·曲禮》：「入國而問俗」。《荀子·樂論》也說：「移風易俗，天下皆寧」。可見自荀子時代，就以移風易俗的教化進行道德教育。然而從春秋戰國時代到漢朝的學者，對於民間奢侈之風，多有咨議，例如漢朝時賈誼《論積貯疏》：「淫侈之俗日日以長，是天下之賊也」。對於民間窮奢極侈的無盡慾望，提出了尖刻的批評。歷代典籍對於「民風」、

「習俗」、「風俗」等詞的意義都和傳統民俗相近。而《說文解字》則將「俗」解釋爲：「習也」。（見表1-6）

表1-6　民俗的字型演變

民，「民」的原義為奴隸。甲骨文在眼睛下面加「十」，「十」象徵手持利刃刺瞎戰俘眼睛，使其無力逃跑，成為順從的奴隸。在金文中，承續甲骨文字形，強調「民」是無瞳的瞎子。後來小篆借用為人民的「民」，原來奴隸的本義就消失了。

甲骨文	金文	小篆

俗，「俗」表示人的日常欲求，本義為有七情六欲的凡人。「俗」字旁是「谷」，「谷」既是聲旁也是形旁，是「欲」字的省略字。

甲骨文	金文	小篆

　　綜觀中國古籍中對「民俗」的解釋，主要包含兩種極端的解釋：一種爲讀書人對於人民富裕生活慾望的道德批判；一種是對於舊有風俗習慣的自我貶抑。在教育未受普及化的中國，「當代民俗」反映了一般人民在特定的歷史條件下的世俗觀點，這些觀點受到讀書人的壓抑。因此，傳統中國讀書人強調「移風易俗」，孔子強調：「君子之德風，小人之德草。草上之風，必偃。」這些區別於階級社會中統治階級的受過教育的知識份子，面對民間「無文化」的俗民文化的態度。千百年來，大多數的中國讀書人認定民間習俗、信仰，趨近於荒誕、淫侈、迷信、古怪、暴力和邪躪，甚至民間在舉辦節慶活動之時，一有不愼，即產生集體暴動，即所謂的「民變」（巫仁恕，2011）。舉例來說，在民俗節慶中，慶祝城隍的

節慶儀式，在明清之際，經常被群眾用來對抗統治者，形成集體抗議、顛覆社會秩序的象徵。一方面高舉城隍神像，強化抗議社會不公平的合理性；一方面在廟宇前進行民眾審判，強化抗爭行動的合法化（巫仁恕，2000）。

民俗是約定俗成的習慣，為了滿足人們生活的需求，對於民俗學科的深層探討，是當今學術界極為重要的研究課題，也是研究者極力推動的方向。經過西方科學以比較研究法、結構主義方法及口述歷史進行現象說明，民俗學的研究方法日趨靈活，針對傳統民間的物質文化和精神文化開始研究，包括民間習俗、信仰、文化，工藝、語言、娛樂、組織等，進行日常生活民俗、社會組織民俗、歲時節日民俗、人生禮儀、遊藝民俗、民間觀念常識、民間文學的研究，其中包含：

　　㈠風俗民俗學（儀式慶典）：其中涵蓋了家族制度、社會制度、婚喪嫁娶、祭祀、迷信、禮儀、禁忌、遊戲、年節習俗、民間舞蹈、民族音樂等議題。

　　㈡宗教民俗學（信仰寄託）：其中涵蓋了民間宗教、佛教、道教、靈魂轉世、妖怪、占卜、巫術、禁忌、民俗療法等議題。

　　㈢物質民俗學（常民生活）：其中涵蓋了民間美術、民間飲食、民俗服飾、民間建築、民間工藝。例如：雕塑、石刻、泥人、皮影、碑刻、剪紙的技藝。

　　㈣口頭民俗學（口傳文學）：其中涵蓋了神話、傳說、民間故事、童話、諺語、民歌、謎語、繞口令、民間歌謠、民間文學、民間舞蹈、民間語言、史詩、都會傳奇的研究。

民俗研究展現了人民的傳統生態智慧、思想、風格、情懷，特別是豐富了民族固有的想像力，從體驗民眾的精神生活到物質生活，從他們日常飲食起居活動，到內心對於人生領悟的觀點，都具有強烈的現實觀。根據《文化資產保存法》第3條第5款，針對「民俗及有關文物」的解釋為：「與國民生活有關之傳統，並有特殊文化意義之風俗、信仰、節慶及相關文物」。而根據《傳統藝術、民俗及有關文物登錄指定審查及廢止辦法》

第2條，民俗及有關文物，具備下列特性：

　(一)傳統性：具有古昔生活傳承，風俗形成與發展者。

　(二)地方性：民俗其形成與發展，具地方特色及民間自主性，或與其他地區有顯著差異者。

　(三)歷史性：由歷史事件形成，具有紀念性意義者。

　(四)文化性：具有特殊生活文化價值者。

　(五)典範性：民俗活動具有示範作用，可顯示其特色者。

　　民俗及有關文物登錄基準，為具有傳統性、地方性、歷史性、文化性及典範性。其中又特別針對民俗相關文物界定，詮釋民俗活動或儀式具備歷史傳承和文化功能，存在於民間文化生活情境之中。所以，民俗是民眾生活形態的現實反映，舉凡生活中食、衣、住、行、育、樂的豐富形式，以及民眾行為、觀念、想法、活動所產生的生活紀錄，包括了傳說、故事、神話、歌謠、信仰、戲劇、舞蹈、諺語、宗教、節慶等豐富內涵，都是《節慶、觀光與民俗》一書中探討的主題。

小結

　　在西方國家，人類以節慶活動，記錄生活上的重要節日和事件，以及慶祝生命中重要的里程碑，並且企圖建構人類生活在世間上的秩序，並採用各種慶典儀式，進行人類聯繫彼此之間，在社會網絡關係上的生命連結，形成了節慶。因此，宗教節慶遠甚過時令節慶，從基督教、伊斯蘭教的觀點來看，宗教在於撫慰人心，並且建構一元化的社會秩序。在中國，從印度東傳的佛教到本土產生的道教，宗教除了擁有慰撫人心的功能，僅在傳統時令節慶中，可見到佛教和道教交融的痕跡。從商朝已經擁有「上帝」及「昊天上帝」的概念，卻未形成一元論的宗教唯一神明，後來「三清」成為道教最高神明與精神領袖，成為宋明以來道教各派信奉的最高宗教信仰，成為「玉皇大帝」的最高顧問。其天上統治階級架構，轉譯為帝制時代的地上統治階級。從天上超自然系統，到現實生活系統，經過宗教

的轉喻，也就是「天無二日，民無二主」的帝制概念化；然而，道教「三清」在天上的精神領袖象徵，凌駕於天上的「唯一統治者」。在西方學者的眼中，東方國家的現實世界需要在超自然世界中再現，並由現實世界賦予或轉譯爲超自然世界的宗教「神聖性」（Feuchtwang, 2001）。

　　在時令節慶活動中，漢人關心的在現實社會中的祈福消災解厄；行有餘力，才關心宗教所謂的慈悲爲懷和濟世救人。因此，宗教信仰和儀式行爲，也就同時表現在祖先崇拜、神明崇拜、歲時節慶、生命禮俗之中。傳統漢人之時令節慶，依序爲春節、元宵節、寒食節、清明節、端午節、七夕、中元節、中秋節、重陽節、冬至、除夕等節日。臺灣歲時節慶之文化意義，將其分爲四大類，即迎新送舊（除夕、春節）、懷親思慕（七夕、中秋節）、悼聖撫靈（清明節、端午節、中元節）與衛生養氣（寒食節、重陽節、冬至）等四大類（吳宜璇，2013）。《論語・學而》：「愼終追遠，民德歸厚矣」。從漢人觀點看待傳統時令節慶，節慶禮俗融合了宗教文化和民間普世價值，融合「愼終追遠，尊親重道」的生命觀與道德觀，並賦予了更爲普及的內涵。

關鍵字詞（Keywords）

泛靈信仰（animism）	布林邏輯（Boolean Logic）
活動（event）	交易會（fair）
節日（festival）	民俗（folklore）
慶典（gala）	特殊活動（Hallmark event）
豐年祭（harvest festival）	大型活動（Mega-event）
通俗文學（popular literature）	有神論者（theism）
測不準理論（Uncertainty Principle）	

問題與討論

1. 是否能夠討論東方和西方節慶的緣由，以及東方和西方節慶的定義？

2. 請說明甲骨文中，「節」和「慶」的定義。

3. 請說明世界上重要宗教節慶的名稱。

4. 請說明festival、fair、event、gala、mega-event及hallmark event等單字的定義。

5. 從2008北京奧運會、2010上海世界博覽會、2016臺北全球自行車城市大會、2016臺北世界設計之都，到2017年世界大學運動會，是否有籌備或是參加過的經驗？如果是您來舉辦，如何盡善盡美？

6. 節慶和觀光的關係如何？在中國大陸，稱為「旅遊」；在臺灣，我們通稱「觀光」。如何以節慶活動帶動觀光發展？

7. 臺灣有哪些著名的民間故事？

8. 為什麼知識分子會討厭某些民間習俗？請說明具體案例。

第二章
節慶活動心理

學習焦點

　　節慶活動的心理，包含籌備者心理和參加者心理。本章從人類參與節慶的心智、參與動機、節慶涉入、節慶體驗，以及節慶恐慌進行詳細說明。依據節慶活動的重要性（importance），察覺節慶嘉年華會的愉悅價值（pleasure value），可以了解「眾聲喧嘩式」的節慶活動，充滿著娛樂、幻想、刺激、享受之狀態。此外，節慶的象徵價值（sign value）是籌備者／參與者，經由熱鬧的節慶活動參與，積極表達自我；對於某項休閒活動有愈高的投入程度，顯示此項活動愈能代表個人的象徵價值。此外，節慶活動中的社會網絡及環境心理的關係性，同時也意味著參與者在團體活動中，是否產生節慶心流，或是節慶恐慌的重要因素。一場好的節慶活動，鼓勵群體溝通、促進情感聯繫，藉由倡導理解和信任，培養共同體的意識。本章透過節慶活動的介紹，瞭解各種活動所代表的心理上的意義，引導讀者從節慶活動中觀察人類的希望、激情、恐懼、愛恨、情仇，進而理解節慶活動的宣洩管道，解構傳統宗教的桎梏，培養人文關懷的泛宗教情懷。

第一節　心智

　　人類趨吉避凶，是一種天性。透過認識民間各種宗教、生活、風俗、習慣、節慶、活動，及其創造與遞嬗演變的過程，我們除了可明白民間風俗對於一般人民生活的約束力與影響力之外，更可以尋找出人類生活的基

本特徵，進而瞭解到影響人類的深層心智與行為規範（norm）。

　　從科學進展至今，對於現代人類的起源，依然有著相當大的爭議。哈佛大學李柏曼教授認為，現代人類在十五萬年前出現（Lieberman, 2013）。哈拉瑞教授在《人類大歷史》中，說明十萬年前，地球上至少有六種人種；但是，目前只剩下我們這一種人種（Harari, 2015）。耶魯大學考古博士泰德薩《人種源始：追尋人類起源的漫漫長路》中說：「現今人類的祖先智人極有可能是因為八萬年前的一場突變，突然擁有了處理抽象及語文的能力。」泰德薩認為，在認知方面，符合現代人類首次出現在歐亞大陸，應該在六萬年前（Tattersall, 2012）。

　　人類，是甚麼時候開始有心智（Mind）的？人類為甚麼會產生心智？人類何時有了自我（Self），何時有了處理抽象及語文的能力？孟子說：「人之所以異於禽獸者幾希（人與禽獸的差異很微小，只是人之天性存在著崇高仁義的觀念）；庶民去之（拋棄仁義），君子存之。舜明於庶物，察於人倫，由仁義行（順著天性去做）」。這個心智，就是具有我（me）、我們（we）、他們（they）之間的差異性，從而從「物我兩判」，衍生出聖人所說的，人類的價值觀和道德文化。當然，這也是所謂人類從伊甸園中逐出之後，異化疏離（Entfremdung）的開始，也就是人類有了羞恥心，人類異化之後，開始思考，開始有了孟子所說的四心。孟子說得好：「無惻隱之心，非人也；無羞惡之心，非人也；無辭讓之心，非人也；無是非之心，非人也。」

　　然而，所有的科學家都不能告訴我們說：「人類的認知，是怎麼來的？一夕之間，人怎麼就變成人了？」科學家常開玩笑說，六、七萬年前，當人類思維出現在地球之時，一夕之間，人類就有了認知，人類在地球旅居這一段時期，開始對於夕陽西下，感慨時光不再；開始思考：「我是誰？」、「誰造了我？」、「是不是人都會死？」、「那，（開始驚懼、害怕，睡不著覺）……，我會不會死？」然後，遑遑不可終日，最後的答案是：「我一定會死。」（Kagan, 2012）

　　耶魯大學卡根教授在《耶魯大學公開課：死亡》，從形而上學到價值

觀，認真、理性地思考生命和死亡的真相（Kagan, 2012）。從過去靈魂不朽、靈魂永生，談到死後是否靈魂不存在的事實。人類因為有了心智，才對死亡產生恐懼，並對於永生產生嚮往，產生了基督教和伊斯蘭教的天堂永生概念、佛教的西方極樂世界，以及道教的長生不死觀。

對於永生世界的嚮往，從古埃及時期就已經開始。古埃及人相信來世永生，法老王在死後，被製作為木乃伊，是因為人們對於來世的嚮往。古埃及人認為，屍體沒有腐爛，靈魂與軀體就會活到另一世界裡；如果屍體腐爛，靈魂也就不復存在，人也將死去，不會再生。

然而，古代中國人不相信死後可以得到永生，但是會化為鬼和神靈。以商朝人來看，商人尚鬼，在宗教的儀式中，具有崇拜「天帝」的概念，商朝後期又大量製造酒器，並以節慶活動來大肆慶祝戰爭勝利、歲時娛樂、並縱情於聲色之中。《史記》中記載，商紂王「以酒為池，懸肉為林，使男女裸，相逐其間，為長夜之飲」。這種放縱情聲色的逸樂方式，由近代考古專家們在偃師商城內發現的「酒池」痕跡的事實，經研究與史籍記載相近。商紂王因為過度逸樂而導致亡國之禍，被後世的儒家譴責為窮奢極侈、殺戮無德的暴君。

古代哲學家，不管是東西方的哲人，如孔子、孟子、荀子，或是蘇格拉底、柏拉圖、亞里斯多德、斯多葛，都是強調社會責任，參與社會活動，並且節制慾樂，並且希望國家領導者以暴君最後的下場為戒，追求崇高的道德成長。孟子曾說，人與禽獸的差異很微小；論述人類和禽獸之間的差異，需要靠道德良知彌補。希臘哲人斯多葛認為，人是自然的一部分，靈魂在自然中最偉大也最高貴，理性也是人的主要特徵，理性是人類和禽獸的主要差別，所以懲忿窒慾，成為完成社會責任前「修身」的要務。但是，古希臘哲學家伊比鳩魯（西元前341年～前270年）認為靈魂是物質的，快樂就是善，追求快樂是人類最終目的。伊比鳩魯所指的快樂並非肉體感官的愉悅，而是指身心沒有痛苦和紛擾，達到一種寧靜和自由的狀態，並透過追求知識，免除生理上所受到的痛苦。

從東西方的哲學來看，趨吉避凶、享樂求福是人之天性。但是墨家代

表人物墨翟認為，享樂求福，並不一定可以達到群體快樂的目的。他強調兼愛、非攻、愛人如己，並且採用節用的行為，才是人類至高至善的責任；儒家孟子則抱持中庸的想法，孟子認為，愛有等差、物有終始，從德性上修為，對於社會貢獻，需要循序漸進。在楊朱看來，為我、存性、快樂才是最重要的，人類需要養生，追求自身的幸福，不需要太關切社會責任，而是將自身的幸福處理好就好了。從以上各派學說進行分析，墨翟的哲學理論偏重於斯多葛學派；楊朱的理論偏重於伊比鳩魯學派。（見表2-1）

表2-1　墨家、儒家和道家代表理論派別在西方哲學中的比喻

人類責任	人類高度責任區	人類中度責任區	人類低度責任區
東方代表人物	墨翟	孟軻	楊朱
西方代表人物	斯多葛	—	伊比鳩魯
態度	兼愛、非攻、愛人如己	惻隱、羞惡、辭讓、是非之心	為我、存性、快樂
行為	節用	愛有等差、物有終始	養生

　　東西方傳統節慶的意涵，從宗教的觀點及哲學的觀念進行分析，都是具有撫慰人心，追求伊比鳩魯所說的快樂，從身心中達到一種寧靜，且自由、極樂的狂喜狀態。然而，近年來以享樂性、肉慾性為主軸的節慶活動，逐漸蔓延開來，節慶活動在傳統的神性道德與現代的獸性慾望之間的拉鋸，也導致東西方的節慶活動產生變異。人類經過異化之後，是否可以重新詮釋伊比鳩魯學派之享樂主義理論，藉此探討傳統與新興節慶的典範轉移，並且解決人類在度過歡愉的節慶之後，所面臨的道德困境？

　　佛洛伊德（Sigmund Freud, 1856~1939）認為，人類心理主要分成三個部分，即本我、自我與超我（圖2-1）。人類的動機可以歸納為獸性慾望，例如是餓、渴、睡、性慾等，其中性慾占本我的主導地位。但本我往往受到道德、社會法規等現實條件的制約，形成超我意識。然而，從索

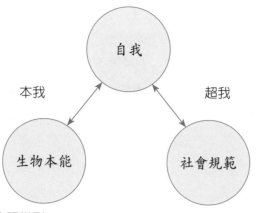

圖2-1　佛洛伊德心理模型

羅金（Pitirim Sorokin, 1889~1968）的心理模型強化了佛洛伊德心理模型，他認為人類除了要保有生物自我歡愉的本能之外，還要從自我治理（governing ego）的角度來看，需要從宗教自我提升，強化超我意識（圖2-2）。此外，從社會自我提升，並且強化社會意識（socioconscious）（Sorokin, 1947; 1954）。

　　我們從人類的心智活動，談到了節慶的參與動機，人類因為追求享樂，除了要滿足生物自我（biological ego），還要滿足社會自我（social ego）。從社會鑲嵌及人類不斷異化的角色來看，「以逸樂為導向」的生物自我，不斷地糾纏於節慶之中。從古代哲學進行思考宗教節慶的觀念，又與新世代喜好逸樂的背景相互扞格。新世代的節慶的類型不斷地受到非議、重組與創新，唯一不變的是其休憩、充電與充滿歡愉的核心內容。下一節，我們將從節慶活動的參與動機、涉入體驗、環境感知、地方感和滿意度進行節慶活動抽絲剝繭的分析。

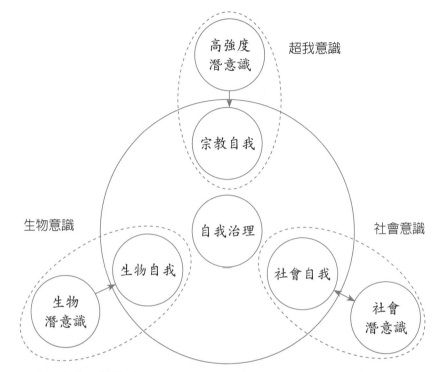

圖2-2　索羅金心理模型（Sorokin, 1947; 1954）。

第二節　動機

　　西方文明在不同時期的節慶活動，因為政治、經濟、宗教和文化的差異，讓參加節慶活動者，擁有不同的動機（表2-2）。例如古埃及時期，參加國家慶典節慶是貴族的專利，屬於宗教性質的活動。祭司是神廟的侍奉人員，負責主持祭祀活動、節慶典禮，宗教色彩較為濃厚。到了古希臘、羅馬時期，宗教活動十分頻繁，其中以雅典的宗教節慶最多，希臘雅典在春季舉辦酒神節慶，羅馬舉行薩圖爾努斯（農業之神，Saturnus）節；到了基督教文明興起之後，教會負責在節慶活動中獻演。但是在民間，異教徒傳統上保持相當的基督教前（pre-christian）地方節慶狂歡節的風俗。本節以宗教動機、社會喧嘩動機、哲學動機，以及教育動機，說

明節慶活動舉辦和參與的動機（motivation）。（見圖2-3）

表2-2　西方文明在不同時期的節慶演進表

時期	起訖年代	節慶定義及特徵
古埃及時期	5000 B.C.~ 30 B.C.	在宗教慶典活動中，祭司是神廟的主事者，負責主持祭祀活動、節慶典禮。西元前2700年古埃及法老王時期，開始慶祝聞風節（Sham Al-nessim），也就是慶祝春季來臨的節日。古埃及人選擇每年春分為聞風節，認為這天是慈善之神戰勝兇惡之神的日子，同時也是世界誕生之日。
巴比倫時期	2900 B.C.~ 330 B.C.	宗教慶典活動中，祭司是神廟祭祀的主導者，負責主持祭祀活動、節慶典禮，以十字架符號象徵太陽神搭模斯（Tammuz）。巴比倫祭司選用長青松樹為標幟，慶祝搭模斯神冬至的生日，成為耶誕節用松樹掛燈慶祝的濫觴。
古希臘、羅馬時期	750 B.C.~ 476 A.D.	古希臘時期宗教活動十分頻繁，其中以雅典的宗教節慶、神廟建築最多，西元前487年，雅典正式確定在春季酒神節慶中增加喜劇競賽項目。古希臘宗教後來與羅馬文化融合，每年12月舉行的薩圖爾努斯節（農業之神節）是羅馬人的傳統節日，在葡萄栽植或收穫季節，羅馬人也舉行慶祝。
中古世紀	476 A.D.~ 1400 A.D.	基督教文明興起之後，教士和學者等菁英譴責狂歡節的狂放，宗教節慶日（Feast day）興起，基督降生、基督受難、基督復活等神蹟被編成故事，由教會負責在節慶活動中獻演。但是在鄉間，異教徒傳統上保持相當的基督教前（pre-christian）地方節慶狂歡節的風俗。
文藝復興	1400 A. D.~ 1600 A.D.	文藝復興之後，人文主義者所亟欲擺脫、劃清「黑暗時代」的傳統節慶。前期統治者耽於享樂，信奉新柏拉圖主義，希望擺脫宗教禁慾主義的束縛。後期學者菁英強調以人為本，肯定個性自由和休閒享受的價值，要求從基督教神學的束縛中解放出來。歐洲君主建造宏偉城堡、舉行狩獵、化妝舞會、表演和競賽活動。

時期	起訖年代	節慶定義及特徵
後文藝復興時期	1600 A. D. ~ 1700 A.D.	自十七世紀以來，歐洲逐漸成為世界經濟中心。貴族勢力衰退，貿易商人實力增加，節慶活動除了國王和貴族舉辦之外，並由商人贊助，舉辦各種主題的節慶、展覽和活動。
工業革命	1759 A.D. ~ 1870 A.D.	由於鄉村人口移入都市，造成了都市化現象和都會區出現，都市民眾休閒和節慶活動互相結合。工業革命之後，將中世紀的節慶轉變成工作之餘的休閒活動。
後工業革命	1870 A.D. ~ 1930 A.D.	由於火車的便利，民眾自發性到外地渡假，形成參加外地觀光活動的契機，傳統地方節慶活動在第一次世界大戰之後逐漸式微。
航空時代	1930 A.D. ~	航空器、火車、汽車的普及，形成外地觀光的特徵。由於1970年代環保意識的發展和文化價值的解構，重新思考節慶、表演、展覽、博覽會和奧運等運動賽會舉辦的特色，成為人們參加節慶化（festivalization）城市體驗活動的多樣性選擇。新型節慶活動產生，形成了締造凝聚觀眾、表演者和籌辦者的新的社會網絡關係。

圖2-3 西方國家傳統上保持相當的地方節慶狂歡節的風俗（方偉達攝於荷蘭瓦赫寧根）。

現代節慶活動包含了家族聚會、社交活動等內涵，參與者的個人動機包含了獨特性、新奇感、吸引力、逃離塵囂、文化探索等；在文藝復興之前的西方文化，則以宗教、社會喧嘩（獨特性、新奇感、吸引力）、哲學（逃離塵囂），以及教育（文化探索）等進行動機的界定。

一、宗教動機

　　古埃及文明以降，從巴比倫時期到古希臘、羅馬時期，各種精靈、巫術、魔鬼、聖徒、天使、守護神崇拜的觀念深植人心，中世紀之前的節慶典禮，成為異教徒泛靈信仰的重要活動。從西元313年君士坦丁大帝（Constantinus I Magnus, 274~337）頒布米蘭詔書，以保障基督教的合法地位；到了狄奧多西於西元392年下詔基督教為羅馬帝國唯一合法的國教，至此，基督教以宗教節慶的方式進行思想灌輸「一切榮耀歸於上主」，宗教成為歐洲中古時期道德規範和處事原則。在教宗、主教、神學家的主導之下，宗教節慶活動以崇拜唯一真神為號召；但是廣大民間百姓則在唯一真神與傳統的泛靈崇拜間擺盪。基督教義雖然全面影響了中古歐洲人民的節慶信仰，但是原有塞爾特、希臘、羅馬、東西哥德、伊比利、汪達爾，還是擁有泛神論傳統的神話節慶活動。理性克制的希伯來文化進入到歐陸之後，教會要求上帝的選民要過著禁慾、節制、悔罪的生活，並以心靈寄託作為參加節慶活動的號召。在文藝復興之前，教會和國家舉辦的慶典活動，代表著宗教階層和道德規範，存在著鞏固與確定的特性，節慶成為了統治者表現地位的形式，官方的節日充滿了嚴肅的氣氛。從西方基督教文明中，可以從各種節慶活動中觀察到人類對於永生的希望，以及對於宗教教義的畏懼。在東方傳統民間信仰中，面對大自然的威脅，在佛教傳入中國之前，不見對於永生的企盼，但見對於現實面中民生樂利的需求。常見人們祈求「風調雨順、國泰民安」，這些重視現實的行為，顯現東方宗教觀普遍具有傳統的現實特性，也是一種日常生活中的集體現世心態（collective mentality）。

二、社會喧嘩動機

在歐洲，中世紀民間文化仍保留著農民充滿想像力、誇張、變形、嬉鬧、詼諧的基本特質，以原有異教徒的宗教節慶來看，使得基督教與異教傳統一直維持著非激烈的斷裂關係。中世紀人們同時參與教會和民間狂歡節活動，並同時用嚴肅和詼諧的眼光來看待周圍世界（王慧萍，2012）。在巨大的宗教氛圍籠罩下的生活中，人民同時保有虔敬與詼諧兩種看待生活和世界的態度。中古世紀人民在宗教輿論的壓力之下，需要保持虔敬。到了文藝復興之後，人們耽於享樂，信奉新柏拉圖主義，希望擺脫宗教禁慾主義的束縛，要求從基督教神學的束縛中解放出來。俄國現代文學理論批評者巴赫金（Mikhail Bakhtin, 1895~1975）談到嘉年華式「狂歡荒誕」（carnivalesque）的社會概念。（見圖2-4）

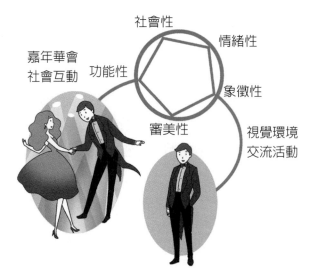

圖2-4　嘉年華會的社會互動功能。

他認為狂歡節是產生在歐洲的特有現象，表現出人類獸性的本能。歐洲平民掙脫社會道德規範，表現內心本能的慾望，極盡地破壞道德規範。在節慶中，平民縱情聲色，嘲諷教會和國家，形成了「脫軌活動」（decrowning activity）。狂歡節讓道貌岸然的學者皺眉、讓教會修行的

教士錯愕，狂歡化所帶來的社會效應，產生眾聲喧嘩（heteroglossia）的現象（Bakhtin, 1965/1984）。巴赫金認為在狂歡節的活動，彰顯了民間詼諧特質的符號。比方說在節慶期間，人們會推選小丑當滑稽的國王和教宗，並且煞有介事地主持彌撒。透過裝扮、戴上面具、公開遊行、喜劇演出、甚至嘲諷的方式，以諷刺「教會－國家」所制定的教條主義與道德規範，透露出世俗的荒謬與對於教會勢力的反動。因此，巴赫金認為是階級和國家的產生，改變了節慶原始的樣貌。他認為在階級和國家還沒出現之前的原始社會，節慶同時存在著嚴肅與詼諧，進而看待神與人的關係，例如羅馬時代的凱旋慶典，有時對勝利者的歌頌；或是對勝利者的戲弄等，成為一種階級的相互嘲諷關係。但是在教皇、教士階級產生之下，這種西方嘲諷的節慶氣氛，開始逐漸分化瓦解，節慶慶典活動，日顯嚴肅。

三、哲學動機

從新石器時期開始到中世紀，歐洲人口出生率和死亡率都非常高。中世紀拉丁語中的Memento mori，就是在詮釋「記住你將會死亡」（remember that you have to die），因此，在節慶中學習，是探討死亡，針對生命價值的深刻了解。法國哲學家蒙田（Michel de Montaigne, 1533~1592），曾說：「探討哲學就是學習死亡」，警惕世人了解紅塵世俗的虛幻。在節慶送往迎來的活動中，幫助人們培養反省的理性，作為對死亡觀念的深入探討。相較於巴赫金嘉年華式「狂歡荒誕」的節慶方式，認真看待生命中較為嚴肅節慶的真諦，卻可以讓人們獲得淨化和救贖。

四、教育動機

中古歐洲發展了傳統節慶，蘊藏著感人的神話故事，增添教育與緬懷先人的意義。因此，藉著民俗節慶活動的進行，讓廣大的民間社會能欣賞到比較精緻性的文化活動。此外，可以強化社會教育意義，加強族群整合，創造豐富的區域性特色。透過節慶活動，除藉此提振產業經濟之外，亦扮演著傳承民俗文化、宗教信仰、提供觀光發展等多項教育功能，也讓

參與節慶活動者體驗有別於平常生活的型態，在情感凝聚或是情緒宣洩之後，對自己、真神和環境重新建構新的認知與價值認同。（見圖2-5、2-6）

圖2-5　由於文化價值的解構，重新思考博覽會的特色，圖為上海世界博覽會的電音三太子（方偉達攝於上海）。

圖2-6　人們參加節慶，體驗城市活動的多樣性，圖為上海世界博覽會的吉祥物和花車遊行表演（方偉達攝於上海）。

第三節　涉入、體驗、心流

節慶活動的涉入（involvement）和體驗（experiences），都是節慶活動參與者針對其需求、價值觀和個人興趣，而對節慶活動感受到的投入和參與程度。在參與者經過投入活動之後，進行體驗交流，在過程中獲得的感動，並且留下了美好的印象。節慶活動不只是帶來熱鬧、喧嘩，而是能夠將回憶深刻的留在參與者的心中，並且讓參與者留下重遊意願。

在嘉年華會的視覺環境交流活動中，其功能包括了象徵性、情緒性、社會性、功能性、審美性等五種功能（圖2-6）。其功能之產生，藉由涉入（involvement）、體驗（experiences），以及涉入和體驗時產生的心流（flow）活動，而加速其效果。因此，本節針對節慶活動的涉入、體驗，以及涉入和體驗時產生的心流活動，進行探討。

一、涉入（involvement）

「涉入」和「態度」不同，態度說明了理性的動機和看法；但是「涉入」探討的是人類內在思緒反應在外在活動的過程。節慶涉入是對於該活動產生情感的投入，並產生了興奮、好奇、著迷、急於參與等根深柢固心理狀態。早在1947年，「自我涉入」概念提出之後，用以預測一個人因其地位或角色，對於他人的說服的程度（Sherif and Cantril, 1947）。從個人「自我涉入」的角度看來，個人基本目的、動機、價值觀、關心程度、擾動程度，以及自我意識，都是反映外界活動對於個人喜好程度的攸關性。因此，活動涉入包含三部分：㈠該活動所帶來的吸引力（attraction）；㈡活動中的自我表現（self-expression）；以及㈢活動在生活型態中所占的中心地位（centrality of lifestyle）。其中吸引力包含了活動在參與者心目中的重要性（importance），以及參加之後的愉悅性（pleasure）。上述的愉悅性，並不足以代表對於節慶活動的涉入程度，除非該活動對人們是有意義及具有重要性的。簡單的說，涉入是個人對某

項事物所感覺的攸關程度，是以個人的認知狀態來定義涉入的強度。例如說，低強度的情境涉入，和高強度的持久性涉入，都會反映到對於參與節慶活動的心理狀態，反映個人複雜的認知過程及行為過程。

二、體驗（experiences）

節慶個人體驗均來自個人心智狀態與節慶活動之間產生互動的結果。體驗來自於環境刺激所帶來的快感和喚起知覺意識，然後採取行動或是避免採取行動等趨向/避免的反應。簡單來說，體驗經由環境刺激，產生情感狀態，進而影響行為之反應。模型中的意識狀態包含二個向度：愉悅性（pleasure）、喚起性（arousal），以及行為意圖（behavioral intention, BI）。依據梅爾貝因-拉塞爾模型（Mehrabian-Russell, MR model）（Mehrabian and Russell, 1974），本模型由心理學者梅爾貝因（Albert Mehrabian, 1939~）和拉塞爾（James A. Russell, 1953~）提出，當環境刺激產生情緒狀態，情緒狀態會讓人採取行動，或是避免行動，詳如圖2-7。

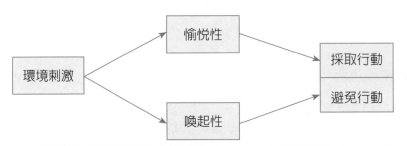

圖2-7　M-R模型說明體驗可以藉由愉悅性（pleasure）和喚起性（arousal），產生行為意圖（Mehrabian-Russell, 1974）。

個案分析　梅爾貝因-拉塞爾模型

梅爾貝因-拉塞爾模型用於在觀光活動消費者的行為研究，以了解受到外界刺激，產生快感和激勵上的影響，例如在觀光商場中，因為受到外來

商場上誘人的廣告刺激和行銷人員的推銷，容易讓購物者產生「買了不該
買的東西」的行動。此外，學者的研究中也說明，在觀光及休閒場域的視
覺、聽覺、嗅覺、觸感，也會引發愉悅的效果，產生行動意圖（Kang et al.,
2012）。因此，在觀光及休閒場域之中，需要透過亮眼視覺設計、輕柔的
音樂、清新的氣氛、柔軟的鋪面，以及舒適的溫度，來吸引消費者前來消費
（圖2-8）。

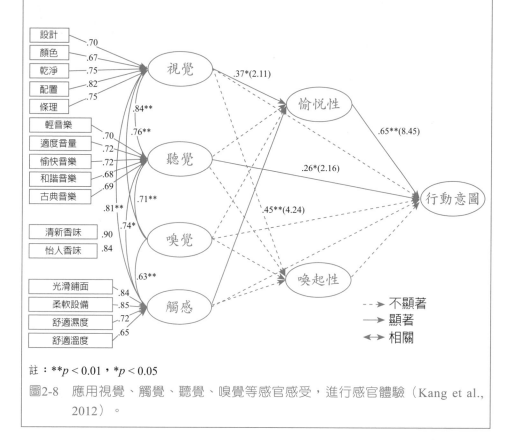

註：**p < 0.01，*p < 0.05

圖2-8　應用視覺、觸覺、聽覺、嗅覺等感官感受，進行感官體驗（Kang et al.,
　　　　2012）。

　　　施密特在1999年提出體驗行銷的觀念，他以感官體驗（sense
experience）、情感體驗（feel experience）、思考體驗（think
experience）、行動體驗（act experience）及關聯體驗（relate
experience）等五種體驗（Schmitt, 1999），說明體驗的內涵。

㈠感官體驗：**透過感官提供愉悅、興奮與滿足的情緒體驗，經由視覺、觸覺、味覺、聽覺、嗅覺五感，加入美學元素來創造知覺體驗感覺**（Kang et al., 2012）。

㈡情感體驗：**觸動參與者內在的情感，以溫馨、誠意和服務進行概念傳布。**

㈢思考體驗：**運用節慶的創意，引發參與者思考、產生認知，並積極涉入與參與。**

㈣行動體驗：**以行動參加節慶活動，藉由有形的體驗，產生生活上的互動。**

㈤關聯體驗：**是透過節慶活動的品牌與其他人進行交流與意見交換。**

三、心流（flow）

在涉入、體驗之後，籌劃或參與節慶活動者，如果產生參加宗教節慶的高峰經驗，則可以說明其產生了心流或是神馳現象（flow）。心理學家契克米海（Mihaly Csikszentmihaly, 1934~）在1970年代發現，當人類沉醉於活動時，會因為全心全力投入，而忘卻周遭現實空間的環境，進入渾然忘我的狀態，並且暫時抽離現實，遺忘了時間的存在，進入專心致志與靈思泉湧的經驗，他認為這是最優體驗（the optimal experience），後來最優體驗衍生出的心流理論（Flow Theory）。契克米海認為，最優體驗包含了參加節慶、閱讀、靜坐、瑜珈、禪修、寫作、思考、觀光、休閒之時。最優體驗產生的時機，恰巧是活動涉入最深的時刻。

契克米海以在實證行為主義盛行的1970年代，以人類現象提出心理的最優體驗，呼應心理學家馬斯洛的「高峰體驗」（the peak experience）。馬斯洛是從哲學的角度剖析人類的意念；而契克米海以實證觀點，提出在人類在籌辦或是參加節慶活動之時，為什麼會：「廢寢忘食、專心致志、渾然忘我」？心流產生之時，人類行動與意識之間融合無間，整個意識的注意力集中在感官體驗之外，在具體世界和心智國度之間穿梭。例如：宗教中的修士和苦行僧，人人都以為其苦，但是修士透過節

慶中的祈禱、讀經；苦行僧透過誦經、靜坐，在完全投入宗教的情境之中，集中注意力參與活動，並過濾所有不相關的知覺，沉浸於忘我的喜悅之中，遺忘了時間的流逝，到達莊子在《齊物論》所說的「天地與我並生，萬物與我為一」的「物我兩忘」的境界。在人類進入自我與天地對話的體驗之後，產生了狂喜的感覺，後來並檢視自我複雜的心智活動。這種喜悅是一種酬賞，這也是人類為什麼心甘情願繼續從事活動的原因。

心流經驗主要經驗的特質有下列八項（Csikszentmihalyi, 1990）：

㈠清楚的目標和立即的回饋：指個人在心流經驗中，對於活動目標有強烈想要完成的自我意識，並了解後續想要回饋動作。清晰的目標有助於主導個人在投入心流狀態之中，得到明確回饋。

㈡面臨挑戰的適度技巧：當個人有清晰的活動目標，並且有足夠的活動技巧，使得個人與目標之間的距離在可達成之範圍內，個人意識可以和目標進行對話與回應，此時進入心流狀態。

㈢行動和意識的結合：指行動和知覺之間的相互協調。當個人完全投入活動之後，因行動與意識的協調，而忽略了小我存在，因此活動係為自發性完成狀態，並且忘卻自我的焦慮和煩惱。

㈣全神貫注在工作上：在心流中個人的注意力集中一致，忘卻身旁其他不相干的雜訊。

㈤操控的感覺：在心流經驗中個人非主動想去控制活動，而是自然產生行動，自我知覺也意識到掌握活動。

㈥自我意識的忘卻：自我的意識雖然存在，但不再強烈地感受自我，而是暫時遺忘自我，達到「天地與我並生，萬物與我為一」的「物我兩忘」的境界。

㈦時間感的改變：個人心理上的時間感覺，和時間的紀錄產生差距，而有時間上的錯覺。

㈧目的性的自身體驗（the autotelic experience）：心流經驗本身即為目的。個人也許從事其他活動，但後來會感覺到活動的本身，足以構成一種酬賞和自我滿足的境界。

綜上所述，節慶活動參與者之情境涉入的程度愈高，從節慶活動所獲得的心流體驗相對強烈。在涉入活動之時，當個人感覺自身技能高於活動所帶來的目標挑戰時，就會覺得無聊；反之，當個人的技能低於活動挑戰之時，則會引發焦慮和恐慌，只有當自身技能與目標挑戰達到平衡之時，心流才會產生。

第四節　節慶恐慌

節慶活動產生了自我酬賞和自我滿足的境界。但是，如果自我缺乏心流活動，無法產生「行動與意識結合」、「全神貫注」、「操控的感覺」、「自覺的喪失」和「時間感的改變」（Csiksentmihalyi, 1990），如果活動沉悶，就會產生無聊的現象。如果活動讓人產生壓力，輕則產生焦慮，嚴重者產生恐慌（panic disorder）。

節慶恐慌者包含了活動籌備者和參與者。例如，在節慶籌備過程、舉辦過程之中，甚至是失去參加節慶的產生了過度緊張的狀態，例如心跳加速、呼吸困難、頭痛、頭暈、反胃、顫抖、冒冷汗、喉嚨痛、肌肉僵硬、胸痛、身體或臉有灼熱感、手指或腳指有針刺感等。節慶恐慌是一種心理現象。在人類大腦中，存在著恐懼迴路（fear network）。以杏仁核為中心，並與海馬迴路和內側前額葉皮質進行互動關係，從杏仁核到下丘腦、腦幹的投射區，和制約性的害怕反應有關。

節慶恐慌分為失去的恐慌、籌組的恐慌、參加的恐慌三種類型：

一、失去的恐慌

法國歷史學家奧祖夫（Mona Ozouf）在《革命節日》（La fête révolutionnaire, 1789~1799; Festivals and the French Revolution）一書中說：「人們都對剛剛完成的決裂心存隱隱的恐慌，都有一種對空虛的恐慌。他們覺得，沒有了舊儀式，人們的生存喪失了意義」（Ozouf,

1976）。失去的節慶，人類消失了自覺，時間缺乏意義，廣場消失了地方感，地方場所失去了過去經驗所構成的意義與中心價值，人民逐漸對現有空間感到陌生，無法轉形成原有節慶場所象徵意義（symbolic meaning）（Kyle et al., 2003），以及節慶親切的場所感（Tuan, 1980），人們開始恐懼空虛，產生恐慌。《革命節日》一書透視了法國大革命時期的政治文化，既剖析了革命節日與傳統節日的不同，又揭示了革命節日對於法國革命時期集體心態的文化意義。（見圖2-9）近年來，許多傳統的節慶儀式消失，節慶的意義已經被消費主義所取代。傳統節慶被視爲無意義的，陸續消失之後；新興的節慶活動淹沒在消費主義者的市場中，化約成市場慶典（market festival），形成文化的斷層與隱憂。

圖2-9　瑞士盧森卡貝爾古橋獅子紀念碑，紀念在法國大革命760位捨身保護法王路易十六而犧牲的瑞士傭兵（方偉達攝於瑞士盧森）。

個案分析　節慶筆記

　　本書作者回顧1993年在法國巴黎參加法國國慶日節慶之後，撰寫的筆記，回顧筆記，作者當年年僅27歲，在人類追求神性道德與獸性慾望之間極度拉扯，巴黎塞納河岸，除了兼具全球旅客造訪人數最高的世界遺產之外，也變成了我最喜歡的流連之所。在個人追求享樂的因子中，我在歐洲參訪了法國等五個國家，流連在巴黎革命節慶的半圓劇場，不斷地糾纏於《革命節日》和傳統節慶的體驗之中，思考法國歷史學家奧祖夫在《革命節日》一書中所說：「人們都對剛剛完成的決裂心存隱隱的恐慌，都有一種對空虛的恐慌」。他們覺得，沒有了舊儀式，人們的生存喪失了意義」（Ozouf, 1976），以下節錄作者的筆記。

　　為什麼在最美麗的時刻，我總是想到哀愁。夜裡十一點，塞納河的河水是那麼靜沉，玻璃船的光纖，映染著河水絢麗迥異，而上空煙火四射，迫散夜裡雲彩，擾動著節日慶典輝煌奪目。我在鑽動的人潮中，隨著潮水波動，流向海潮，拍岸裂石，只感到心情波動與感傷。為什麼在最美麗的時刻，我只有獨行踽踽和心墮感傷？羅浮宮的金字塔裏在金色絢耀的光芒中，而白天隨著雲朵分分合合的噴水停止躍動，金字塔的倒影，躲在平靜無波的水色中。誰說水是透明無礙的？我看到金色的渲染和滲透，而夜風揚起，將水景塗抹上細細的皺褶，那種浸飽的皺褶，恰似薩摩雅島（Samothrace）上有翼勝利女神，那種輕衫透明、浸濕水花的貼緊肌膚。我能想像女神的膚似勝雪呢？中國不是也有洛神嗎？凌波微步在渺渺浩瀚的水澤中，永遠是那麼的隱約而美麗。

　　「美麗的時刻我總想到哀愁」。

　　我無法用波動的情緒交付空氣，傳達心中哀傷的意象。因為此刻還是浪蕩江湖的異客孤身，驚覺到初識異鄉，隻影獨行的落寞孤寂。

　　記~那些音訊全無（沒有網路信件、數位照片、數位錄影，長途電話又貴得要死）的流浪日子。（方偉達／1993.07.14法國巴黎）。

二、籌組的恐慌

　　節慶活動的籌組，需要耗費時間和精力，在籌備節慶活動過程中，因為經濟狀況、身體健康、工作環境、人際關係、家庭生活的關係，導致壓力產生，情節較輕者則產生焦慮，嚴重者產生節慶恐慌的現象。在籌組的恐慌方面，籌組者屬於高焦慮及高敏感度的人，以及對於品質要求較高的人，較容易產生恐慌的現象。焦慮敏感度較高的人們，其心理脆弱性（psychological vulnerability）較強，對於環境和人際關係的適應性較弱，較無法產生應變節慶活動產生的相對因應能力（perceived coping ability）。

　　寇許在《有效降低壓力的步驟》《Active Steps to Reducing Stress》一書（Koch and Koch, 2008）中說，很多女人在節慶檔期都變成了指揮官，規劃如何採買禮物、採買和烹調食物，處理家務大小瑣事，造成身心俱疲的現象。此外，年節經濟入不敷出的壓力，親友之間的比較心理，以及年節禁忌和應對進退之道，造成婦女不堪負荷，煩惱過度產生節慶恐慌。

　　因此，籌組節慶活動，是爲了產生社會連結，當節慶轟轟烈烈的舉辦之後，籌組者會因爲對於節慶活動的成果期望過高，當活動結束之後，失落感越高，因而感到洩氣、空虛及失望。西方消費主義重視表面功夫，忽略了自身的心靈需求，產生了快樂水車（headonic treadmill）現象，也就是形容忙碌的人生像是一座運轉不息的水車，得到的金錢和成就越大，所要付出得到快樂的努力也越大（Brickman and Campbell, 1971）。也就是說，快樂是會自我適應（hedonic adaptation）的，人們對於節慶的成果，很快視爲無物，對於節慶所帶來的歡樂感會因時間尺度的拉距感而逐步降低。但是，籌備者對於每年一度的節慶籌劃，則會因爲自我要求過高，產生年復一年的自我壓力。因此，要獲得籌備節慶所帶來的快樂，需要調整自身的心態，重新檢視籌組節慶活動時的人際關係。

三、參加的恐慌

參與節慶活動之遊客一般認為人越多才有參與節慶的感覺。例如，美國加州每年所舉行的玫瑰花車遊行（Tournament of Roses parade），在長約9公里的玫瑰花車遊行路線，每年都能吸引到100萬人的觀眾在遊行路線兩旁觀賞；巴西嘉年華會登場時，每年前來狂歡的外國觀光客即達50萬人。

當人群的大量集中或群眾擁擠的現象，應視為「共同的群眾經驗」（crowding is a common experience）。依據巴赫金的狂歡節理論，嘉年華會模式的慶典，透過歡樂、粗鄙、雜沓、淫亂與擁擠的氛圍中，抒發日常生活的壓力，暫時忘記了國家法律與制度的限制（Uysal, Gahan, and Martin, 1993）。這些底層行為和粗鄙慾望，在平常時間受到文明社會的壓抑，參加者因為酒精、迷幻、狂熱和人潮擁擠的心態，產生下列的恐慌心態。

(一)道德恐慌

現代節慶活動，宣揚解脫，視社會道德約束於無物。巴赫金所提出詼諧的特性，只是單純地說明眾生喧嘩的趣味性，未能目睹現代社會中，隨著節慶的類型越來越多元化及反社會化，往往藉由新興節慶聚會之中的淫亂、吸毒、飲酒、噪音、炫色和雜沓，發洩精力與紓解壓力。因此，參加者往往進入會場之後，無法承受道德上的譴責，在光怪陸離的聲色場所之中，產生恐慌現象。在道德恐慌的情境之下，可能產生群眾歇斯底里（mass hysteria），甚至引發節慶時的群眾暴動。

(二)擁擠心理

在巴赫金的狂歡嘉年華會模式中，許多參加嘉年華會活動的參加者並未感受到擁擠，其原因可能在於參與活動者，在選擇參與此項節慶活動時，希望人能夠越多越好。一般來說，大型節慶活動的集會場所的地點，經常是選在火車站（railway station）、賽會

場（fairgrounds）、休閒中心（leisure centers），或是運動場館
（sports stadiums）等。當個人在上述的節慶場合中感到擁擠時，
是因為上述節慶活動擁有舞臺焦點的吸引力，以及受制於火車站、
賽會場所、運動場館，或是巨蛋等減力牆面之阻力，以及在行進路
線中，因為個體間相互推壓，產生的人群阻力（圖2-10）。而遭遇
到他人的阻力時，就會感到擁擠，我們可以用社會力模型（social-
force model）來表示。當群眾密度（crowd density）超過原訂節慶
活動計畫，所能承受的臨界群眾密度（critical crowd densities）時，
常會促使個體群眾失控，進而引起迅速的群集運動（rapid group
movement）。通常群眾聚集的場所，如果每平方公尺達到7人時，
群眾會形成類似流體的不規則量體（fluid mass），衝擊波（shock
waves）所形成的力量，會沿著群體運動，將人們頂到波峰，並且向
前推進3公尺以上，當然也會有人們亢奮到掉落鞋子或脫掉衣服的舉
動，最後因為極度擁擠，造成呼吸困難等現象（曾傳銘，2007）。

圖2-10　社會力模型（social-force model）描述節慶活動擁有舞臺的吸引力，以及牆
　　　　面阻力的人群模式。

此外，實質環境中的溫度、噪音、濕度、身體磨蹭等外來狀態，造成個人生理和心理的反應，如腎上腺素分泌、心跳加快、血壓加快、流汗、慾望增強、心理退縮、疏離人群等情感狀態。擁擠的因素為人口的「密度」，其他條件如社會因素、環境因素和個人因素，都是衡量的標準（Choi, Mirjafari, and Weaver, 1976）。

根據參加群眾的「密度」所引發的刺激或是干擾，有下列因素，導致擁擠的複雜感受（Lee and Graefe, 2003）：

1. 期望理論：當節慶活動參加者預期、知覺到的人口密度，或者實際遭遇之人數，較活動參加前期望來得高時，便產生擁擠的感覺。但是，如果擁擠造成場面失控的混亂情況，最後發生推擠或意外事故，讓參加的群眾產生焦慮不安的心理壓力。

2. 刺激超載理論：當節慶活動參加者感受到透過人口密度所引發的不快刺激，例如人口密度過高，活動場地雜沓、空氣令人窒息，其他遊客行為粗魯、肉慾、放縱、野蠻、暴力等，超過其心中可以負荷的擁擠程度時，產生的擁擠知覺。如果擁擠程度過高，將產生參加者的幻覺和恐懼的感覺，如果心生恐懼，則釋放出大量的多巴胺（Dopamine），但是血清素（Serotonin）和正腎上腺素（Norepinephrine）分泌降低（Lovheim, 2012）；進而產生下次不會再度光臨這種節慶活動的意念，這也是節慶活動的主辦者不樂見的。

個案分析　情感立方圖

情感立方圖，又稱為羅夫涵情感立方圖（Lovheim cube of emotion），為瑞典生理學者羅夫涵（Hugo Lovheim）所創，可用於節慶參加者的心理和生理反應分析，說明神經傳導物質和情緒之間的關係。在這個模型中，三個單胺類神經傳導物質，包含血清素、多巴胺、正腎上腺素，和八個基本情緒，形成一個立方體坐標軸（圖2-11）。八個基本情緒，如羞辱、遇險、

恐懼、憤怒、厭惡、驚喜、被放置在八個角。當血清素、多巴胺分泌時，代表愉悅；當血清素、多巴胺、正腎上腺素分泌時，代表興奮（Lövheim, 2012）。基於情感立方圖模型，2012年在美國邁阿密舉辦了一場舞蹈表演活動，感謝羅夫涵在生理學上的創建。（見表2-3）

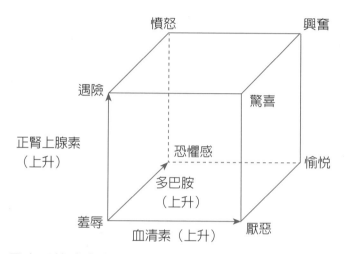

圖2-11　羅夫涵情感立方圖，可用於節慶參加者的心理和生理反應分析（Lovheim, 2012）。

表2-3　羅夫涵情感立方圖解釋

基本情緒	血清素	多巴胺	正腎上腺素
羞辱	低	低	低
遇險	低	低	高
恐懼	低	高	低
憤怒	低	高	高
厭惡	高	低	低
驚喜	高	低	高
愉悅	高	高	低
興奮	高	高	高

第五節　忠誠度

　　節慶擁有雙重性格，超越日常規則和感性表現，並且和「集體行動」緊密相連（何明修，2001）。集體行動經常要求參與者打破平常的角色認定，挑戰既有的道德規範和權力關係，往往踰越日常規則，產生過激之舉。所以，從眾聲喧嘩中的「民主價值」，如何產生合宜、合禮、有趣的節慶活動，重塑節慶社會的完美圖像，成為後續章節探討的重點。

　　然而，節慶既然有節慶恐慌者；一定也有節慶狂熱者。為甚麼有些節慶年年都會辦理，有的人年年參加，形成參加節慶的基礎群眾。從節慶喧嘩下的「民主價值」到「情感依附」（affective）的角度來看，節慶活動的「品牌忠誠度」（brand loyalty），成為節慶活動是否受到大眾的歡迎，是否能夠永續辦理最要的依據之一。節慶活動是否可以擁有品牌呢？為什麼這些品牌的忠誠度擁有者那麼高呢？

　　忠誠度理論初期源自於「品牌堅持」（brand insistence），繼而發展為「品牌偏好」（brand preference），至1950年之後消費者行為學（consumer behavior）萌芽，方有「品牌忠誠度」（brand loyalty）之提出。1960～1980年綜合性消費理論倡行，購買行為及態度，影響人們對於產品的信賴程度。1980年代符號消費理論興起，人們所以購買產品，不僅注重產品功能性，且重視產品之後續服務。由上述演進歷程可知，忠誠度乃源自消費者行為，學者又將品牌忠誠度的觀念，應用到觀光活動之滿意度（Backman and Veldkamp, 1995; Yoon and Uysal, 2005）。研究假設觀光忠誠度所包含的不只是使用意願的頻率，還包括：停留時間、偏好、口碑等。忠誠度結合其他量度因素，被視為預測實際觀光行為的指標。觀光客忠誠度衡量區分為態度忠誠度（內在心理所引發的忠誠）與行為忠誠度（觀光行為中，願意再次來此的意願）。態度忠誠度受到認知價值的影響；行為忠誠度則受到滿意度與認知價值的雙重影響。因此，忠誠度範圍較滿意度為廣，包含觀光客來此頻率（frequency）、觀光客參與程度

（engagement），以及觀光反應良好與否（responsiveness），作為呈現觀光客忠誠度的三大面向。

　　換言之，忠誠度受到觀光客地方依附、滿意度的影響，影響來此頻率、參與程度和觀光口碑。因此，唯有靠節慶觀光客忠誠度的支持，才能維持觀光節慶的永續發展。探索觀光節慶對於觀光客的忠誠度而言，忠誠度較高者具備下列因素的特色（圖2-12）：

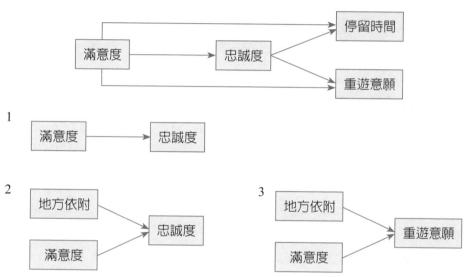

圖2-12　節慶活動忠誠度路徑分析模型，可用於預測節慶觀光客是否具有場所的地方依附和重遊意願的可能。

一、時空距離因素：不管遠近都一定會來，且停留時間較久。

二、場所依附因素：時時思念一年一度的節慶活動，而且來訪次數相當頻繁。

三、義務奉獻因素：願意擔任志工服務，願意投入時間擔任志工奉獻服務。

　　探討節慶觀光的忠誠，其條件依序為：時空距離、場所依附、義務奉獻。以上因素為履行忠誠度必要條件，其中場所依附納入了來訪頻率因素（frequency factors），以及時空距離納入了停留時間因素（duration factors）。在此，節慶活動忠誠度高者，具備不論距離遠近，但是只要時間允許，就會參加節慶觀光活動。此外，忠誠度高者必需還要有場所的地方依附，以及義務奉獻的精神。探討節慶觀光客來訪因素，除了首次觀光客主要來訪的原因，除了是人際網絡關係等社會因素，產生的推拉現象之外；否則多次活動參加者，其個人的忠誠度和重遊意願都相當高。

小結

　　人類從西方哲學，從理性主義和經驗主義不能完全得到宇宙終極答案，因為我們缺乏理性，所以產生了宗教神學，透過神諭瞭解未知的世界。因為我們的經驗受到限制和制約，經驗常常有所不足，所以靠著節慶活動，揣測上帝的意旨。從達爾文的進化論中得知，人類的靈魂，無法從進化論中，從無到有。我們從馬克思（Karl Marx, 1818~1883）的辯證唯物主義中得知，他可以解釋歷史的成因，卻無法解釋人心的成因。從牛頓（Isaac Newton, 1643~1727）的機械論，到愛因斯坦（Albert Einstein, 1879~1955）的相對論，也無法解釋目前的微觀世界的量子世界，狂亂而有秩序。

　　法國史學家米歇列（Jules Michelet）曾經說：「革命就是一種節慶」。在法國革命之後，人民企圖在文化上建立新的制度，產生了節慶式的狂熱。巴赫金（Mikhail Bakhtin）談到嘉年華式「狂歡荒誕」（carnivalesque）的社會概念。狂歡節概念中揭示出的是將民間節慶儀式，視為與主流政治社會對抗的儀式，或是具備政治意圖的抗爭活動。此一節慶活動，觸發了民眾「看熱鬧」的心理慾望。然而，當「詼諧文化」成為民眾逃避日常壓力的動機時，參加節慶或是逃避節慶，同時是為了「心理療癒」。當我們理解民眾參加節慶活動的心理因素之後，同時瞭解到節慶喧嘩下的「民主價值」、「人本價值」、「文化內涵」，以及「情感依附」（affective）現象。

關鍵字詞（Keywords）

行動體驗（act experience）　　　　喚起性（arousal）

吸引力（attraction）　　　　　　　行為意圖（behavioral intention, BI）

生物自我（biological ego）　　　　品牌忠誠度（brand loyalty）

狂歡荒誕（carnivalesque）　　　　集體現世心態（collective mentality）

群眾密度（crowd density）　　　　脫軌活動（decrowning activity）

體驗（experience）　　　　　　　恐懼迴路（fear network）

宗教節慶日（feast day）　　　　　情感體驗（feel experience）

節慶化（festivalization）　　　　　心流（flow）

心流理論（Flow Theory）　　　　　自我治理（governing ego）

快樂水車（headonic treadmill）　　眾聲喧嘩（heteroglossia）

涉入（involvement）　　　　　　　市場慶典（market festival）

群眾歇斯底里（mass hysteria）　　梅爾貝因-拉塞爾模型（Mehrabian-Russell, MR model）

心智（mind）　　　　　　　　　　動機（motivation）

規範（norm）　　　　　　　　　　恐慌（panic disorder）

相對因應能力（perceived coping ability）　愉悅性（pleasure）

愉悅價值（pleasure value）　　　　心理脆弱性（psychological vulnerability）

關聯體驗（relate experience）　　　自我（Self）

自我表現（self-expression）　　　　感官體驗（sense experience）

衝擊波（shock waves）　　　　　　象徵價值（sign value）

社會自我（social ego）　　　　　　社會力模型（social-force model）

社會意識（socioconscious）　　　　象徵意義（symbolic meaning）

自身體驗（the autotelic experience）　最優體驗（the optimal experience）

高峰體驗（the peak experience）　　思考體驗（think experience）

問題與討論

1. 是否能夠討論節慶活動主要的心理作用為何？

2. 請說明節慶活動，除了充滿著娛樂、幻想、刺激、享受狀態之外，還有甚麼副作用，讓人不是那麼喜歡？

3. 請說明基督教和伊斯蘭教的天堂永生概念、佛教的西方極樂世界，以及道教的長生不死觀。

4. 如果你是孔子、孟子、荀子，或是蘇格拉底、柏拉圖、亞里斯多德、斯多葛，你會怎麼看歡樂的節慶活動？

5. 請以宗教動機、社會喧嘩動機、哲學動機，以及教育動機，說明節慶活動舉辦和參與的動機。

6. 請說明西方文明在不同時期的節慶演進歷史，請以一張表來說明。

7. 請說明節慶活動的涉入、體驗、心流、恐慌。並依據梅爾貝因-拉塞爾模型（Mehrabian-Russell, MR model）說明體驗的模型。

8. 參加節慶活動很快樂，為什麼會產生節慶恐慌？

9. 請以繪圖的方式，說明節慶活動社會力模型（social-force model）。

10. 你會每年參加同一種節慶活動嗎？為什麼？

第三章
節慶社會、文化與經濟

學習焦點

　　本章以社會和文化的總體角度，理解古代人對節慶的概念，是集會活動的象徵，也是一種社會時間的制度性安排，以區隔出日常的生活作息時間，標誌出社會生活的季節性節奏與步調。傳統的文化節慶，往往由在地者發起，以「在地元素」進行節慶的號召；但是往往外來元素不斷地滲入當地節慶之中，進行布署與重組。本章討論傳統節慶、政治節慶和新興節慶的差異性，並建議以節慶觀光，作爲凝聚地方認同、創造地方財富、帶動當地產業，以及振興區域經濟的方式。在探討世界各國節慶社會與文化、節慶觀光與經濟之餘，也不忘應用臺灣節慶社會與文化，以及臺灣節慶觀光與經濟的事例及統計數據，進行案例分析，希冀藉由更爲寬廣的國際社會、政治、經濟和文化的角度，提出對於臺灣節慶與觀光的改革和建議。

第一節　節慶社會和文化

　　「節慶」，屬於一種不斷塗抹的馬賽克符號象徵。12世紀時，一本抄錄阿基米德（Archimedes，西元前287年～西元前212年）遺稿的羊皮紙書，被神職人員塗掉，重新寫上祈禱文。直到八百多年後，祈禱文背後模糊的痕跡，才被發現是抄錄阿基米德的著作。到了2005年，史丹福大學的科學家利用同步輻射照射這本羊皮紙書，終於使阿基米德遺稿的內容重現天日。通過20世紀到21世紀的政治節慶和新興節慶之過渡時間，我

們理解到自20世紀以來，傳統節慶進行不斷複製與重製，在基因上已經產生了突變，但是原有遺傳特質，還是可以分辨得出來。透過現代節慶類似羊皮紙般不斷塗抹、書寫、刮貼，形成節慶社會和文化紋理中的重疊、複製和突變狀的「馬賽克」現象。有時候，我們以為舊的節慶看似消失了，然而其形式、架構和紋理，卻隱藏在新的節慶活動之中。本節提供理論架構理解與內涵，進行節慶社會和文化的分析。

一、節慶社會理論

節慶在人類社會的演化中，區分為傳統節慶、政治節慶、新興節慶三種類型，這些節慶活動，堆疊層層歷史，需要抽絲剝繭，等待學者們去發現與重新閱讀其中的社會意義（表3-1）。

表3-1　節慶在人類社會的演化

演化	時間	特色	社會學理論
傳統節慶	古代至現代，興盛於18世紀之前；在第一次世界大戰之後逐漸式微。	1. 神聖而狂歡的狀態，政治節慶和狂歡節的原型。 2. 節慶活動是以社會文化為基模。 3. 社會時間的集體安排，以區隔神聖／世俗、時令節慶／日常時間、圖騰／非圖騰。 4. 原住民慶典、宗教慶典、原始狂歡節。	1. 塗爾幹（Èmile Durkheim）《宗教生活的基本形式》。 2. 巴赫金（Mikhail Bakhtin）「狂歡荒誕」的社會概念。
政治節慶	從18世紀之後至現代，興盛於20世紀民主革命及共黨革命成功之初。	1. 以革命節日取代傳統節日。 2. 節慶活動是以國家制定之政治型態為基模，分為民主國家和集權國家的節慶符號。 3. 國家時間的集體安排，以區隔國家／世俗、國家慶典／時令節慶（日常時間）、國家圖騰／非圖騰。	奧祖夫（Mona Ozouf）《革命節日》。

演化	時間	特色	社會學理論
		4. 國慶日、勞動節、戰爭勝利紀念日、革命家誕辰。	
新興節慶	20世紀之後。	1. 以社會喧嘩，反抗宗教和政治的桎梏。 2. 以消費主義的迪士尼化，取代傳統節慶和政治節慶。 3. 嘉年華會的形式舉辦，完全市場導向，沒有二元對立的觀念。 4. 市場慶典（market festival）的現代狂歡節。	1. 巴赫金（Mikhail Bakhtin）「狂歡荒誕」的社會概念。 2. 列斐伏爾（Henri Lefebvre）《在日常生活中的批判》。 3. 比曼（Alan Bryman）《社會迪士尼化》。

(一)傳統節慶

法國歷史學家奧祖夫在《革命節日》一書中所說：「從十八世紀的理性啓蒙觀點來看，傳統的節慶活動已經成爲一種謎」（Ozouf, 1976）。傳統節慶包含了原住民慶典、宗教慶典、原始狂歡節三種類型。其歷經時間從古代至現代，興盛於18世紀之前，但是在第一次世界大戰之後，宗教慶典從全國性的活動，逐漸轉變爲地方性的活動。

法國學者塗爾幹（Émile Durkheim, 1858~1917），在《宗教生活的基本形式》上解釋原住民慶典和宗教慶典，他認爲宗教是一種信仰，而信仰和民俗凝聚成人民的道德共同體（Durkheim, 1912）。塗爾幹又說，宗教或社會，是人類生存的必要條件。只要人類聚集成某一團體，就會形成某種形式的宗教。在平時，人們散居各地，但是當辦理節慶聚集在一起的時候，凝聚的集體情感與集體意識，產生沸騰作用，這種神聖而狂歡的形態，是透過定期舉辦節慶活動與特殊節日，產生的神聖狀態。

塗爾幹說明了節慶在社會上的重要性。同時，塗爾幹認爲在節慶活動交流的過程中，當大夥將認可的對象進行感情投射，產生了被投射者

的「圖騰標記」，喚醒了神聖／世俗二分法，所建構出來的世界觀。按照圖騰的神聖性，產生二元對立的善惡觀念。

《宗教生活的基本形式》是涂爾幹生前最後一本著作，他說明節慶活動是以社會文化爲基模。根據涂爾幹學派的定義，節慶（festivals）是一種社會時間的集體安排，以區隔神聖／世俗、時令節慶／日常時間、圖騰／非圖騰的二元對立。透過節慶的集體活動，所有的參與者喚起了沉睡中的集體記憶，重新體驗了集體生活所需要的專注、認同和投入。節慶本身就帶有超越平庸的性格，節慶提供集體情感宣洩的管道，提供集體飲食、享樂，與身體經驗等外在的感官刺激（何明修，2001）。

㈡政治節慶

法國史學家米歇列（Jules Michelet, 1798~1874）曾經說：「革命就是一種節慶」。政治節慶又稱爲革命節日，從18世紀之後產生，興盛於20世紀民主革命及共黨革命成功之初。第一本討論政治節慶的專書，爲法國歷史學家奧祖夫（Mona Ozouf, 1931~）的代表作《革命節日》（Ozouf, 1976）。她從政治節慶的角度，研究法國大革命期間的節日，將國家機器納入了大革命集體行動的研究之中。該書剖析了政治節慶中的「革命節日」與「傳統節慶」的不同，揭櫫了政治節慶研究的集體行動和集體心態的意義。在政治節慶中，教堂、街肆、寺宇已經不是慶祝的場所；人民廣場、民主廣場、半圓劇場、人民大會堂才是慶祝的場所。國家企圖以革命節日取代傳統節日，並且改變傳統的曆法，以新曆的政治節慶，取代舊曆的傳統節慶。

在政治節慶中，節慶活動是以國家制定之政治型態爲基模，分爲民主國家和集權國家的節慶符號。不論是民主國家和集權國家，通過武力進行武力革命和思想解放，對於革命成功之後，當傳統節慶或是新興節慶的聚集人群重新出現在廣場和街道之後，都會讓當政者畏懼，懷疑其中必有所不軌；此外，新政權企圖抹殺舊政權所有的政治符號，因爲所有舊政權的象徵出現，都會觸動了新政權對於舊政權極端憎恨

的敏感神經。

在政治節慶之中，節慶活動的時間，由國家進行集體安排，並且進行集體行動，不得個別行動。以區隔國家／世俗的不同；國家慶典／時令節慶（日常時間）的不同；以及國家圖騰／非圖騰的不同。讓人民對於新成立的國家和社會，由心中自然而然地產生神聖性，藉以鞏固國家機器的統治，讓人民對於國家的統治產生畏懼感和距離感，不敢對於國家的權威提出挑戰，以確保國家統治的正當性和權威性。政治節慶區分爲國慶日、勞動節、戰爭勝利紀念日、革命家誕辰紀念日。

(三)新興節慶

巴赫金（Mikhail Bakhtin）談到嘉年華式「狂歡荒誕」（carnivalesque）的社會概念。狂歡節概念中揭示出的是將民間節慶儀式，視爲與主流政治社會對抗的儀式，或是具備政治意圖的抗爭活動。此一節慶活動，觸發了民眾「看熱鬧」的心理慾望。此外，巴赫金認爲節慶呈現了基督教和異端的對立、農業節令、生殖意義之外，更牽涉了社會衝突（Bakhtin, 1965/1984；巫仁恕，2000）。

在資本主義社會中，日常生活被歸類到消費者的環節之中，現代社會演變成爲一種「消費引導型科層社會」。因此，列斐伏爾（Henri Lefebvre, 1901~1991）在1947年出版《在日常生活中的批判》，他批判因爲資本主義都市化的關係，認爲不同階級的人們可以經由都市的聚集，而找回農業社會或古代社會節日歡慶的場景，然後按照自己的意願，創造自己的生活空間。他認爲，都市化的生活就是一種創造物的創造，他希望可以讓生活的每一個部分，都可以是一種藝術，充分展現他對日常生活的渴望與期待（Grindon, 2013）。

在法國社會理論學者列斐伏爾對於節慶和日常生活的看法，就是克服節日與日常生活的衝突（Lefebvre, 1947）。他認爲節日已經進入了資本主義商品化的情感昇華狀態，與日常生活與自然界節奏循環吻合的節日已經不同了，如果可以達成節日的復興，那代表了節慶活動與日常生活衝突的和解。

在新興節慶中，嘉年華式「狂歡荒誕」逐漸被商業市場所滲透，形成迪士尼化（disneyization）。迪士尼樂園的運作原理，被廣泛地運用在社會的節慶活動之中，節慶活動的獨特性與特殊性越來越少。例如，每年主題樂園中除夕跨年晚會，從燦爛的煙火、主題活動、夜間娛樂表演，將現實幻化成一座一座的劇場和專業表演；到縣市行銷的博覽會，充滿著迪士尼樂園嘉年華式狂歡的影子。

自1950年代的美國，或是1980年代的日本，迪士尼樂園的落成都象徵了富裕社會的來臨。在《社會迪士尼化》（*The Disneyization of Society*）一書中，美國社會學者比曼（Alan Bryman）指出，迪士尼經營典範是由下列四項原理所構成：

1. 主題化（theming）：以故事去裝扮（clothing）節慶空間，創造新奇的體驗。

2. 綜合消費（hybrid consumption）：讓消費者可以在同一種節慶場域中，進行不同的消費活動。

3. 授權商品化（merchandising）：運用具有著作權的影像或商標，去促銷與販售商品。

4. 表演勞務化（performative labor）：第一線的服務人員，被視為是一種表演勞務工作，以勞務的方式提供消費服務。

從傳統節日是否能夠流傳下來，地方思考已經無關乎節慶的本身意義，而是能否能夠像是迪士尼工業，帶來龐大的經濟收益。節慶成為全球化過程的產品，也是跨國和跨文化的組成元素，變成了文化認同和實踐儀式時的一種場域象徵（Nurse, 1999: 661）。當節慶活動專業化、勞務化、表演化之後，國外華語媒體大讚2015年的臺灣燈會是「沒有雲霄飛車的迪士尼樂園」，讓臺灣沾沾自喜之餘，我們應該更為思考巴赫金、列斐伏爾、比曼等學者的概念，用來釐清地方感、節慶化，以及節慶地景等文化的意義和價值。

二、節慶與文化觀光

文化節慶觀光，主要是以當地自然環境、傳統民俗文化等資源為基礎，以形成文化、休閒產業融為一體的節慶活動。文化節慶與觀光資源，包含有形資源及無形的資源。有形的資源，包含了自然和文化環境、節慶產物，以及文化古蹟景點；無形的資產包含了居民傳統生態知識、生活經驗、民俗傳承等。文化觀光基本上是將文化資源轉換成觀光資源，以提供觀光客消費的商品化的過程（林詠能、李兆翔、林玟伶，2010）。近年來，「慶典性的活動」已經變成當代觀光經驗重要之一環。節慶、文化與觀光擁有互相依存的關係。

史密斯在《文化觀光學》（*Issues in Cultural Tourism Studies*）（Smith, 2009）第二版上曾說：「文物、藝術、節慶、土著、種族和文化旅遊的體驗，包括了都市和農村環境最重要的問題，包括了政策、管理、永續發展、市場營銷、品牌推廣，以及創新和規劃，需要探索文化與旅遊部門，以及當地人和觀光客之間的相互關係」。節慶屬於文化觀光的一環，文化觀光亦可帶動節慶的發展，然而兩者最終都必需回到地方，才得以永續發展。黃金柱（2014）認為，許多城市積極國際性重大藝術節慶等活動，希冀提升城市意象和國際聲望。至於舉辦中小型節慶與活動，大多希望藉由傳統、創新，或是二者兼具的型態，吸引地方居民參加，以提高社區凝聚力和居民驕傲感，帶動地方觀光發展。

因此，聯合國教科文組織（UNESCO）在2004年開始發起「創意城市網絡計畫」（The Creative Cities Network），以促進世界各城市的社會、經濟與文化的發展。計畫主要目的是希望提升城市的社會、經濟和文化發展，並藉由計畫將成果展現在世界舞臺上，對城市文化觀光和創意產業發展大有裨益，截至2015年為止，通過評選的國家總共有32國，69個城市發展城市觀光，包括了：文學之都愛丁堡（英國）、愛荷華市（美國）等；電影之都雪梨（澳洲）、布拉德福德（英國）；音樂之都根特（比利時）、塞維莉亞（西班牙）；手工藝之都仁川（韓國）、金澤（日本）等；設計之都神戶（日本）、上海（中國）等；媒體藝術之都里昂

（法國）；美食之都成都（大陸）、波帕揚（哥倫比亞）等城市。各國文化城市，多樣性發展節慶活動和文化觀光，其活動強調文化的獨特性、傳承性與價值性。以地方節慶而言，節慶可以轉變成兼具經濟價值的文化財貨（cultural goods）或文化資本（cultural capital），說明如下：（見圖3-1～3-7）

圖3-1　曼荼羅（Mandala），意譯為壇城，是重要文物及國寶之有形文化財（方偉達攝於內蒙古呼和浩特）。

圖3-2　日本女兒節是日本女孩子的節日，又稱人偶節，屬於民俗文化財（方偉達攝於日本沖繩）。

圖3-3　臺灣兒童穿著傳統牡丹花客家花布衫唱童謠，展現可愛的民俗服飾（方偉達攝）。

圖3-4　臺灣的元宵節慶祝活動，製作花燈是國民小學學童集體動員的民俗工藝（方偉達攝於臺北小巨蛋）。

圖3-5　臺灣平溪天燈是每年國內元宵節的重要慶典活動，更被國際媒體列為國際級
　　　　節慶，屬於民俗文化財（方偉達攝於臺灣平溪）。

圖3-6　傳統建築物包括了與周圍環境融為一體，構成歷史風情的村落（方偉達攝於
　　　　江蘇周莊）。

圖3-7　傳統建築物包括了與周圍環境融為一體，構成歷史風情的城鎮（方偉達攝於臺灣三峽老街）。

㈠有形文化財：包括了工藝美術品，含繪畫、雕刻、工藝品、書籍典籍、古代文件、考古資料、歷史資料，其中還包括了重要文物及國寶。

㈡無形文化財：包括了戲劇、音樂、工藝技術等。其中重要非物質文化財中，擁有官方認定技能、技術的個人，稱為「國寶級人物」。

㈢民俗文化財：包括了民間的服飾、飲食、住宅、信仰、節慶、生產、生活方式等相關的風俗習慣、民俗藝術、民俗工藝等，可分為重要的有形民俗文化財產和重要的無形民俗文化財產。

㈣風景名勝：包括了 1.古蹟：如貝冢、古墳、遺蹟等。 2.名勝：如庭園、溪谷、山嶽、洞窟、名泉等。 3.自然景觀：動物、植物、礦物等。

㈤文化景觀：包括了人們獨特的生活、生產，以及原始風貌及人文形成的景觀。

㈥傳統建築物：包括了與周圍環境融為一體，構成歷史風情的城鎮村落等。

傳統文化原本就存在於民眾的生活中，無論信仰、節慶均和傳統文化相互關聯。藝術節慶和文化旅遊，應該融入在地文化特色，營造其文化價值，再以創意來延伸和深化，形成文化觀光的實力累積。英格理斯（Fred Inglis, 1937~）在《假期：愉悅的歷史》（*The Delicious History of the Holiday*）從文化的角度闡釋對於「假期」的分析，他認為觀光的發展除了要有閒暇時間、交通工具，以及空間差異等特性，更重要的是，觀光應該是一種「文本」的延續（Inglis, 2000）。也就是說，一個觀光地區並不是因為是觀光地區而要被觀光，觀光應該要像是節慶一般，需要有某些元素從心中喚起。如果我們從中世紀的大旅遊（grand tour）角度出發，到庫克的黑池市之旅，流連在巴黎的愛德華式盛宴；這些景點也許是歷史元素（希臘雅典）、地域元素（法國巴黎）、時尚元素（義大利米蘭）等，但是空有元素，還是無法建立文化觀光，只是淪於「旅遊」層次，因此，還是需要「文本」所建立的「觀察架構」。

因此，觀光最初的發展，需要仰賴「大旅遊者」、「文人」、「畫家」，藉由「無目的式的目的」旅遊方式，藉由文人生花妙筆寫下一首詩描述那巴黎塞納河的人文、街頭，以及塞納河左岸的和平咖啡館。畫家在土耳其，畫下一幅神殿殘垣的景色。旅遊者可能照張相、帶回當地古物。然而，這些人留下的觀光文本，卻成為一般人觀看當地的方式，觀光結構才因此發展，出現所謂的「觀光客」，觀光客是浪漫的、是集體的，也是多元流動的。

當觀光客出現在這些景點之後，發揮了「觀光客的凝視」功能，當他們以充滿慾望的眼光，消費觀光景點的符號之後，形成了觀光旅遊視覺經驗（Urry, 2002）。觀光客的凝視是社會建構而成，自成完整的體系。英國社會學者烏瑞（John Urry, 1946~）認為，觀光是「凝視主體」和「凝視對象」之間社會權力關係的操作與展演。也就是說，觀光經驗的建構，來自符號的消費與收集，包含了消費與收集觀光地區的衍生產物。

林詠能、李兆翔、林玟伶（2010）認為，文化概念的擴張不僅限於城市的建築或是節慶儀式，還應該包括周邊的衍生產物；因此，文化不只

是意味世代的傳承，同時也包含那些被開發出來的產品。然而，隨著文化創意產業的興盛，文化產業與觀光旅遊關係密切，普遍受到關注，但也看到各種商業性的文化節慶活動。表面看來似乎帶動了高額的商品產值，但是對於文化發展的實質意涵，在許多節慶活動的設計上來說，顯得十分困窘。當節慶活動的文化產生了商品化現象（cultural commodification），為了滿足觀光客的消費需求，當地居民將藝術、典禮、儀式等文化活動，包裝成為可以提供觀光客消費的商品。這些商品為了要大量生產，許多當地的手工藝品不得不運用機器大量製造，降低了藝術品的價值與水準。

　　簡單說，當節慶觀光變成了商品化，就是人類與藝術品在關係上產生了質變，當地居民創作的藝術品可以滿足觀光客需求，但是當藝術品與當地居民的關係轉變了，異化和物化（objectification）的過程也就產生了。地方節慶文化從「物化」成藝術品，再經過「異化」之後，成為觀光客喜歡的商品，所以觀光造成的異化就產生了。

第二節　節慶觀光與經濟

　　當全球化時代來臨，各國紛紛透過節慶觀光，作為凝聚地方認同、創造地方財富、帶動當地產業、振興區域經濟的方式，創造世界級節慶的觀光產業。德國經濟學家恩格爾（Ernst Engel, 1821~1896），在英國、法國、德國和比利時等國的工人家庭調查資料分析中發現，當一個家庭（或個人）的收入愈低，則其食品支出在收入中所占比例就愈高，稱為「恩格爾定律」。恩格爾定律表明，隨著經濟收入水準的提高，基本生活消費品支出，占總支出中的比重將下降，用在文化教育及服務支出的比重將大幅增加。隨著世界各國工業化產出過剩，紛紛邁向服務型產業之際，在政府相關措施的影響之下，國民的消費觀念逐漸產生了變化。

　　春秋戰國時期，《管晏列傳》管仲曾說：「衣食足而後知榮辱，倉廩時而後知禮義」。也就是說，當糧倉充實、衣食飽暖之餘，榮辱的觀念

才有條件深入人心，老百姓也才能自發、自覺、普遍的注重禮節、崇尚禮儀，投入到文化教育及社會服務。從個人層面上講，馬斯洛（Abraham Harold Maslow, 1908~1970）的人類需求理論，將人類的需求劃分為五個層次，其中底部的四種需求（生理需求、安全需求、歸屬和愛的需求、尊重的需求），只有在滿足了這些需求之後，人類才能發展自我實現的需求，也就是說，國民的消費觀念從吃飽喝足，逐漸產生了自發、自覺和自我昇華；從個體經濟「量」的提升，邁向社會經濟和教育文化「質」的提升。

在歐洲，西元五世紀時德國在固定宗教集會結束後，居民在教堂附近陳列各種交易物品，形成類似中國市、集、廟會的交易。到了11至12世紀時，歐洲商人定期或不定期在人口密集、商業發達地區舉行市集活動，為各地商旅提供良好的貿易交換場所。由於產品的交易帶動了資本的交易，展覽貿易帶動了資本流通。西方先進國家，從20世紀開始，為了提升社會文化和地方產業經濟，紛紛導向節慶觀光產業的概念，推動節慶城市化之發展，並且推動「節慶經濟」和「假期經濟」的概念。藉由文化產業和藝術產業節慶化的概念，推陳出新，吸引國際觀光客來訪。以國際上定時定點舉行的國際藝術節而言，例如法國亞維儂國際藝術節、英國愛丁堡藝術節、澳洲雪梨藝術節、比利時布魯塞爾國際藝術節、美國林肯表演藝術中心藝術節、匈牙利布達佩斯音樂藝術節等，成為世界各國吸引全球觀光人潮、活絡當地文化與經濟的重要活動。因此，發展「節慶經濟」和「假期經濟」，已經成為各國政府提升服務業產值及經濟規模的一項重要政策，假期、節慶或活動經濟的現象，早已存於歐美國家，以下說明「節慶經濟」和「假期經濟」的概念（表3-2）。

表3-2 節慶經濟與假期經濟之比較

名稱	英文名稱	定義	特徵	領域	效應
節慶經濟	Festival Economy	以節慶活動為媒介的文化活動和經濟形式。	觀光 休閒 娛樂	商品消費、觀光消費、文化消費	磁吸效應 轉換效應 排擠效應 誘發效應 順風車效應
假期經濟	Holiday Economy	以傳統節日或例假日的連續假期為媒介，帶動經濟發展的經濟模式。	觀光 休閒 娛樂 空間	商品消費、觀光消費、文化消費、時間消費	乘數效應

一、節慶經濟（Festival Economy）

節慶經濟是指以地方特色文化產業為基礎，以節慶活動為媒介，實現文化經濟相互交融，提升生活品質的一種文化活動和經濟形式。節慶經濟的概念不但是傳統以來較大的節慶活動才發生，事實上，有些小型的活動，也會發生節慶經濟的效果。在瑞士，節慶文化活動由各級政府、觀光旅遊局、行會、協會舉辦，並且得到國際企業的贊助。多彩多姿的節慶活動，吸引了本地民眾和外國觀光客參加，創造了巨額經濟價值，形成了規模性的節慶經濟。在英國，根據獨立節慶協會（Association of Independent Festivals, AIF）在2015年公布的數據顯示，許多規模較小的獨立節慶活動，雖然只有數千名的觀眾，但在過去五年之中，對英國經濟至少貢獻了15億美元。在2014年時，超過63萬5千人參加了獨立節慶協會會員舉辦的50個音樂節，規模大到5萬人次參加的懷特島（Isle of Wight）音樂節；或是5千人次的布里斯托（Bristol）搖滾音樂節，在2014年一年之間，就為英國經濟貢獻了4.45億美元。

二、假期經濟（Holiday Economy）

假期經濟指的是傳統節日或例假日，特別在連續假期期間，人們利用節慶連續假日集中購物、集中消費的行為，因為需求而促進供給，藉以帶動市場和經濟發展的一種經濟模式。以總體經濟學而論，由於經濟成長，國家增加公休假日天數，強化了假日經濟效應。假日經濟的主要特徵是消費上的需求，假期經濟包括了觀光、休閒，以及娛樂三種形式，並涉及到商品消費、觀光消費，以及文化消費三個領域。

以美國為例，從傳統的耶誕節到新年假期、感恩節假期，都是促使美國人進行購物、出國觀光，以及舉辦節慶活動的重要時間。所以，服務業者也會趁機紛紛推出相當的折扣活動，以充分因應或配合整體大規模消費習慣。此外，各種「購物節」、「觀光節」所安排的促銷活動，更成為重要的行銷策略，也更進一步影響到其他國家的消費習慣。

再以新加坡為例，新加坡在2014年國民平均生產毛額達到了5萬6284美元，擁有住房率超過了90%。2015年8月9日新加坡歡慶50周年國慶，執政黨希冀通過舉國歡騰之氣氛，延續執政黨連續56年執政紀錄，在連續假期舉辦一系列慶祝活動，慶祝到年底。2015上半年臺灣觀光客赴新加坡為18萬人次，下半年的觀光客超越上半年的觀光客人次。假期經濟（Holiday Economy）的概念影響出國觀光的意願，根據番新聞滔客線上雜誌在2016年建議，出國觀光的行程規劃如下：

㈠元旦三天假期：自2016年1月1日㈤～1月3日(日)，赴澳洲雪梨，觀賞一年一度最精彩的跨年煙火秀。

㈡農曆除夕及春節九天假期：自2016年2月6日㈥～2月14日(日)，赴美國紐約、加拿大多倫多、歐洲巴黎、倫敦、羅馬、維也納等地。體驗義大利威尼斯面具節和南法的尼斯嘉年華等狂歡慶典。

㈢二二八和平紀念日三天假期：自2016年2月27日㈥～2月29日㈠，赴日本伊豆半島參加伊豆河津櫻祭，在早春時泡湯，欣賞日本河津櫻樹最早開放的櫻花。

㈣兒童節及民族掃墓節四天假期：自2016年4月2日㈥～4月5日㈡，赴關西京都欣賞櫻花；赴荷蘭的庫肯霍夫花園賞花季欣賞鬱金香；赴溫哥華欣賞櫻花季。

㈤端午節四天假期：自2016年6月9日㈣～6月12日(日)，赴捷克庫倫洛夫的玫瑰花瓣節（Festival of Five-petalled Rose），欣賞煙火秀、音樂演奏表演、傳統熱鬧市集、中古世紀服飾裝扮的街頭遊行。

㈥中秋節四天假期：自2016年9月15日㈣～9月18日(日)，赴德國的慕尼黑啤酒節，參觀巴伐利亞的新天鵝堡。

㈦國慶日三天假期：自2016年10月8日㈥～10月10日㈠，赴加拿大欣賞楓葉大道或國家公園中湖泊與森林。（見表3-3）

表3-3　國際著名的文化與觀光節慶活動

中文名稱	英文名稱	地點	簡述
巴西嘉年華	Brazilian Carnival	巴西	每年2月的中旬或下旬舉行，以化妝遊行和舞會方式進行。
德國慕尼黑啤酒節	Oktoberfest	德國	每年9月第三個星期六至10月的第一個星期日，從各地湧進的參加者，身著中古世紀服飾，群聚在慕尼黑市區德蕾莎廣場（Theresienwiese）的彩色大帳篷裡，享用著豬腳、香腸等傳統美食
中國哈爾濱冰雪電影節	Snow & Ice Festival	中國	哈爾濱冰雪電影節從1989年開始辦。歷時23載的冰雪電影節，始終與中國電影的命運息息相關。
灑紅節	Holi	印度	印度傳統新年（新印度曆為新年春分日）通常較低種姓的人，將粉和顏料灑向高種姓的人，暫時忘記階級的差異。
西班牙卡斯卡摩拉斯節	Cascamorras	西班牙	人們會將全身塗滿黑色油脂，並狂歡一番。
義大利威尼斯嘉年華	Carnevale di venezia	義大利	所有威尼斯人在嘉年華期間，穿著華麗服飾，人人帶上一張掩蓋真面目的面具。

中文名稱	英文名稱	地點	簡述
蘇格蘭火節	Up Helly Aa Fire Festival	蘇格蘭	在火節慶祝活動之中，以勒維克鎮的維京火祭最為盛大，通常在每年1月份的最後一個星期二舉行。數千人將裝扮成維京戰士的模樣，站在維京戰船花車上接受人們的祝福。
比利時電子音樂節	Tomorrow Land	比利時	世界上是最大的電子音樂節之一，自2005年創辦至今一直得到歐洲乃至世界音樂愛好者的推崇，他們邀請全世界各地的優秀藝術家演出。
紐奧良嘉年華會	Mardi Gras	美國	紐奧良嘉年華會每年都有超過二百萬人參加這項盛會，活動形式則是類似全球知名的巴西嘉年華會（carnival），有一波接著一波的遊行，各式各樣的慶祝活動，滿天亂撒的各式珠子、假錢幣和奇怪的小玩具。
西班牙番茄節	La Tomatina	西班牙	布諾（Buñol）鎮中心人民廣場開始，人們相互投擲、搓揉蕃茄的活動。
美國新墨西哥州國際熱氣球節	Albuquerque International Balloon Festival	美國	全世界最大的熱氣球活動。
英國滾起司節	Cooper Hill's Cheese Rolling Festival	英國	英國西南邊的格洛斯特比賽地點在古柏山丘，主持人在比賽開始時會將一個又大又圓的起司從山丘上滾下來，接著參賽者開始比賽看誰先搶到起司，搶到起司的人就可以得到起司獎品。
美國加州音樂節	Coachella	美國	科奇拉（Coachella）是最大，也是樂隊陣容最強大的音樂盛會。每年的音樂節都會吸引大批熱愛音樂的人們。
墨西哥亡靈節	Día de los Muertos	墨西哥	慶祝活動時間為11月1日和2日，與天主教假期萬聖節（11月1日）和萬靈節（11月2日）相同。傳統的紀念方式為搭建私人祭壇，擺放用糖骷髏、萬壽菊和逝者生前喜愛的食物，並攜帶這些物品前往墓地祭奠逝者。

中文名稱	英文名稱	地點	簡述
西班牙奔牛節	Running of the Bulls	西班牙	每年7月7日於納瓦拉自治區的潘普洛納舉行的聖費爾明節。參與者通常身穿全白，頸纏紅巾。不少年輕人藉著這個機會與牛狂奔。
泰國潑水節	Songkran Water Festival	泰國	大家用純淨的清水相互潑灑，祈求洗去過去一年的不順，新的一年重新出發。
燃燒人節慶	Burning Man	美國	又名火人祭，九天的活動開始於前一個星期天，結束於美國勞工節（九月第一個星期一）當天。燃燒人這名字始於週六晚上焚燒巨大人形木頭肖像的儀式。
土耳其油摔跤節	Kirpinar Oil Wrestling Tournament	土耳其	土耳其上千名男子日前參加了一年一度的克勒克泊那爾（Kirkpinar）油摔跤大賽，參賽者赤裸上身穿著皮褲，參賽前身上被橄欖油淋身，然後通過摔跤爭奪金腰帶。

　　觀光客花費的量測，是觀光經濟影響評估的基礎，其支出是觀光發展帶給地方財富的來源。觀光客花費量測的內容，包含了觀光客個人總花費、觀光客總量的估算、觀光客總花費的特質與估算、所得收入的影響、就業機會的增加、產業部門經濟效果的分配，以及經濟乘數效應（Multiplier Effect）等。因此，除了觀光客消費之外，經濟效果的評量，通常是透過估計舉辦節慶活動，在地區經濟體中經過多次循環所產生的總和，包含了直接、間接以及誘發效果。

　　以國內經濟局勢而言，各國政府想要規劃假期經濟，通過假期中國民消費金額之增加，刺激服務業的發展。但是，假期經濟增加國民消費，造成了假期過度集中，將國內龐大的消費力在特定時間之內釋放出來，對節慶服務提供者，在非假期之淡季期間，構成了很大的經濟壓力，這個問題對於觀光業的影響更大。

　　以國際經濟局勢而言，參加假期所舉辦的「節慶」及「活動」，為假期消費引發經濟上的乘數效應。乘數效應通常被用來探討整體經濟效果的指標，經濟乘數效應的估算，可以透過投入產出進行分析。在經濟效益方

面，基於觀光活動所創造的「額外經濟效益」，只認定外來觀光客在節慶活動期間於當地的觀光費用。但是，有學者認為本地消費者因為節慶活動，所產生的消費總額增加的部分，也應該視為是慶典活動誘發的經濟效益，此一效益造成當地消費的增加。林柏格（Kreg Lindberg）在1996年提出旅遊經濟模型。他認為觀光經濟活動影響，包括銷售、收入、工作或其他參數產生的生態旅遊經濟利益，其經濟利益發生的團體可以包括公司和社區，其影響可以分為三方面，包括：直接影響、間接影響和誘導影響（圖3-8）。

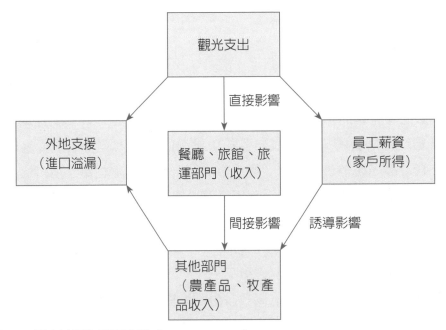

圖3-8　觀光地區的經濟模型（Lindberg, 1996）。

　　直接影響是最初的觀光客在旅遊地進行消費，例如在餐廳購買商品和服務。間接影響是觀光客因為購買商品和服務，引起商業連鎖反應產生其他部門的交易行為。此外，在該餐廳服務的員工，因為旅遊者交易所換得的收入，購買本地或是其他地區的商品和服務，從而產生誘導的影響。當然，如果餐廳購買的商品和服務區來自於區域之內，那麼沒有進口溢漏的

問題。如果是購買自境外，那麼其影響包括到進口溢漏。

在觀光地區主要是以當地的餐廳、旅館、旅運部門的收入為主，我們稱為經濟直接影響的收入。但是反應到其他部門的消費行為，例如因為觀光客需要餐點的供應，其他部門提供當地的農產品，以供觀光客之選擇，這些收入屬於間接（非直接）影響的收入。

在假期中，出國參觀美國紐約、英國倫敦、德國慕尼黑、澳洲雪梨、捷克布拉格、日本東京、韓國首爾等城市，以及參觀紐西蘭奧克蘭天空塔、杜拜哈里發塔、德國柏林布蘭登堡、巴伐利亞新天鵝堡、紐約「時報廣場」，並且赴歐洲國家參加傳統的文化慶典；赴南美洲巴西參加嘉年華會、日本的櫻花祭及雪祭，以及亞洲國家中的新加坡、泰國、香港及澳門政府推動的購物節慶，強化了觀光城市的經濟效益。其中，表3-3羅列了國際著名的文化與觀光節慶活動。然而，在節慶經濟中，因為欣賞觀光「景點文本」，例如在巴黎參觀艾菲爾鐵塔，到希臘參觀神殿，到羅馬參觀競技場，到埃及參觀金字塔，讓「旅遊者」成為了「觀光客」，其產生總體經濟效益包含了磁吸效應、轉換效應、排擠效應、誘發效應、順風車效應等，說明如下：

一、磁吸效應

磁吸效應吸引龐大觀光人潮，藉以帶動觀光與刺激週邊消費。

二、轉換效應

觀光客原來計劃在非節慶活動期間前來該地旅遊，因為該節慶活動，而轉換原有的參觀行程，於節慶活動期間，前往該觀光旅遊地。因此，對旅遊地而言，其花費效果，只是從A時段轉換到了B時段。

三、排擠效應

觀光客原來考慮在節慶活動期間赴A地，因為害怕擁擠等負面因素，因而改變計畫，不在節慶活動期間前往A地，改而轉赴B地，產生排擠效

應。因此，對於旅遊地而言，原有應該發生的觀光經濟收益，卻因為節慶活動之舉辦，而並未發生。

四、誘發效應

觀光客因為參加此次節慶活動，因而產生未來到旅遊地的觀光機率。

五、順風車效應

觀光客原來就計劃到旅遊地訪友或是洽商，因為搭順風車的關係，順便參加節慶活動。

第三節　臺灣節慶社會與文化

我國是以農立國，雖節慶活動種類繁多，但大都仍循著「節氣」替迭來運作舉行。然而，農業社會急遽轉型，許多的傳統節慶活動及廟宇文化隨著時代的變遷而消退。但由於近年來政府的文化紮根等政策，節慶活動紛紛標舉當地的人文或產業特色，推出屬於在地的節慶文化活動。

從參與觀察的角度來看，節慶活動是當代各地民俗文化當中，同時擁有象徵傳統習俗精神，並以當地居民為主要客群，而且社會支持對於這類大型活動舉辦有著直接或間接的影響，而社會支持包括社會關心、知覺效益等層面，也能夠號召吸引較多民眾參與，易於結合親近的民俗氛圍，創造因提供經驗、產品、服務，而滋生的社會和經濟效益（林國章，2007；羅旭壯，2014）。

依據時間序列，可將臺灣的節慶區分為三個時期（吳鄭重、王伯仁，2011）：

一、臺灣傳統的時令節慶

二、戒嚴時期的政治節慶

三、現代節慶：包括了地方產業創新節、藝文統理節、傳統再現節、消費

紀念日／購物狂歡節、小眾嘉年華等五種現代節慶。

吳鄭重、王伯仁（2011）採用了列斐伏爾（Henri Lefebvre）《在日常生活中的批判》理論，通過日常生活批判、節奏分析和空間生產等理論觀點，並借用比曼（Alan Bryman）《社會迪士尼化》之分析方式，追溯現代節慶的政治經濟根源與社會文化脈絡，以作為後續深入研究臺灣節慶現象的具體脈絡。最後提出「回歸生活，貼近地方」的節慶反思。

個案研究　觀光與節慶的關係

㈠觀光起源於考察

從中國古代典籍《易經》中記載，「觀國之光」演變為「觀光」，即為觀察他國之風俗民情、典章制度，並且宣揚國威，進行國際經驗之交流。這種交流活動和考察之經驗不謀而合。

㈡觀光衍生於節慶祭祀

上古時代人類進入部族及氏族原始社會，部族和部族之間媾和、締約、商討大事是最早會議之雛形，其中會議中若是碰到不能決議之情形，透過部落之間之協商，或以卜筮進行釋疑之動作。例如中國古代商朝迷信神鬼，崇拜祖先大興祭祀，甚至需要以人祭、獸祭之方式進行會議中祭祀。

㈢節慶演變成觀光體驗

傳統節慶五花八門，古代擁有祈福、消災及團圓之意涵。但是到了現代，觀光包裝成節慶活動可以吸引更多之人潮進行體驗和消費。例如：臺灣多年來舉辦臺灣燈會、平溪天燈、鹽水蜂炮、客家桐花祭、鹿港慶端陽、雞籠中元祭、頭城搶孤、宜蘭七夕情人節、中秋節、鯤鯓王平安鹽祭、高雄左營萬年季、東港黑鮪魚文化觀光季等活動。近年來受到政府推動觀光活動，使得臺灣的節慶數量日益增多，許多不同性質的節慶活動大量的興起，如藝術類：鹽寮國際沙雕節、三義木雕節、苗栗國際假面藝術節、鶯歌陶瓷藝術季、竹塹國際玻璃藝術節、花蓮國際石雕藝術節、石門國際風箏節、墾丁風鈴季。美食類：新埔柿餅節、東港黑鮪魚觀光季、麻豆文旦

　　節慶活動的舉辦必需融合財力資本、土地資本、觀光行銷、傳統文化與人力資源於一爐。從臺灣節慶社會與文化進行觀察，觀光導向的開發，導致文化商品化之現象。但是若能夠提升傳統風俗、文化和藝術價值，民俗文物可以透過觀光再利用化，進而修復或保存古蹟與文物。然而，過度強調觀光，讓當地珍貴的文化被觀光客視為古怪的風俗，或是只是為了娛樂，過度彰顯民情風俗與現代社會格格不入，將會讓當地居民喪失對自身文化的自尊感，產生自我否定的價值觀。

　　陳熙遠（2008）談到節慶的特徵，「節」雖人人共度；「慶」卻處處不同。各地區人文地理的特色，往往薈萃在五花八門的節慶之中。在普遍共度的節日中，因為地區而有差異的慶典活動，正是形塑地域文化認同的資源。因此，節慶活動，扮演著文化傳承之角色，且節慶活動無分國界。近年來，政府及熱心的民間社團，舉辦大型節慶活動，展現地方環境特色，並藉由宗教慶典、民俗文化、表演活動，提升地方產業，推動城市觀光。臺灣節慶活動大體具有下列特色（方偉達，2011）：

一、促進地方經濟發展，提供民眾更多的觀光休閒選擇

　　地方特殊產業結合觀光時令，以觀光開發、遊程設計及文化導覽解說之方式，吸引遊客前來參觀遊覽，以期增加觀光收益。以元宵節之燈會為例，交通部觀光局所辦之臺灣燈會在公元2000年以前只在臺北市舉行，當時稱為臺北燈會，2001年起因中央政府指示移師高雄市舉辦之後，即

成為巡迴各縣市舉辦之節慶活動，使臺灣各地居民皆有機會在家鄉欣賞臺灣燈會。而有些舉辦過臺灣燈會之縣市，並繼續自行舉辦燈會，如高雄燈會、臺中燈會、桃園燈會等，此舉使臺灣之元宵節處處有不同種類的燈會、煙火等活動供民眾參與，使民眾之休閒機會更為豐富。

二、透過節慶活動之舉辦，保存當地的傳統民俗文化

傳統節慶活動多數源於農業社會，當社會變遷為工業化都市化之社會結構時，傳統民俗活動即面臨式微之威脅，宗教信仰也一樣。然而由於發展觀光產業之需要，逐漸式微之傳統民俗活動成為創造地方文化觀光魅力之題材，而被重新重視，並發展成觀光節慶之活動，一方面發揮招來旅客之作用，另一方面則有效之保存了傳統民俗活動。雞籠中元祭、宜蘭水燈節、臺北平溪天燈、臺南鹽水蜂炮、高雄內門宋江陣、恆春及頭城之搶孤、臺東炸寒單、媽祖遶境祈福，及原住民之祭典等活動，都是著名的案例。

三、 新興之產業觀光活動亦以節慶為名，形成各地的新興節慶之風潮

發展觀光產業已是目前臺灣各縣市地方推展經濟之共同策略，即使是農業或工藝產品之促銷亦以結合觀光之手法來宣傳行銷，於是紛紛舉辦促銷產品之觀光活動，並冠以節慶之名，一時之間臺灣到處有節慶。大者如茶藝博覽會、三義木雕文化節，小者如各地之水蜜桃季、陽明山海芋季、白河及桃園蓮花季、大湖草莓季、東海岸旗魚季等，不勝枚舉，而且這種造節風潮持續不斷，雖然有些後繼無力，但卻不斷之有新興活動冒出，前仆後繼。

第四節　臺灣節慶觀光與經濟

在過去二十年間，臺灣開始出現一股新興節慶的熱潮，逐漸改變現代社會的生活節奏與地方關係。通過觀光產業之生命週期（life cycle）來驗證，近年來臺灣部份大型地方節慶活動之國際化和永續性值得我們關注，但是，國際觀光客參觀我國舉辦之節慶活動者偏低。以交通部觀光局從2001年開始推動臺灣12項大型地方節慶活動為例，該活動係以觀光地區周邊景點配套推廣，目的在強化地方節慶活動之內涵，作為國際觀光行銷之基礎，因此特別著重促進地方節慶活動之產品化、觀光化與國際化，其結果說明如下（方偉達，2011）。

一、臺灣節慶觀光與經濟的發展

從2000年起，政府實施周休二日制，國民旅遊日益重要，交通部觀光局執行行政院「觀光客倍增計畫」以及「二十一世紀臺灣發展觀光新戰略行動執行方案」，民俗節慶是提昇具備國際水準之觀光活動的重要內容。依據2003年觀光年報資料，2003年一月開始實施國民旅遊卡以來，加上國人週休二日制度，已掀起國人的觀光休閒、體驗文化等風潮。國內旅遊邁向新之里程碑。以12項大型地方節慶活動「臺灣慶元宵」之臺灣燈會為例，參觀民眾有540萬人次。在交通部觀光局推動12項地方節慶活動期間，臺灣造節活動朝向地方產業觀光化發展，例如每年易地辦理臺灣燈會，將中央單位籌辦經驗傳承至地方政府。以臺灣首度規劃12項大型地方節慶觀察，有下列特色：

(一)地方授權化

強調地方政府參與，地方政府以舉辦節慶活動列為施政績效。

(二)在地觀光化

政府重視觀光產業，希望藉由觀光帶動經濟繁榮（例如：墾丁風鈴季、澎湖風帆海鱺觀光節及新港國際青少年嘉年華等）。

（三）節慶產業化

　　以中長程規劃，透過觀光局管理、輔導及協助，結合社區營造之力量，產生新之地方產業活動（例如：臺灣茶業博覽會等）。

　　上述12項大型地方節慶活動在2001至2004年辦得有聲有色。根據觀光局12項大型地方節慶活動調查資料，總參與人次年自2001年1,095萬人次上升至2004年2,010萬人次。在2002年交通部進行「民眾對交通部施政措施滿意度調查」報告顯示，有63%民眾對12大節慶活動表示滿意。觀光收益每年自2001年新臺幣32億元上升至2004年之新臺幣54億元。

　　舉辦大型地方節慶活動，不但對國內觀光事業大有助益，上述觀光人口多數為內需產業，以我國強調節慶觀光國際化之趨勢來看，尚有一段進步之空間。根據2004年1至10月來臺人數統計，共計來臺人數2,403,109人，較2003年同期成長36%。但是相較2002年負成長1.38%。分析其原因包括：2004年第一季及第二季受SARS零星個案及亞洲禽流感等因素影響，導致來臺旅客和2002年同期相較分別負成長8.13%及1.49%，但是到了2004年第3季起則轉趨穩定成長，2004年10月已較2002年10月成長3.19%。這些10月來臺之旅客，以參加10月國家國慶日等慶典活動為主。

　　到了2006年，交通部觀光局選定12個節慶活動依舊為：1月：墾丁風鈴季；2月：臺灣慶元宵；3月：高雄內門宋江陣；4月：臺灣茶藝博覽會；5月：三義木雕藝術節；6月：臺灣慶端陽龍舟賽；7月：宜蘭國際童玩藝術節；8月：中華美食展；9月：臺灣基隆中元祭；10月：有兩項節慶，一是花蓮國際石雕藝術季，另一是鶯歌陶瓷嘉年華；11月：一是澎湖風帆海鱺觀光節；12月：臺東南島文化節。但是自2007年起，陸陸續續已經有些活動停止辦理（方偉達，2011；2013）。

　　根據交通部觀光局2009年臺灣觀光節慶賽會活動表統計，宜蘭童玩節、墾丁風鈴季、澎湖風帆海鱺觀光節、新港國際青少年嘉年華已經停止辦理，到了2010年，宜蘭國際童玩藝術節才又復行辦理。

　　早期宜蘭國際童玩藝術節收益效果並不好。吳宗瓊、潘治民（2004）比較國人國內旅遊單次平均旅費新臺幣3,301元，參加宜蘭國際

童玩藝術節旅客平均花費僅約新臺幣1,523元，相對來說偏低。同時，檢視外地觀光遊客在宜蘭國際童玩藝術節園區內與園區外消費活動可以發現，外地觀光遊客在園區以外的消費，為園區內消費的3.25倍。

此外，因為縣市首長輪替的關係，節慶活動經常易名。舉例來說，臺灣茶藝博覽會曾易名為南投茶香嘉年華（2006年）、南投茶香健康節（2007~2009年）、南投世界茶業博覽會（2010年），在主事者更迭，造成節慶無法賡續辦理的情節，所在多有。

以國內觀光方面，2011年國人國內觀光人數已經達到1.5億人次，2013年則為1.4億人次。民俗節慶因為是連續假期，吸引了國民節慶觀光旅遊的熱潮。其中，參加節慶活動的類型包括了農曆除夕、春節、民族掃墓節、端午節、中秋節，以及原住民族歲時祭儀等六種。但是除了春節放假三日之外，每年年底的耶誕假期至元旦跨年，也成為近年最受國人重視的熱門節慶。在媒體及商業界推波助瀾之下，受重視之程度不亞於傳統農曆春節。以2015年的跨年夜為例，全臺至少有250萬人口倒數計時，全臺跨年夜的一夜整體商機，至少超過新臺幣50億元。

此外，在大型國際活動方面，2010年臺北國際花卉博覽會之舉辦，吸引了896萬多人次參觀，其中參觀之觀光客中，又以大陸觀光客所占之比例最大，藉由大陸觀光客每人每日之消費金額進行評估，臺北市政府舉辦國際花卉博覽會，帶給臺北市的觀光效益產出為新臺幣110億元，所得效果為新臺幣300億元。

二、臺灣推動國際觀光與經濟關係

透過觀光產業不斷醞釀發酵的結果，2010年來臺觀光客人數突破五百萬人次。2014年《紐約時報》（The New York Times）專輯「全球52個最值得去的景點」（52 Places to Go in 2014），評選臺灣為2014年全世界52個最值得前往旅遊的景點中第11名。在推動產業方面，旅館業為最大受惠者，像晶華酒店、國賓飯店2014年上半年的營收都比2013年同期成長10%左右。在2014年臺灣國際旅客人數增加，一方面是臺灣開放陸客來

臺觀光和用自由行的名義參加會議，帶動北京、上海等大都市的大陸觀光來臺灣的旅客增加；此外，我國這幾年發展文創產業、節慶觀光活動，結合會議展覽、風景名勝、友善環境等素材，吸引南韓、日本、香港等亞洲觀光客前來。

世界經濟論壇（World Economic Forum）在2015年公布了全球旅遊與觀光競爭力報告，西班牙是全球觀光競爭力最高的國家，臺灣排名第32位；較2013年上升了一位。到了2015年，觀光客突破千萬，達到千萬觀光大國目標，為臺灣帶來4,700億元觀光外匯。到了2018年時來臺觀光客量成長至1,230萬人次，將可貢獻5,470億元觀光外匯。

三、國際旅客及觀光客來臺分析

近年來，依據來臺觀光旅客進行分析，2001年來臺觀光人數1,021,572人次，占來臺旅客人次總人數比率為36%；到了2006年，來臺觀光人數1,510,207人次，占來臺旅客人次總人數比率為43%。臺灣在2014年拚觀光的策略奏效，到了2014年，來臺觀光人數7,192,095人次，占來臺旅客人次總人數比率為72.57%。

在2014年，國際來臺旅客中，於最近3年內以觀光為目的，曾經去過亞洲國家中，除了臺灣以外，最喜歡的國家或地區依序為「日本」、「泰國」、「香港澳門」。根據聯合國世界旅遊組織（World Tourism Organization, UNWTO）2014年統計報告顯示，2014年上半年臺灣的國際觀光客人數年增率高達26.7%，超越了日本，成長動能排名世界第一。外國觀光客來到臺灣的人數，在日本觀光客方面，連續4年維持第2名，而韓國觀光客人數成長最多，尤其是「花漾爺爺」、「Running Man」、「爸爸去哪兒?」等韓國綜藝節目來臺灣拍攝之後，2014年來臺韓國遊客，較2013年成長了60%。來臺韓國遊客平均每人每日消費額較2013年成長了10.95%。

根據「中華民國103年來臺旅客消費及動向調查」，59%的旅客來臺前曾看過臺灣觀光宣傳廣告或旅遊報導，依序為網際網路、親朋好友

來臺口碑宣傳、電視、電臺、報章雜誌及旅行社宣傳行程、摺頁影響旅客，決定來臺觀光。在2014年國際旅客中，40%來自中國大陸；16.4%來自日本，來臺旅客之中，72.57%是以觀光爲目的，來臺旅客整體滿意度爲96%，國際觀光客來臺灣的原因，依序爲「風光景色」（64.31%）、「菜餚」（39.67%）、「購物」（28.56%）、「臺灣民情風俗和文化」（24.85%）、「人民友善」（22.36%）、「水果」（19.40%）、「歷史文物」（15.86%）。由主要觀光市場觀察，除了吸引日本旅客來臺觀光主因爲「菜餚」之外；其他國家來臺的主要原因皆以「風光景色」爲最多（表3-4）。

表3-4　2014年吸引受訪旅客來臺觀光因素　　　　單位：人次／每百人次

來臺觀光因素	風光景色	菜餚	購物	臺灣民情風俗和文化	人民友善	水果	歷史文物
相對次數	64.31	39.67	28.56	24.85	22.36	19.40	15.86

註：本題「吸引受訪旅客來臺觀光因素」爲複選題。資料來源：「中華民國103年來臺旅客消費及動向調查」

在2014年來臺旅客主要遊覽景點方面，以「夜市」、「臺北101」、「故宮博物院」、「中正紀念堂」及「日月潭」爲主要遊覽景點，其中以「日月潭」爲旅客最喜歡的景點。從2014年來臺旅客主要目的進行分析，以觀光爲目的旅客，最喜歡的熱門景點爲「九份」；以業務爲目的旅客，最喜歡的熱門景點爲「臺北101」；以國際會議或展覽目的旅客，最喜歡的熱門景點爲「故宮博物院」（表3-5）。

表3-5　2014年受訪旅客最喜歡景點排名

名次	最喜歡景點	到訪相對數（人次／百人次）	喜歡比率	名次	最喜歡景點	到訪相對數（人次／百人次）	喜歡比率
1	日月潭	31.97	26.28%	6	野柳	24.25	17.09%

名次	最喜歡景點	到訪相對數（人次／百人次）	喜歡比率	名次	最喜歡景點	到訪相對數（人次／百人次）	喜歡比率
2	九份	30.47	25.79%	7	故宮博物院	49.03	14.44%
3	墾丁國家公園	29.72	24.04%	8	淡水	24.76	14.12%
4	太魯閣、天祥	26.22	23.77%	9	西門町	24.80	12.43%
5	阿里山	23.32	22.10%	10	臺北101	57.95	11.61%

註：1.本題「最喜歡景點」僅能就曾遊覽過的景點中選一個。

2.喜歡比率＝（最喜歡該景點人數／曾遊覽過該景點人數）×100%。

3.喜歡比率之排序以景點到訪相對次數達10（人次／每百人次）以上者計算。

資料來源：「中華民國103年來臺旅客消費及動向調查」

　　由2014年來臺旅客主要目的分析，以業務目的旅客，平均每人每日260.16美元，在臺消費力為最高；其次為國際會議或展覽旅客，平均每人每日240.06美元；第三為觀光目的旅客，平均每人每日228.95美元。在國際來臺旅客參加活動中，以購物為最多，由購物費觀察，則觀光目的旅客，平均每人每日90.47美元為最高；其次依序為逛夜市、參觀古蹟、遊湖、泡溫泉浴等。

　　由2014年來臺主要目的分析，來臺旅客在我國期間參加活動以購物、逛夜市，以及參觀古蹟為主，詳如表3-6。由主要市場分析，以日本旅客，平均每人每日243.33美元；及大陸旅客，平均每人每日241.98美元，在臺消費力為最高；進一步由購物費觀察，則依序為大陸（平均每人每日128.46美元）、香港澳門（平均每人每日54.98美元）、新加坡（平均每人每日50.83美元），以及日本（平均每人每日49.08美元）等。其中，旅客認為臺灣的「人民友善」、「菜餚」、「風光景色」及「治安良好」，最具有優勢。其中，98%受訪旅客有再度訪臺的意願；99%受訪旅客會推薦親友來臺灣旅遊。（表3-6）

表3-6　2014年受訪旅客在臺期間參加活動排名　　　　單位：人次／百人次

名次	參加活動	相對次數	名次	參加活動	相對次數
1	購物	90.25	10	生態旅遊	2.65
2	逛夜市	79.02	11	卡拉OK或唱KTV	2.15
3	參觀古蹟	46.81	12	運動或賽事	1.61
4	遊湖	26.36	13	SPA、三溫暖	1.57
5	泡溫泉浴	21.25	14	參觀節慶活動	1.38
6	按摩、指壓	9.81	15	參觀藝文表演活動	0.93
7	主題樂園	4.48	16	保健醫療	0.66
8	參觀展覽	3.93	17	護膚、美容、彩繪指甲	0.58
9	夜總會、PUB活動	3.86	18	拍婚紗或個人藝術照	0.35

註：本題「受訪旅客在臺期間參加活動」為複選題

資料來源：「中華民國103年來臺旅客消費及動向調查」

四、觀光經濟的隱憂

在國際觀光經濟的隱憂上，總計包含了國際旅客平均每人每日消費額逐年下降、觀光旅遊景點南北失衡、參觀我國舉辦之節慶活動者偏低等問題。

(一)國際旅客平均每人每日消費額逐年下降

從2014年觀光外匯總收入為146億1,500萬美元來看，雖然比較2013年成長了18.61%，詳如表3-7。但是，2014年全體旅客平均每人每日消費額卻減少1.03%；其中，以日本及中國大陸市場衰退最快。

在日本市場方面，因受到日幣持續貶值及經濟不振影響，出國旅遊各項花費計價都相對變高，相對來臺消費亦趨向保守，2014年在臺平均每人每日消費額較上一年下滑8.27%；大陸市場方面，受到大陸實施旅遊法與禁奢令影響，中國大陸公務預算不再支應在臺灣的旅遊及考察活動，2014年在臺的每人每日平均消費，較上一年減少了6.8%。（表3-7）

表3-7　來臺旅客觀光指標

指標	2014年	2013年	2012年
來臺旅客人次總人數	991萬人次	802萬人次	731萬人次
觀光外匯收入	146.15億美元	123.22億美元	117.69億美元
來臺旅客	平均每人每次消費	1,475美元	1,537美元
1,610美元	來臺旅客	平均停留夜數	6.65夜
6.86夜	6.87夜	來臺旅客	平均每人每日消費
221.76美元	224.07美元	234.31美元	觀光目的旅客人次
719萬人次	548萬人次	468萬人次	觀光目的旅客
平均每人每日消費	228.95美元	235.76美元	256.87美元
業務目的旅客人次	77萬人次	93萬人次	89萬人次
業務目的旅客 平均每人每日消費	260.16美元	252.02美元	217.48美元
來臺旅客整體滿意度	96%	95%	95%
旅客來臺重遊比率	34%	35%	31%

資料來源：「中華民國103年來臺旅客消費及動向調查」

(二)觀光旅遊景點南北失衡

　　觀光旅遊景點南北失衡問題嚴重，國際旅客十大最喜歡的景點之中，僅有三個景點在中南部，包括日月潭、阿里山和墾丁；其他最喜歡的景點包含了九份、野柳、故宮博物院、淡水、西門町、臺北101都集中在北部，太魯閣天祥則在東部，造成南部經營觀光旅遊的業者極大的壓力（張子溥、陳毓劼，2015）。

(三)參觀我國舉辦之節慶活動者偏低

　　國際來臺旅客，參觀我國舉辦之節慶活動者偏低。2014年國際受訪旅客在臺期間參觀節慶活動在相對次數中，僅占了1.38%；國際受訪旅客此次來臺經驗對臺灣最深刻的印象，節慶活動相對次數僅占了0.31%；與最喜歡國家或地區比較，認為臺灣較好項目排名，節慶活動也僅占了1.34%，遠低於其他觀光指標。

我們檢討參觀我國舉辦之節慶活動者偏低的問題，是因為有些節慶的文化特色屬於地方性及區域性的，很難成為國際化的節慶，像是傳統宗教節慶，國際觀光客無法了解其中的意義，參與感也就減少了。以觀光地區交通便利性而言，並不是影響國際觀光客參與之主要原因，最重要的是應該要能打動觀光客的心，也就是以內在的感動力量，撼動觀光客的「文化同理心」。

規劃者應對現有資源的認識與整合，像是整合多項產業創造新的形象，如果國際觀光客來臺灣參觀節慶活動之後，到新北市新莊區看製鼓、到新北市鶯歌區欣賞陶瓷；到宜蘭縣看製鑼、並且參訪故宮、法鼓山、龍山寺、行天宮、指南宮、慈祐宮等地；再去品嚐臺灣美食、購買民俗藝品、逛夜市，將可以讓外國觀光客了解臺灣的多樣性，培養觀光客對節慶活動多元文化的喜愛與關懷。

小結

從節慶觀光行銷的角度來看，節慶活動需要國際化，但是觀光是一種文化消費行為，既然是消費行為，就會產生經濟價值，國際觀光客自然會思考值不值得去參觀我國舉辦的各項節慶活動。然而，近年來國際旅客平均每人每日消費額在臺灣逐年下降；此外，觀光旅遊景點南北失衡，參觀我國舉辦之節慶活動的國際旅客偏低，為目前臺灣在節慶社會、文化和經濟上，需要反省的事實。目前，根據節慶化活動進行檢討，許多文化節慶活動，因為籌備時間過於倉促，導致淺碟化、劣質化、庸俗化、逸樂化之傾向。此外，國內節慶活動不收門票，僅重視衝高參觀人次，讓高品質的文化藝術節慶活動，更難擁有一席之地。近年來，文化部不再支持節慶化觀光活動，例如宜蘭國際童玩藝術節、南瀛國際民俗藝術節都得自籌財源，或轉而向交通部觀光局申請經費。我們透過反省「節慶文化活動根源」與「社會行為模式」之間的關係，讓學者重新思考節慶、文化和社會經濟之間的關聯性，以及今後節慶活動應該發展的方向。

關鍵字詞（Keywords）

文化資本（cultural capital）　　文化商品化（cultural commodification）

文化財貨（cultural goods）　　迪士尼化（disneyization）

節慶經濟（Festival Economy）　　假期經濟（Holiday Economy）

綜合消費（hybrid consumption）　　市場慶典（market festival）

授權商品化（merchandising）　　乘數效應（Multiplier Effect）

物化（objectification）　　表演勞務化（performative labor）

主題化（theming）

問題與討論

1. 是否能夠討論在舉辦節慶活動時，哪些是「在地元素」？哪些是「外來元素」？

2. 請說明節慶活動在人類社會的演化中，可區分為哪三種類型？

3. 請說明「沒有雲霄飛車的迪士尼樂園」的特色有哪些。

4. 文化可以觀光嗎？你最喜歡的城市中，有哪些特殊的文化，值得保存？

5. 英格理斯（Fred Inglis, 1937~）説，觀光應該是一種「文本」的延續。那麼你會到Facebook和網路社群中，參考別人對於觀光的意見，才會去參加節慶觀光活動嗎？

6. 你常在臺灣看到中國大陸的觀光客嗎？你對他們的環境教育，有什麼期許。

7. 中元普渡為什麼食品業一枝獨秀？傳統以來，臺灣人的鬼月對於節慶經濟學的影響是甚麼？

8. 舉辦節慶活動可以增加收入，為什麼還需要政府的補貼？

9. 請以說明臺灣燈會在地方政府的主導之下，其優點和缺點各是什麼？

10. 為什麼外國觀光客，很少參加臺灣本地的節慶活動？

第四章
民俗節慶與造節活動

學習焦點

　　民俗節慶強調「傳統」和「歷史」的關係，突顯造節活動之「創造」，含有「現在」或「現實」的目的。民俗節慶傳統意識是種「歷史意識」；而「創造節慶」的動機及背景，涉及創造者的「現實意識」。傳統節慶是中華文化中，時令循環之節日根源。自古代中華文明到現代之臺灣，時令節慶和人民生產、生活和生命有著密不可分之臍帶關係。臺灣的民俗節慶承襲漢民族傳統文化，並包括源自各地方宗教祭祀的民俗慶典和原住民祭典。傳統農村社會的民俗節慶往往結合耕作季節，富有祈福、消災、演藝、休閒的多種意義。尤其民俗節慶期間搭配敬神、祭祀、團聚而來的藝陣、團康和各式各樣的神佛遶境、花燈、蜂炮、舞龍、舞獅、抬轎、踩高蹺等民俗表演。本章引導讀者從時令節慶、廟會節慶的角度出發，運用造節活動之現實性，進行文化創意產業之思考，理解古人如何基於對大自然的崇拜與祖先信仰，並衍生出相關節慶活動，希望透過讀者豐富想像力，培養未來造節活動的卓越創造能力。

101

第一節　節慶和時令

　　我國以農立國，在傳統社會中，農民多喜用農曆（民間俗稱舊曆），並依此為民俗節慶及耕種等農時之準繩。雖然我國自民國元年即採用世界通行之陽曆作為國曆，惟民眾仍以農曆作為春節之依據，如附錄三

（P.296）。並依循農曆所沿習之24節氣，來進行一年中之春耕、夏耘、秋收及冬藏之農耕及節慶活動，是農民生活的根據。節氣對於先民生活有著極為重要的影響，因此，農作物的產量能否豐收，除了辛苦勞作之外，還是需要請上天保佑風調雨順。而這種保佑，源自於對大自然的崇拜與祖先信仰，以下本節以時令節慶和廟會節慶進行說明。

一、時令節慶

以傳統民俗節慶來說，中國人是喜歡趨吉避凶之民族。從先秦開始，中國古代歲時節慶，大多由自然節氣之年度循環而產生，這也是中國歲時觀念之人文概念，如表4-1。經過歷史之傳承，唐代以降，有關四時節令之規定很多，從統治者之服儀、禮態、儀典等，到建築、都市營造，甚至到四季養生都有時令和地理風水之觀念（Huang and Fang, 2013）。

表4-1　傳統時令節慶介紹

農曆十二月最後一日晚上	除夕	除夕是中國傳統農曆上的最後一天，又可稱為「除夜」、「歲除」、「大年夜」。「除」為去除、交替的意思，「夕」則為夕陽西下的意思，因此除夕合在一起即為去除過去、除舊布新的意思。當天會在家中張貼春聯以增加過年喜氣的氣氛，大家開開心心一起團聚，飯後長輩將紅包分給前來磕頭叩拜的子孫，稱為「分壓歲錢」。此外，依照民間習俗，家家戶戶舉辦拜天公、辭歲、貼春聯、圍爐、團圓加菜、收壓歲錢、守歲等許多活動，見附錄四（P.297）。
農曆正月初一	春節	春節是農曆的新年頭五天，自古有「初一拜年、初二回娘家、初三睡到飽、初四迎財神、初五開工」的說法。「年」在《說文解字》當中的意思為「穀熟也」，民間的說法眾說紛紜，較為人所知的是年獸的故事。根據傳說，古代的時候有一隻年獸每隔一年就會從海底出來擾害人間，人們為求平安，開始發現年獸會怕爆竹的聲音，於是家家戶戶都燃放鞭炮，然後隔天為了慶祝大家平安，便開始貼春聯，逢人就說恭喜、恭喜。春節時居家的神明廳從除夕到年初五，需要燈火通明，家家戶戶舉行祭拜神明和祖先的活動，祈求他們對於信眾和子孫在未來新的一年當中，能夠諸事平安順利。春節期間，大年初一的禁忌

		詳見附錄五。民間有些傳統樂團或是舞獅隊結合，在新春期間表演祝賀；新春期間，許多民眾會從除夕夜起，便前往廟宇上香祈福，或是參與「搶頭香」的活動。許多寺廟也會提供信眾來點燈祈福，若有犯太歲的民眾，也可以至廟宇安太歲求平安。
春分後十五日	清明節	清明節是中國傳統的重要節日，主要是後代子孫都在這一天祭拜祖先，打掃墓園，表達慎終追遠的意義。從古至今已經有許多祭拜方式。例如，臺灣較為常見的「掛紙」、「培墓」，客家人的「印墓粿」，還有包括吃蛋、雕畫蛋殼、包春捲、以及放風箏等活動。
農曆五月五日	端午節	端午節由於時值進入夏季，所以傳統上與之相關的節慶活動，都和驅除蚊蟲有關。例如，端午節會掛的艾草，即有驅除蚊蟲與避邪的用意。端午節活動也有一說是為了紀念戰國時代楚國的愛國詩人屈原，例如像是賽龍舟、包粽子都與屈原的故事息息相關。
農曆八月十五日	中秋節	中秋節吃月餅的習俗，相傳是在元朝末年，漢人為了推翻蒙古人的統治，在餅中藏著小紙條，作為祕密通訊之用，然後相約在八月十五日那一天起義，而那一天恰巧是月圓之夜。時至今日，中秋節吃月餅已經變成了一種傳統習俗，家家戶戶都會製作月餅來享用，以及分送親朋好友，象徵闔家團圓的過節意味，相當濃厚。
農曆十一月十五日前後共30天內的某一天	冬至	冬至為中國傳統農曆二十四節氣中的冬節，大約在陽曆的十二月二十二日或二十三日左右。這一天太陽直射南迴歸線，是北半球最冷的一天，因此這一天過後，日子會漸漸回暖，有「冬至陽生」的說法。傳統上，在冬至這一天要吃餛飩也要吃湯圓，和元宵的湯圓不同，冬至吃的湯圓有象徵圓滿、團圓之用意。
農曆十二月十六日	尾牙	尾牙的牙是「做牙」的意思，以名詞上的意思來看，尾牙就是最後一次做牙，而做牙是祭祀土地公的儀式。臺灣一般從事工商業的商家會在每一月朔、望日的隔天，也就是初二以及十六日拜土地公，這是所謂的「做牙」。「牙」字用來稱呼與生意有關的商業人事物活動。

農曆十二月 二十四日	送神	習俗上的「送神」的日子，此日送神之後一定要「清」，即擦拭神像、香爐及祖先神主牌，除了這一天，其餘時間均不得亂動，以免冒犯神靈。農曆十二月二十四日是在人間鑒察人們言行舉止善惡的灶神以及其他諸神，返回天庭向玉皇上帝稟報人間善惡狀況的日子，由於返回天庭的諸神，稟告的內容將會影響到來年的吉凶禍福，民眾不僅準備酒果送神，還特地在夜晚請僧道誦經，並且想賄賂灶神，以甜湯圓、甜粿、糖果、水果、甜酒等甜食為祭品，希望灶神吃下之後，可以多說點好話。

　　至於民間農家曆法則包括了吉凶、占卜、禁忌、節慶等內容。例如七夕節選在七月七日，七這個字在古代易經卜筮中屬於陽爻數字，是吉數。選擇「七」這個數字，和現今單雙數之概念不同，是基於出古人喜歡選擇月日相同之陽數，作為節慶日令之習慣。這些概念，反映到春節、夏至、中秋及冬至之日子選定之「陽數好日」（單數好日）之理念中。

　　節慶和節氣有關，這是漢人農業文化特殊之現象。在傳統文化中，十大節慶延續至今，成為全球華人共同之集體記憶和鮮明意象。例如在古代中國，春節、夏至、中秋和冬至是要放假的。

　　漢代以前，以立春為春節之始，其慶祝活動皆帶有農事節慶的性質。《禮記》引述《夏小正》的「初歲祭耒」，耒是一種形狀為曲木狀的原始的農耕器具。在新的一年春耕開始之前，先祭祀農具，感謝農具之神過去的庇佑。到了漢代以後，漢武帝改以夏曆的正月初一為春節之始，而其慶祝活動的性質也逐漸轉變，與農事之間的關係更加淡薄，逐漸被聯歡、祭祀、遊戲等所取代（張君，2003）。先秦時期的春節節慶是以立春為主，自漢武帝將夏曆的正月初一訂為歲首開始，春節的日期也由此訂定並沿用至今。春節假期係指陰曆元月初一至初五，甚至包含到元宵節之時間，整個春節才結束。

　　在古代中國，正月一日的名稱。在先秦時叫「上日」、「元日」、「改歲」、「獻歲」等；到了兩漢時期，又被叫為「三朝」、「歲旦」、「正旦」、「正日」；魏晉南北朝時稱為「元辰」、「元日」、「元

首」、「歲朝」等；到了唐宋元明，則稱爲「元旦」、「元」、「歲日」、「新正」、「新元」等；而清代，一直叫「元旦」或「元日」（劉德謙、馬光復，1983：179）。現今所傳承的春節文化習俗，可以推論這些是在南北朝時候便開始有的基礎，然後隨著時間的演變才逐漸成熟和完整。

明朝葉顒作《己酉新正》：

天地風霜盡，乾坤氣象和；
歷添新歲月，春滿舊山河。
梅柳芳容徙，松篁老態多；
屠蘇成醉飲，歡笑白雲窩。

題名《己酉新正》，是謂「己酉年春節」之意思。在臺灣，沿用明朝語言，過「新年」又稱爲「開正」、「賀正」、「過新正」，新正即新一輪之正月來臨，亦即一年時間循環開端。大概到初五，整個「新正」才算告一段落。

過去夏至，因爲氣候炎熱，是官員之放假日。例如秦漢在正旦（正月初一）、立春、社日（二月和八月初一）、夏至、伏日（初伏）等日放假（韋慶遠、柏樺，2005：552）。據《史記·封禪書》記載：「夏至日，祭地，皆用樂舞。」宋朝《文昌雜錄》記載，夏至之日始，百官放假三天。遼代則以夏至日稱爲「朝節」，婦女進彩扇，以粉脂囊相贈。這個在夏至放假之習俗，也因此延續至清朝。

到了八月十五日，是祭月之日子。中秋節之祈神拜月，可以上溯至先秦之古籍。周朝君王有春天祭日、秋天祭月之禮制。《禮記》中記載：「天子春朝日、秋夕月。朝日以朝、夕月以夕。」夕月在此之意，即秋分晚上祭月。漢朝以後，祭月、拜月逐步演變成賞之習俗（張傑，1993：238）。中秋節賞月之起源，應是起源於古代之祭月。

秋節有蕭瑟的意味，漢樂府《長歌行》說明了節氣在秋霜時，已屆凋

零：「陽春布德澤，萬物生光輝。常恐秋節至，焜黃華葉衰。百川東到海，何時復西歸？少壯不努力，老大徒傷悲。」宋朝柳永《雨霖鈴》也談到秋天的節氣：「更那堪冷落清秋節」。

冬至也是古代中國人必過之節慶。冬至稱為亞歲、冬至節、冬節、大冬、小年。根據周朝之記載，冬至早在先秦就稱為「冬節」，民間有利用「冬至」日至郊外祭天之活動。周朝之正月等於現在農曆之十一月，所以拜歲和賀冬沒有分別，甚至慶祝冬節更為隆重。臺語俗諺「冬節大過年，唔返無祖宗」，意思是說冬至是家人團圓之節日，比過年更加重要。如果外出不歸，那是不認祖宗之人。這句話也同樣流傳在廣西客家族群「冬至大過年」之俗諺，說明中國南方民族冬至這天和過年同樣重要。

個案研究　尾牙的緣由

十二月十六日的「尾牙」，緣起於唐代。林茂賢《臺灣民俗記事》說：牙，原指市集交易的經紀人。古代期約易物稱為「互市」，唐代因書「互」似「牙」，故轉書為牙。自唐宋稱交易仲介者為牙人、牙檜、牙郎或牙保；以經營貿易為業之商行稱為牙行；營業執照是為「牙帖」；營利所得稅稱為「牙稅」；佣金則謂「牙錢」；而每月初二、十六日供員工肉食即為「牙祭」。

尾牙就是最後一次做牙，而做牙是祭祀土地公的儀式。牙字是因為訛誤而轉注了互字，並且與商業產生了關聯，因而繼續使用下去，後代也承繼這個用法，所以現在仍有做牙這個說法。做牙的時候，通常會準備三牲四果，以及香和金紙來拜土地公。而祭拜完土地公之後，這些祭品則是可以與家人同享，或是分給員工，讓大家能夠打打牙祭。

過去雇主通常會利用尾牙宴來感謝及犒賞員工一年來的辛勤工作，但同時也暗示了不適任的員工，明年將不予繼續雇用。而暗示的方式，是在宴席中會有一道全雞料理，通常是白斬雞，若是確定要辭退某人，便會將雞頭朝向該員工。現在尾牙宴上，若是出現雞料理，為了避免尷尬或是誤會，大多

會是先讓雞頭朝上，或是不出現雞頭。近年來，尾牙宴大多結合了藝人表演以及摸彩、抽獎，讓老闆與員工同樂。到了現代，尾牙宴已經轉變成勞方與資方共同相聚吃飯的日子。

二、廟會節慶

依據傳統儒、道、佛及民間信仰元素所舉辦之廟會節慶，主要和神明誕辰、成道和祭祀典禮有關。上開祀典與傳統文化中多神崇拜之人文、自然和價值觀有著密切之關連性。在節慶項目中，節慶多半具有從個人之「祈福」、「延壽」、「消災」、「解厄」、「求官祿」、「求財帛」到求取家庭生活順遂之「求姻緣」、「求子息」、「求父母康泰」及「求闔家平安」之世俗價值有關。上開信仰象徵傳統華人慎終追遠、敬天畏神、求神拜佛、趨吉避凶、招財納福，以及飲水思源之傳統價值觀。

廟會節慶從農村節慶中演變而成的。從商朝之時，開始祭祀「社神」、舉行「社日」，演變而成廟會節慶。在商朝時，征服一國之後，會摧毀其「社神」，以削弱其統治者的神靈。社為中國古代民間信仰之中，「社」的字形含義就是「神化的土地」，係為掌管土地的神祇。到了周朝時，和穀神后稷合祀，稱為「社稷」；在民間稱之為「后土、土地」。到了漢朝，民間崇拜社神之後，有分發肉食和飲酒的祭典；魏晉南北朝時道教、佛教的集會稱為「齋」，源自於祭祀「社神」的節慶活動。唐朝在祭社之時，村民會演奏音樂、供奉神祇、燃燒紙錢、吃喝酒肉，形成農村的節慶。宋朝之後，農村開始興建廟宇，轉而向廟宇祈求「延壽」、「消災」、「解厄」、「求官祿」、「求財帛」、「求姻緣」、「求子息」、「求父母康泰」及「求闔家平安」。

從明末清初之際，農村節慶逐漸形成城市中的廟會節慶。廟會節慶多樣而盛行，明朝中葉之後，由於商品經濟的發達，節慶活動除了發展成為廟會節慶，同時還有「巡會節慶」，抬著村莊城隍神像到市鎮寺廟中參拜。到了現代，在元宵節前後馬祖離島的各村廟宇，都會輪番舉行神明遶

境活動，當地稱為「擺暝」。遶境活動式的巡會節慶，一直保有相當傳統的文化特色，也是特有的宗教節慶。

廟會節慶中，結合了時令節慶，主要活動有三種，如清明節、七月半、十月朔，當時人稱為「三節會」。三節會源起於明朝末年，原來是官員迎接城隍爺出巡的活動，後來演變成民間的廟會節慶，以清明節的廟會活動最為熱鬧（巫仁恕，2010）。明末清初遭逢朝更迭，因為戰爭之故，節慶活動盛況不在，到了清朝康熙年間恢復舊觀，清朝乾隆年間廟會活動更為多樣頻繁，迎神賽會包含了「東嶽、關帝、城隍、金總管、張仙、五路、通達司、三元帝君、龔貞老官人、周孝子」等會。以市鎮為中心的廟會活動，顯現了活動種類的多樣化、活動的頻繁化，以及空間分布的普遍化等特色（巫仁恕，2000）。

個案研究　漢人的灶神和彝族的火把節

人類文明起源於火種。當華夏部族原始居民將火種引入居住空間後，以火塘當作起居生活特徵時，火種就形成了早期節慶、祭典、娛樂、飲食和起居重要之媒介，從「萬物有靈」的角度來看，火神在原始自然崇拜體系中是一位比較重要的神靈，因此，祭灶神的風俗遍及各地，係來自於對於火神的崇拜。東漢許慎《五經通義》和唐朝段成式《酉陽雜俎》中說，灶神姓張名單，字子郭。在臺灣扶鸞信仰中，尊稱張單為張恩主，在臺灣鸞堂廟宇之中，張單和關羽、呂洞賓、岳飛、王靈官共為鸞堂「五聖恩主」。著名的臺北行天宮、雲林斗六南聖宮等地，即祭祀五聖恩主。因此，灶神為張單，道教中稱「九天司命真君」，為民間最普遍的說法。

對於火神的崇拜不僅僅是漢人，還包括了雲南石林彝族撒尼人，每逢農曆六月二十四日，是雲南石林彝族撒尼人最傳統的節日──「火把節」，曾被譽為「東方狂歡節」。每逢節日，石林當地的彝族都會身穿盛裝，白天開展摔跤、鬥牛等活動，青年男女跳起歡樂的「大三弦」舞；當夜暮來臨，大家高舉火把，載歌載舞。石林多姿多彩的民族文化，包含了撒尼刺繡、彩玉等，在「火把節」期間，每年超過20餘萬人觀光客參加。

第二節　臺灣節慶的起源

　　節慶的形成，經常是人們與生活、自然、地方社會環境之間的互動適應有關。臺灣先民祖先多為明清早期漢人移民，由於移民的關係，從中國移居到臺灣的人們，將其原有的生活方式和風俗習慣，帶到了臺灣。此外，臺灣亦有豐富的原住民祭典儀式。根據考古記載以及殘留的原住民部落，臺灣約有20支的少數民族在新石器時代移進臺灣，分別為平埔族（居住在平地的原住民）與高山族，有的平埔族部落由於受到漢人移民的衝擊，目前已經消失，或是融入漢人的血統中。高山族的分類相當分歧，稱為14族，泰雅族是這14支原住民族最早來臺的，其節慶儀式及禁忌風俗，具有象徵性的意義（Fang et al., 2015）。（見圖4-1）

圖4-1　臺灣約有20支的少數民族在新石器時代移進臺灣，圖為居住於嘉南平原的平埔族蠟像（方偉達攝於臺灣臺南市安平區）。

一、漢族的節慶

臺灣社會仍保有鮮明的區域特性，分析早期傳統節慶活動，保存許多漢人傳統之時令觀念和祭祀文化，是由於移墾社會對於適應臺灣特殊的地理和文化環境而形成的。到了今天，臺灣人民持續依據傳統歲時節慶之生活規律，渴望藉由神明和歷代祖先之護佑，藉由虔誠之信仰與宗教活動，獲得神明之加持和福佑。

由於臺灣早期有許多移民自中國福建、廣東的族群，文化也因此受到影響，有延續傳承閩粵文化的部分，也發展出臺灣本地的禮俗特色（見圖4-2～4-3）。航海是臺灣先民必經的路程，但是由於當時航海知識不足，臺灣海峽的黑水溝風浪險惡，故船難時有所聞。當時人們在大自然中感到無助之時，就會乞求神明的護佑，才有勇氣繼續航程。早期漢人前來墾殖，臺灣仍是荒煙瘴癘之地。俗諺有云：「十去、六死、三留、一回頭」，也就是說如果有十個人來臺灣，平均有六個人因船難會死在風浪裡，或是水土不服而死亡；只有三人留在臺灣；還有一人則因為看見臺灣蠻荒景象，而失望回到福建故鄉。由此顯現出當時臺灣島環境之險惡。為了祈求神明護佑，先民在渡海來臺之時，通常會迎奉神像同行，以祈求神明庇佑海上行船平安，來臺的移民在經濟穩定之後，就開始集資建廟。以神明中的媽祖為例，多自大陸分靈而來，其中最主要的分靈地點，來自福建湄洲嶼，進入臺灣之後，廟宇迎請分身供奉，以北港朝天宮、鹿港天后宮、笨港港口宮為臺灣較早供奉媽祖的宮廟。

先民在墾殖期間，常藉由來自原鄉的宗教信仰力量，對抗臺灣自然環境的惡劣條件，例如風災、水災、旱災和瘟疫。例如，在嘉義東石笨港港口宮奉祀天上聖母，創建於清朝康熙23年（西元1684年），因為當地生活條件不易，當住民遷居到臺灣其他地區時，每尊媽祖都有編號，「港口宮」分靈出去的金身將近五千尊，產生了臺灣人民在島內社會遷徙的證據。

圖4-2 臺灣早期有許多移民來自中國，文化也因此受到影響，有延續傳承中原文化的部分，也發展出臺灣本地的禮俗特色（方偉達攝於臺灣新北市新莊區）。

圖4-3 吉祥納福、招財進寶，是傳統元宵節各式各樣燈籠的象徵（方偉達攝於臺灣新北市平溪區）。

此外，閩粵族群因為爭奪資源，產生械鬥和社會衝突。為了達到精神上的慰藉，在臺灣傳統漢人社會聚落，都是以廟宇為發展核心。廟宇之建造年代愈早，代表該核心發展愈早，廟宇落成之後，成為當地的信仰集會場所，廟會節慶活動因此漸漸成形。根據統計顯示，近年來臺灣宗教民俗類的節慶活動，以臺灣南部居多，其次為北部地區，且活動時間多數以農曆時間為主，每年舉辦一次，或是三年舉辦一次，主辦單位為寺廟或及宮堂。由此可見，目前臺灣地區民俗宗教節慶活動的風氣越來越盛。

個案分析　濕地的寺廟文化

中央研究院研究員謝蕙蓮、陳章波在《濕地文化的傳承：以龍山寺為例》一文中，考據人類早期便有明顯的「環境選擇」傾向，主要特徵就是依水而居，這種和環境相互依存的方式，經由生物因子及文化模式遺傳下來，成為人類對於理想棲地的追求，並且成為中國風水的原型。另外在原始社會裡，人們認為大自然具有生命意志、靈性和神奇的能力，並且無時無刻不支配著人們的生活，甚至能影響命運，因而成為崇拜的對象。

謝蕙蓮、陳章波認為，人們向大自然表示敬畏、祈求護佑，這也是宗教最初的形式。自然崇拜的物件極為多樣化，如山川水火、風雨雷電等等。老子曾曰：「谷神不死，是謂玄牝。」「谷神」即指一般山谷，意指山谷為大自然生殖萬物之處。因為山谷有充分的遮蔽處，且氣候溫暖、水源充足，十分適合雌性的動植物在此繁衍後代，也因此維持著山谷的形貌而不致消亡。以宗教觀點而言，山谷中的迴聲常被認為是神靈示現，山谷也衍生成具有宗教神話式的意涵，這也是老子將其稱為「谷神」的緣故。

由於人類的生存極需仰賴水，對於不可預測豐枯的水，人們表示敬畏並且奉為神明，無非是希望能得水澤之利，免受洪泛之害。臺灣民間信仰為先民長期的生活累積，再加上民俗禁忌、歲時節儀與豐富的神話傳說，民間的水德星君就是由自然崇拜轉變成的水神信仰。許多寺廟裡都敬奉著有馭水能力的神祇，也顯示當地百姓對於日常水環境的關切。以臺北市最著名的龍山

寺為例，它便融合了以水為主的釋、儒、道於一廟，充分表現出古老文化對於水資源的關注。

　　2007年，龍山寺在地人士便將水官信仰擴大為「水官佑雁鴨」的儀典，引領民眾關懷濕地生態。由於龍山寺位於淡水河畔的華江一帶，每年九月到隔年四月，雁鴨從西伯利亞南飛到臺灣，數千隻雁鴨會聚集在「華江雁鴨自然公園」附近過冬，因此每年入秋後就成為觀察野鳥生態的最佳時節，此地也被國際鳥盟認定為「臺灣重要野鳥棲地」。

　　為了恢復先民重視水環境的價值觀，2006年，華江社區發展協會舉辦保育生物多樣性活動，以期喚起民眾尊重生命，由在地社區發展協會、學校、保育團體、政府部門、研究單位等組成的「華江濕地守護聯盟」，共同舉辦了「臺北華江雁鴨季嘉年華」，活動以「雁艷樂融融」為主題，並將水官信仰融入活動之中。除了賞鳥之外，當天有一場特別的「水官佑雁鴨」祈福遶境活動，遶境之前並先於龍山寺水官大帝前進行祝禱，之後由一尊水官進行遊街遶境。由於水官在民間信仰中占有重要的地位，藉由簡單隆重的上香祈福儀式，祈求水官保佑前來過冬的雁鴨平安、河川不要受到污染，並且恢復地方昔日的繁華（謝蕙蓮、陳章波、李佳瑜，2008）。到了2015年，華江濕地守護聯盟辦理「濕地有美、艋舺有情──舞動濕地看雁鴨」等文化保育活動，持續推動濕地教育。

二、原住民的節慶

　　原住民祭典活動非常豐富，例如有阿美族豐年祭、泰雅族開墾祭、播種祭、收割祭、祖靈祭、狩獵祭；賽夏族矮靈祭、布農族打耳祭、卑南族猴祭、鄒族戰祭等，代表民族對於祖靈、精靈崇拜的集體記憶（collective memory）（Fang et al., 2015）。集體記憶是抽象的概念，而許多傳說會因為時間、地點及環境不同而發生變化。例如說，較早進入臺灣的原住民，大多數認為自己是土生土長的臺灣原住民，包括泰雅、布農、鄒族、

魯凱、排灣等族；祖先較晚進入臺灣的原住民，有阿美、卑南、邵族、噶瑪蘭等。不管進入的時間早晚，多有洪水的傳說，尤其是傳說可以知道，阿美族和卑南族是祖先因為洪水的關係，才在洪水蔓延的時候，逃到臺灣來，可以說是臺灣這座高山小島收容全世界第一批的洪水難民。

　　我們從原住民族的口述歷史和現存信史的紀錄可以了解到，不管在史前洪水之前遷入的民族，還是在洪水之後遷入的民族，對於洪水具有一種恐懼。然而，洪水退去之後，產生的濕地肥沃的環境，又是他們的衣食父母，他們對於洪水是具備愛恨交織的感覺，甚至認為洪水是因為他們犯了道德上的錯誤，導致上天對他們嚴厲的懲罰。又例如較早的泰雅族原住民，祖先應該是在洪水之前就已經來到臺灣，所以有遷到高山去的集體記憶。但是，有的民族集體記憶只是聯想，例如噶瑪蘭族認為他們和泰雅族有親戚關係，但是還需要做血統採集的考證，不能斷然的據以確定。

個案分析　泰雅族的祭典儀式

　　泰雅族的族名「Tayal」（Dayan），原意為「真人」或「勇敢的人」，考古學家認為在距今五千年前，泰雅族就開始在臺灣活動，分布地點包括臺灣北部的八縣市、十三個縣市轄地區，包括新北市烏來區、桃園市復興區、新竹縣尖石鄉與五峰鄉、苗栗縣泰安鄉與南庄鄉、臺中市和平區、南投縣仁愛鄉、宜蘭縣大同鄉與南澳鄉、花蓮縣秀林鄉、萬榮鄉與卓溪鄉等地。

　　泰雅族的儀式、祭典時傳唱部落歷史，是族人重要的生活、習俗，也是重要的學習方式。以慎終追遠的態度，用母語祝禱、對祖先、神靈表達感激和尊敬的儀式，可以說是社會活動鑲嵌的文化認同與教育過程，也能使部落年輕人認識自己狩獵文化的根源（Fang et al., 2015）。胡馨文（2014）在《泰雅狩獵文化中原住民生態智慧、信仰與自然之關係》論文中，以宜蘭縣大同鄉的四季村和樂水村為例，記錄2012～2014年之間，泰雅族祖靈祭的傳統，她以宜蘭縣崙埤部落近年來部落內部主要組織的崙埤部落社區發展協

會，以及大同鄉公所，輪流舉辦小米收穫祭為例，進行說明。（見圖4-4）

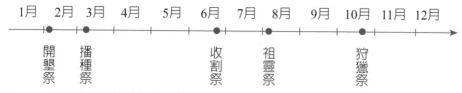

圖4-4　泰雅族主要傳統祭儀時節（胡馨文，2014）

　　一般來說為播種墾地的時間約在2月，因過去泰雅族制採輪墾、輪獵的方式，故3至5年就要換一塊土地，播種前先重新翻土整地。而小米播種的季節是在每年的3月，6月中旬採收時，就是收穫祭舉辦的時間。泰雅族最重要的祭典就是在小米收割後的7月到9月之間，由部落長老、頭目們開會，決定舉辦時間的祖靈祭，此祭典是泰雅族的信仰的重要彰顯，也維繫了傳統的精神，展現出對祖先的感激與敬畏，也展現部落團結、共同承擔的意義。祖靈祭舉辦重要要素，包含耆老對祖先歷史源流的口述；傳統習俗、禁忌等規範講解；呼喊家族逝世祖先的名字，邀請祂們一同前來享用族人一年辛苦耕種的收穫，並祈求來年的豐收。祭典是非常肅穆莊嚴的，早期只有部落男子可以參加，現在多半由公辦的方式舉行。

　　分析泰雅族學習的方式，以獵人文化為例，是透過個人在環境中的學習、觀察、模仿，使個人累積對自然世界的知識的認識，是建構在生活經驗的基礎之上，並連貫到傳統文化本質。泰雅族學習知識的方式，跳脫了西方科學的認知，其知識學習的內涵，可分為五個類別，包含：

1. 社會制度：家族長輩與部落社會教育、共同勞動制度、和群體的Gaga規範。
2. 自然類別：動植物生態特性、獵場空間辨別、如何管理運用。
3. 超自然概念：對靈—Utux的信仰認識、儀式與禁忌、自然占卜判讀。
4. 語言：過去祖先歷史與傳統生活規範與故事的吟唱和傳承，歸納如圖4-5。

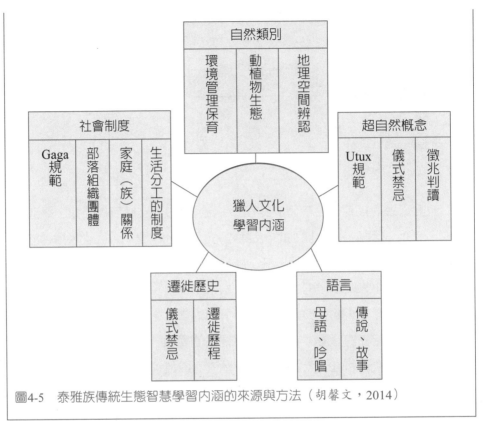

圖4-5　泰雅族傳統生態智慧學習內涵的來源與方法（胡馨文，2014）

　　目前臺灣是各種不同的少數民族共同生活在這一片土地上，造成每一個民族部落的集體記憶有顯著的差異，同時傳說多元並存，而且互相借用，在文化上形成鑲嵌複雜的現象，並且進行融合的情形。舉例來說，雅美族的獨木舟和海洋擁有親密的關係，例如他們有獨木舟的下水典禮，驅逐惡靈儀式和夜間捕飛魚的豐漁儀式等，表現出人和環境關係的親密程度。

　　然而，在臺灣這個社會，多數人民已經被典雅化及菁英化，而代表草根的節慶文明，已經被邊緣化。自1990年代，原鄉觀光開始盛行，原住民部落發展觀光雖讓原住民文化以另一種方式保存，帶動部落經濟提高就業機會，讓青年人口留在部落；但是早期的發展方式中，引發另一種新殖民主義的哀嘆，這種方式反而強化了部落對主流社會的二度依賴。資本主

義競爭生活方式的引入，甚至使在地社會的文化（如編織、歌舞），依照觀光客的喜好而疊加變化，以博取遊客青睞（莊啓文，2009；胡馨文，2014）。

在臺灣短短數百年的政權更換頻繁，對於節慶宗教和民俗之間的變化，可說是滄海桑田。從民族虛擬記憶、傳說和臺灣歷史，我們了解到人民的集體記憶。這種記憶也許是虛擬的，但是我們認爲，更多的族群記憶，是眞實的。要落實這些草根文化記憶的登載，需要建立清晰具有深度的視野，並且還要挖掘出更豐富本土文化的內涵。因此，自20世紀以來，傳統節慶中，漢人節慶和原住民節慶之間，進行不斷複製與重製，透過現代節慶類似羊皮紙般不斷塗抹、書寫、刮貼，形成節慶社會和文化紋理中的重疊、複製和突變狀的「馬賽克」現象。在民俗節慶中，至今包含著中華傳統節日、地方宗教慶典、地方新興產業觀光活動及原住民祭典等四大類：

一、中華傳統時令節日

春節、元宵（臺灣燈會、臺北燈會、高雄燈會、臺中燈會、桃園燈會）、清明、端午（鹿港慶端陽）、中元（雞籠中元祭、宜蘭水燈節）、中秋等節日。

二、地方宗教民俗慶典

媽祖遶境祈福、臺北平溪天燈、臺南鹽水蜂炮、高雄內門宋江陣、宜蘭頭城搶孤、臺東炸寒單、全臺各地廟會等活動。

三、新興產業觀光活動

茶藝博覽會、三義木雕節、黑鮪魚文化觀光季、客家桐花季、鯤鯓王平安鹽祭、高雄左營萬年節、宜蘭七夕情人節等活動。

四、原住民祭典活動

阿美族豐年祭、泰雅族播種祭、祖靈祭、收割祭、賽夏族矮靈祭、布農族打耳祭、卑南族猴祭、鄒族戰祭等。

第三節　造節活動

英國近代史學者霍布斯邦（Eric Hobsbawm, 1917~2012）在《被發明的傳統》（The Invention of Tradition），認為節慶的產生有「創立」和「誕生」兩種形式。根據霍布斯邦的分析：「創制傳統的方式有兩種，一種是出於人類刻意製造、建構而成；一種是在一段時間內無形中成形」（Hobsbawm and Ranger, 1992）。

我們發現近代造節活動的產生，一方面由「傳統節慶」依據「創造」而再生；另一方面，「創造節慶」又需要「傳統節慶活動」的啟發。因此，「傳統」與「創新」之間是良性互動的，這也是傳統節慶的「歷史意識」與新興節慶的「現實意識」呈現關係之證據。霍布斯邦說出了舊有節慶與現在新興節慶之間的複雜互動關係，讓我們理解攸關儀式的象徵性，其目的也許是為了「振興地方產業」、「凝聚社區意識」等因素。因此，我們建立新興節慶的題材，和「在地」、「傳統」、「歷史記憶」、「現代感」，以及「短時間之內，無形中成形」都有關聯性。

節慶一詞，包含了自傳統生活習慣到現代文化演進之遺跡。在廣義之節慶中，包含了傳統節慶和新興節慶的「造節」活動。早期文化節慶演出目的是基於祭祀或迎神，其對象是神祇。隨著時間的發展而轉型進入了工商業社會，所以生活方式和形態也產生了改變，這樣的狀況也影響到了傳統節慶的儀式和活動，演出之目的，反而是現代節慶本身，其對象則變為觀。也因此當今的節慶活動，扮演不同以往角色之特殊意義。部分的節慶活動開始商業化，甚至是由商人推出活動與節慶結合。日本的3月14日白色情人節（White Day）就是一個很好的例子。這是日本福岡市的甜點製

造商「石村萬盛堂」為鼓吹男性在情人節之後，回禮給女性，所進行促銷糖果的手段，後來包括巧克力商以及其他廠商都發現有利可圖，紛紛大力促銷，甚至連臺灣的年輕朋友也開始慶祝這個節日。

此外，也有地方政府以推展觀光活動的目的，大力推廣具有當地特色的節慶活動，綜合上面這些因素，使得活動越來越熱鬧，更傾向嘉年華會文化。這些造節活動透過過去之傳統節慶，衍生出新的節日意義，發展成「節」（festival）、「會」（fair）（市集、廟會、展售、展覽）等活動形式；另依據會展的定義，發展成為活動（event）的概念。這些活動是根據傳統民俗慶典活動、地方新興產業觀光活動、運動競技活動、商業博覽活動及其他特殊項目活動而逐漸形成。

節慶活動是生活的指標，對於「活動」一詞係指以精心刻意設計獨特的儀式慶典或演出，為了紀念及慶祝特殊的日子，或者想達到特定目標所舉行。在臺灣傳統節慶活動，是由宗族及鄉街組織扮演，然而邁向工商業社會後，因社會生產力發展，所帶來造節運動與會展、觀光結合之現象，導致宗族性非專業團體藉由社會分化，演變專業社團機構主導。此外，由傳統農閒節令慶典，演變至精緻化市場行銷包裝活動（方偉達，2011）。

臺灣造節文化的起源，開始於經濟發展穩定，並且國民著重於國內旅遊之後。在1980年代，臺灣省政府旅遊局舉辦了「民藝嘉年華會」和「東海岸阿美族豐年季」。1990年交通部觀光局主辦的臺北燈會啓動了臺灣的造節文化；到了1996年，宜蘭縣首度舉辦國際童玩藝術節。2000年之後，交通部葉菊蘭部長指示交通部觀光局策劃臺灣的「十二項大型活動」。在2001年，觀光局開始落實並推動「十二項大型活動」，並且引發造節活動之風潮。

2002年行政院經濟建設委員會為了推動國內旅遊，增加國內民眾的旅遊機會，提出了「週週有活動，月月有盛會」的口號。經建會也要求觀光局協助地方政府舉辦活動，讓一年52週都有活動可以參與。其中，「月月有盛會」就是指「十二項大型活動」，其評選方式主要是：「傳統民俗、觀光魅力、臺灣特色、創意創新、區域平衡」，而這項措施也使造

節文化「蔓延」至臺灣各鄉鎮。

在2006年，交通部觀光局在「觀光客倍增計畫」之中，依據「臺灣暨各縣市觀光旗艦計畫」，將代表全國性觀光形象之5大旗艦觀光活動和各縣市具代表性之旗艦觀光活動計16項進行行銷宣傳。透過上開節慶活動之舉辦，地方政府除了以豐富之旅遊資源、觀光基礎設施、觀光活動內容吸引遊客以外，觀光局也希望地方觀光產業營造旅遊景點串聯，規劃套裝遊程，為地方觀光產業創造更多商機。依據交通部觀光局統計資料顯示，十五年來長期永續發展之節慶活動估計有90個以上，實際地方型觀光節慶活動應在1,300個以上（陳炳輝，2008：VI）。

相較於地大物博之中國大陸，動輒節慶活動在5,000個以上，臺灣要達到「節慶之島」之目標，尚有發展之空間。臺灣的造節文化，緣起於全球資本主義下的行動。目前臺灣在發展觀光的企圖上，應以「在地化」反抗全球的資本主義化及「迪士尼化」。有鑑於目前節慶活動具備商業化時代性格，我們了解到由於休閒價值之演變，現行臺灣造節運動具備多元異質現象、地方文化特色、商業工具性格、及媒體參與行銷之特性。在分析15年來之活動顯示，發現臺灣現代節慶有下列之現象（方偉達，2011）：

一、多元異質現象

臺灣之節慶活動多元異質性強，雖然提供地方民眾不同之活動饗宴，但是因為地方民眾參與性較高，容易喜新厭舊，活動經常要配合民眾之需求而辦理，活動名稱經常改變；而且中央及地方執政團隊頻頻易手，經常主政者為確保「當代政績」不為前人所獨占，經常要求幕僚舉辦新之活動，想個新之主張，甚至因循者以「換湯不換藥」之換招牌方式換個活動名稱，以示新人新氣象。這種思維不利於創造臺灣節慶悠遠之永續性，對於招攬國外觀光客來說，也嚴重缺乏建構我國旅遊歷史（travel history）之誘因和意象。

二、地方文化特色

　　節慶活動離不開文化，因此，豐富之文化意涵才是吸引觀光客之誘因。近年新興的文化節慶盛起，源起1994年文建會（文化部前身）以「社區總體營造」的方式，改善及保存地方生活環境、產業型態、古蹟建築、地方文史、民俗廟會、景觀環境等，以振興地方社區；之後，各縣市政府或鄉鎮市，紛紛結合地方人文、產業、景觀等資源，推出屬於在地人文與地方產業結合的觀光節慶活動，以期藉此增加地方的知名度，進而提昇地方觀光產業。地方特殊文化經常具備地方認同（place identify）、地方差異（place diversity）和地方觀光產業（place tourism industry）發展之屬性，為提高文化地區之知名度、吸引力及增加地方收入，活動內容涵蓋傳統民俗、宗教、藝術、音樂、社區采風及地方特產等。例如，近年來縣市政府為了發展觀光產業，配合推動「一縣市一特色、一鄉鎮一特產」之政策，其中包含了鶯歌陶瓷嘉年華、竹塹國際玻璃藝術節、苗栗國際假面藝術節、東港黑鮪魚文化觀光季、白河蓮花節、府城七夕國際藝術節、宜蘭國際童玩藝術節、花蓮國際石雕藝術季等活動。

三、商業工具性格

　　節慶活動凝聚地方經濟、社會文化及政治參與（如選舉）等活動。藉由商業活動創造商機及地區就業機會，因此，節慶活動可以被視為一種地方產業之商業工具塑造行為。在旅遊資源較為缺乏之地區，以創意行銷產業列為人為觀光吸引力（tourism attraction）之主要因素。然而，商業工具性格容易產生營運成本升高，品質逐漸下降的問題。一旦時空環境變遷之後，同質性的新興旅遊活動將會分食消費市場，讓原有節慶活動無以為繼。

四、媒體參與行銷

　　近年來，臺灣之節慶活動琳瑯滿目，正是所謂之「週週有活動，月月

有盛會」之情況。在此情勢下，節慶活動如沒有新聞媒體之廣告宣傳，想要吸引人潮參與實在不容易。因此，時下之各種活動大都透過公關公司、活動行銷公司企畫辦理，以便於規劃吸引媒體注意有興趣報導之活動及話題。甚至有此商業性之節慶活動還與媒體結合，進行利益分享式的行銷合作，例如彰化縣政府舉辦的「花卉博覽會」，臺北市政府舉辦「臺北好好玩」商業展示活動，即是最具代表性之案例。（見圖4-6）

圖4-6　節慶活動與商業行銷相互結合，例如「臺北好好玩」展示活動（方偉達攝於臺北世貿中心）。

五、節慶難以永續

交通部前觀光局蘇成田局長（現任中華大學觀光學院院長）認為，在節慶活動永續之課題上，蘇院長認為許多節慶無法永續的原因有：

　　1. 觀光魅力不足，集客困難。

　　2. 缺少產業文化內涵，觀光無法深化。

　　3. 缺少社區結合，觀光發展不易成功。

　　4. 節慶發展經費挹注中斷，即無以為繼。

5. 缺少群眾參與，難以永續。

6. 滲入政治考量，節隨政亡。

爲了推動節慶活動之永續發展，應進行下列事項：

1. 評估新興節慶之永續價值，選擇值得持續輔導與支持之活動。

2. 政府各部會分工認養值得永續經營之節慶活動。

3. 致力提升節慶活動之文化內涵及舉辦單位之國際觀，並考量觀光發展之魅力。

4. 推動社區結合與合作發展的力量。

5. 排除節慶活動之政治考量，避免節隨政亡。

小結

造節活動具有經濟活動及社區經營及社區精神文明建設之屬性，如果文化內涵認知不足，節慶活動之傳承發展，會產生扭曲或斷層。因此，在創造節慶活動之時，要發揮在地傳奇故事之創造力，藉由國寶級的耆老教授民間神話、鄉土俚語、民俗歌謠與傳統技藝，產生節慶強烈的故事性和渲染力；並將節慶的主題設計遊程，與在地特產結合，發展自然地景、老街建築、民宿小吃、農漁特產伴手禮等觀光活動，才能永續發展。

關鍵字詞（Keywords）

集體記憶（collective memory）	活動（event）
會（fair）	節（festival）
地方差異（place diversity）	地方認同（place identify）
地方觀光產業（place tourism industry）	觀光吸引力（tourism attraction）
旅遊歷史（travel history）	白色情人節（White Day）

問題與討論

1. 你喜歡傳統的節慶，還是造節活動，爲什麼？

2. 請說明你比較喜歡傳統春節，還是西曆的新年，爲什麼？

3. 請說明「尾牙」的傳說和習俗有哪些。

4. 廟會節慶可以觀光嗎？如果觸犯了神明，應該要如何解決？

5. 在嘉義鰲鼓「港口宮」分靈出去的媽祖金身將近五千尊，產生了臺灣人民在島內社會遷徙。請說明臺灣人民島內的搬遷方式，他們爲什麼要搬遷，爲什麼要帶著媽祖的金身搬遷？

6. 你參加過原住民的節慶活動嗎？需要注意哪些禁忌？

7. 在傳統節慶中，布袋戲用來酬神，現代的布袋戲則用來娛樂。請問，屬於臺灣國寶級的布袋戲，應該如何發揚光大到全世界的戲劇舞臺上？

第二篇

節慶觀光與民俗　應用篇

第五章

節慶觀光與民俗調查分析

學習焦點

　　節慶觀光與民俗分析，主要是分析社會的教育水準、價值觀念、宗教信仰、倫理道德、消費習慣與傳統風俗等現象，因爲發展節慶觀光時，在很大程度上直接影響到節慶心理、節慶習慣、觀光需求、節慶購買行爲和民間流行活動等。本章以節慶觀光與民俗的調查方法之原則，說明如何以抽樣方法，進行節慶活動之社會背景調查，並以觀光心理學進行分析，我們通過文獻探討、田野調查、個案研究、訪談等方法，進行社會資料的蒐集。本章闡釋如何藉由質性和量化的方法，強化集體記憶蒐集資訊的管道，理解受訪者的内心世界與價值觀等，採用歸納法以分析資料，並運用社會建構性（social constructionism）的觀點，蒐集節慶觀光與民俗的重要資訊，瞭解調查結果，並進行詮釋。

第一節　調查方法

　　歷史學者傅斯年（1896~1950）曾說：「上窮碧落下黄泉，動手動腳找東西」。因爲西方社會科學的方法傳進我國之後，學者用新的觀念，來思考社會、文化的歷史。爲了進行研究節慶觀光與民俗，必需瞭解眞實歷史的框架，尋找歷史學、考古學、文化人類學上的證據。於是，「上窮碧落下黄泉」是形容從古今往來、上山下海的資料進行分析，並需要透過科學的證據，加上「動手動腳找東西」，來找尋依據和佐證。戲劇史學者邱

坤良認為，從1961年到2000年四十年間，大學中節慶相關的學位論文不到十篇，而後短短十年增加到近三百篇（邱坤良，2012）。在過去，臺灣本土或鄉土的文化，會被歸類成非主流歷史的民俗文化（folk culture）或鄉土文化（indigenous culture），不見於正式大型國家慶典場合，但是在民間互相流通與私下傳遞（蔡元隆、張淑媚，2007）。

到了今天，臺灣民俗現象已經納入了學術殿堂，賦予了知識理論基礎。現代學者依照知識生產的方式，將知識區分成兩種類型：一種是地方知識（local knowledge），一種是專家知識。除了專家學者在專業領域方面的知識產出之外，一般人民的生活經驗之累積，則構成所謂的「地方知識」。「地方知識」存在於諺語、民俗、傳說、小說，以及宗教節慶信仰之中。在節慶研究中，社會建構性（social constructionism）是以地方集體記憶（collective memory）為觀點，進行的文化社會研究。可以從文獻探討、田野調查、個案研究、訪談等方法，進行社會資料的回溯蒐集。

集體記憶是法國涂爾幹學派的社會學家哈布瓦赫（Maurice Halbwachs, 1877~1945）所創的名詞，集體記憶和個人記憶是分開來說的。集體記憶是在一個群體中，或是在現代社會中，人群所享有、傳遞，然後一起建立不斷複製的過程（Halbwachs, 1992）。有了集體記憶，才可能有個體記憶的全面復活。在哈布瓦赫的觀念中，記憶需要來自集體回憶的過程，才能持續不斷地滋養。這種過程，是由社會和道德的支柱來維持的。

然而，它的源頭是複雜的；意思是說，集體記憶不是僅僅靠傳統的文字書寫來傳遞，針對沒有辦法進行考古，或是根據可靠信史來交代的說法；薛芬和吉沃斯認為可以靠集體記憶的口述歷史，來交待過去（Schieffelin and Gewertz, 1985）。薛芬和吉沃斯認為，在過去，歷史考古學指的是運用文獻，或是考古上的材料建構民族史。對歷史學家和人類學家來說，傳統上人類歷史學指的是替沒有文字書寫歷史的民族重建歷史，這種觀念，即使不能說不對，也讓人覺得並不完全適當。人類歷史學最根本的是要考慮到當地人自己對事物構成的看法，以及他們從文化建

構過去的方式。哈布瓦赫用集體記憶的觀念，來說明在家庭、宗教團體，以及民族等不同的群體，過去的節慶和文化是怎麼被記憶的。他和佛洛伊德的想法是不同的，擺脫當時歐洲傾向於個人心理學的解釋，卻以爲要瞭解一個人或是一個集體對過去的記憶，不能不考慮記憶的社會文本脈絡（social context）。也就是說，在過去沒有文字記錄的社會中，哈布瓦赫提供了一個新的研究領域的探討，探討如何以文化層面，來建構記憶的過程整體。

　　卡內騰指出以文字記錄爲主的記憶，和以實踐爲主的記憶是不同的，他提醒研究者去注意在沒有文字的社會中，透過觀察非文字的媒介來達成集體記憶的研究（Connerton, 1989）。這些媒介可藉由如口述歷史，並且拍攝當地的景觀、建築、飾物、禮儀器物、以及考古遺跡等項目，來了解歷史洪流中，一個民族如何順應景觀，然後達成生存的目的。

　　記憶，只有在集體的情景中才能被喚起，也可以透過由一群人們對於過去重大事件的描述來喚起。然而，這種集體記憶是有選擇性的，因爲人們總是不願意回顧悲傷的歷史，而且每一種族群有他們與眾不同的集體記憶，因此，導致了不同的節慶、傳說、文學和藝術，來做爲人們集體記憶的象徵。哈布瓦赫認爲，這些記憶可以從個人的夢境、記憶印象和生活經驗挖掘出來（Halbwachs, 1992）。

　　在漢文化中，文字的發明非常早。但是在臺灣，有信史以來的紀錄，其實並不完整，完整性僅止於四百年，更遑論上千年的節慶文化歷史了。因此，我們除了要閱讀文字之外，應該運用田野調查、個案研究、訪談等方法，強化集體記憶蒐集資訊的管道，理解受訪者的內心世界與價值觀等，採用歸納法以分析資料，並運用社會建構性（social constructionism）的觀點，蒐集節慶觀光與民俗的重要資訊。在調查方法中，節慶觀光與民俗可採用以文字爲基礎的文獻探討；以個人記憶和集體記憶爲基礎的田野調查、個案研究、訪談等工具。根據以上質性研究蒐集資料的方式，發展出的研究流程，如圖5-1所示：

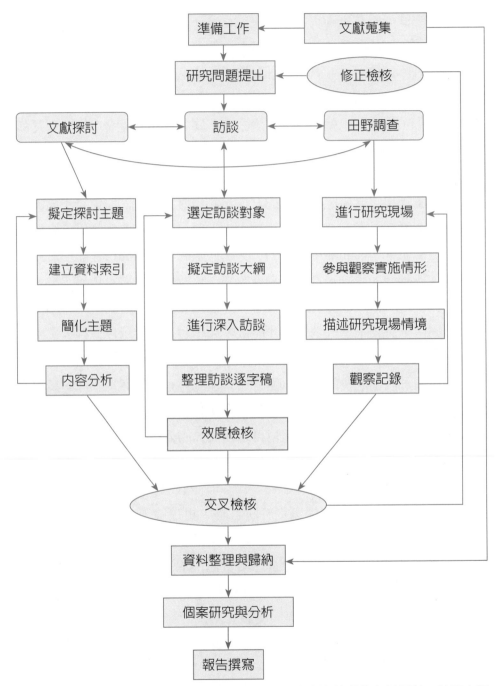

圖5-1　在調查方法中，節慶觀光與民俗可採用以文字為基礎的文獻探討；以個人記憶和集體記憶為基礎的田野調查、案例研究、深入訪談、參與觀察等工具。

在資料分析正確性時，可以運用質化研究中的交叉比對法，來檢驗資料的真實性，包括資料交叉比對、訪談紀錄交叉比對、民俗理論的交叉檢核及比對，以及研究方法的相互驗證等。

一、文獻探討（literature review）

文獻探討是指對研究主題進行相關資料及文物的蒐集，並且加以整理、歸納、分析及彙整的過程。在研究過程中，常需要透過政府或是學術機構的研究報告結果，發掘研究問題及假設，並且拓展研究領域及視野。文獻探討在節慶觀光與民俗的研究中，是持續性的活動，並非只是在研究前期才進行研究，而是在持續的研究及規劃過程中，運用文獻探討發掘問題、訂定假設，選擇理想的研究方法，並且可以和前人的研究結果相互比較。因此，文獻分析法是以系統及客觀方式來界定、評鑑及綜合證明的方法，主要目的在於了解過去、洞察現在及預測未來（葉至誠，2000：102）。

以臺灣的歲時節慶及文化習俗為例，透過俗諺語、方志、全臺詩、報紙等文獻資料整理和歸納，瞭解時令節慶，蒐尋傳統禮俗風貌，分析闡述節慶禮俗中的文化意義（吳宜璇，2013）。在分析歷史民俗文獻資料、文人筆記，以及相關的節慶民俗材料之中，其分類更傾向於歷史民俗學，詳如表5-1。

表5-1　臺灣清領及日據時代節慶資料庫

品名	來源
清朝地方志	「臺灣文獻叢刊」資料庫
《全臺詩》	智慧型全臺詩知識庫
《臺灣日日新報》	臺灣日日新報電子資料庫
	臺灣日日新報電子資料庫漢文版

㈠清朝地方志：清朝地方志紀錄完整當代史實，可瞭解早期官、紳階層的紀錄，包含了連橫《臺灣通史》、蔣毓英《臺灣府志》、李元

春《臺灣志略》、林熊祥《臺灣省通志稿》、陳壽棋《福建通志》、陳培桂《淡水廳志》、陳淑均《噶瑪蘭廳志》、王瑛曾《重修鳳山縣志》、林百川《樹杞林志》、林豪《澎湖廳志》、胡建偉《澎湖紀略》等。

㈡《全臺詩》：《全臺詩》屬於文人雅士自清末、民初到日據時期的創作，其詩作將自身的情緒寄託於節慶詩作之中；有關歲時節慶的作品，除了擁有詩人個人風格之外，偏向藝術與抒發情志的角度。

㈢《臺灣日日新報》：《臺灣日日新報》以日據時期（西元1905年～1939年）所發行的《臺灣日日新報》為主要的材料來源，有關時令節慶的紀錄，貼近當時人民過節時的生活和情感，表達常民之思維。

㈣俗諺俚語：俗諺俚語累積先民生活的經驗、禮俗，以及價值觀，反映了當時庶民生活。以節慶為例，俗諺語將其中的儀式和活動進行完整呈現，包含了臺灣總督府所編的《臺灣俚諺集覽》、吳瀛濤所編的《臺灣民俗》、徐福全所編的《福全臺諺語典》、陳主顯所編的《臺灣俗諺語典》等。網路上搜尋文獻時，節慶關鍵字如附錄六（P.299）；詳查節慶觀光與民俗資料網站的網址，請參閱附錄七（P.300）。

二、田野調查（field work）

田野調查是節慶觀光與民俗社會科學蒐集第一手資料最常見的方式。而田野考查法，則是進行觀察傳統舊時的歲時節慶文化習俗以及節慶過程實地訪問，記錄臺灣現行民間社會的歲時節慶的文化習俗，一方面驗證差異，一方面觀察新興的節慶文化，當進行節慶觀光與民俗社會調查時，需要以定點、長期觀察，以利研究地區的資訊採集、記錄和保存工作。田野調查的範疇包括家戶訪問、問卷調查、電話訪問、客觀觀察，以及心理投射等方法進行現地研究。田野調查的資料來自於調查者的蒐集、個人筆記和研究日誌等。個人蒐集、個人筆記和研究日誌等可用數位影像、電腦書寫、打字的方式進行，將訪問印象、發現、主題呈現，以簡單易懂的文筆

加以記錄。

在田野調查中，參與觀察和非參與觀察其中的個案，都是透過訪談，進行研究。依據「參與程度的不同」與「觀察角色」之不同，可分為圖5-2的四種模式（Gold, 1969）：

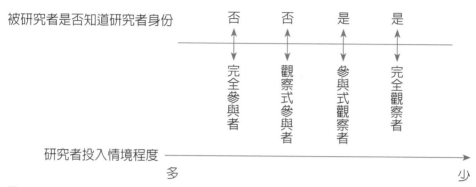

圖5-2　田野調查研究者分類圖（Fraenkel and Wallen, 1993）

（一）完全參與者（complete participant）

研究者在當地，進行研究之後，完全融入對方的生活，身份一如其他的人。而對方完全不知道研究者的身份為何，研究者自然的與對方互動，成功的扮演參與研究的角色。然而，這樣的身份卻違反研究倫理，同時也影響科學之客觀性。

（二）觀察式參與者（observer-as-participant）

研究者在當地完全參與社會活動，但必需向被研究的個人、團體及社區表明身份。然而，這樣的觀察，有可能沒有辦法呈現個案的原貌。

（三）參與式觀察者（participant-as-observer）

觀察者表明自己的身份，而不需要任何的藉口，可以完全參與研究對象的社會活動。例如：以記者的身分參與觀察及採訪。

（四）完全觀察者（complete observer）

不參與個案發生的過程，僅止於進行觀察。被觀察的個人、團體及社區較不容易受到影響。但是在觀察的過程之中，比較不能夠體會到研究個人、團體及社區最原始的風貌，所看到的現象屬於較為浮光掠影

的片面印象。

三、訪談法（interview）

訪談法是調查者以口語詢問的方式，藉由觀察受訪者的表情、態度及手勢，並由紀錄聆聽內容，加以記錄而成的第一手口語傳播接觸資料。訪談法是一種口語雙向溝通的方法，藉由一問一答或是漫談的方式，運用錄音或是錄影的方法，捕捉受訪者在口語傳播上的現象，藉以用事後訪問其他受訪者進行詮釋和確認，以還原受訪者所表達的歷史事件和文化現象。訪談法的類型可以分為結構式訪談和漫談兩種。前者具備事先準備的問題，具有語意邏輯和結構性，後者則較無主題，訪問內容由訪問者天馬行空地任意發揮，研究設計具有彈性，研究樣本也具有彈性，研究者採用多層面且互動式的複雜推理，強調其中的反思效果。

在訪談中，無論是採訪的個人或焦點團體，我們在定性研究中的目標，需要充分地蒐集、理解和解釋受訪者或是專家意見。因此，讓受訪者暢所欲言的探索式訪談技術非常重要，由受訪者自發性聯想和創意，闡述其思想和個人情感，其程序詳如圖5-3。

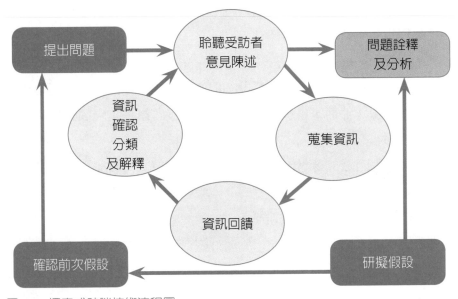

圖5-3　探索式訪談技術流程圖

個案分析　臺灣的陣頭

臺灣廟宇遍布各地，宗教活動的興盛，舉凡神佛誕辰、建醮祭祀，或是安靈祈福，都會舉行熱鬧的廟會活動，而關聖帝君關公、天上聖母媽祖、五府千歲王爺是臺灣最重要也最普遍的民間信仰神祇，其主要的祭典活動大多為出巡遶境、設宴酬神、陣頭表演、藝陣遊行，或是過火（firewalking）之儀式。「陣頭」，是廟會活動的一種表演團體，依附於廟宇的迎神賽會活動中，以廟會活動為主要的展演空間。「陣頭」塑造了一種社群的模組，由祭祀圈、信仰圈，或是散居各地在外地謀生的信仰者及子弟團組成，各自扮演著不同的角色，共同出錢（丁口錢）、出力（扛神轎），甚至參加表演（出陣、點炮仗，或是子弟團演戲），象徵民俗文化上的認同，結合民眾的向心力，屆時觀賞表演並接受親友招待，共同維護愛鄉的「信念」。

四、個案研究法（case study）

個案研究是一種針對單一事件、地點及人物進行客觀事實的分析與研究方法。節慶觀光個案研究係指一個或是數個節慶觀光案例的分析成果，透過資料分析、結構探索及歷史事件調查彙整的方式，進行事件還原、發掘、瞭解、說明、衡量、分析及詮釋。

個案研究中，研究場域需要包括：觀光方案、觀光機構、觀光客、接待家庭、節慶和社區等，進行鳥瞰式、全貌式及整合式的探索。個案研究融合文獻回顧、田野調查，以及訪談法的方式，在進入田野之前，先進行書面報告、政府公文、Powerpoint簡報、EXCEL等檔案之分析。

在個案研究法中常用的研究方法為「次級分析法」（secondary analysis），研究者若沒有蒐集到第一手的田野調查資料，或是用訪談法蒐集原始的口述歷史資料，以原住民個案研究為例，他們採用自己的歷史觀點，正是建立在氏族從創世以降的口傳氏族集體記憶上，透過時間脈絡中的空間實踐，例如通過移入、定居、移出而產生出意義，以地區景觀作

為象徵符號，作為傳承氏族發生重大事件的媒介，最後串連各氏族的集體記憶，以構成更大的集體記憶，這就是臺灣現有的原住民用自己的觀點建構歷史，運用個案研究資料，加以系統性的分析、比較、綜合及彙整，其步驟如圖5-4。

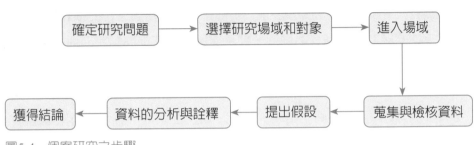

圖5-4　個案研究之步驟

個案研究　研究法的步驟

　　確定研究問題→選擇研究場所和對象→通常採用立意取樣法，選取願意合作的對象，也必需得到受試者的監護人或單位主管的同意。進入現場→與研究對象建立友善關係，減少其排斥或抗拒的心理。蒐集與檢核資料→同時利用錄音、錄影、觀察、訪談紀錄，加以檢核查證，以確保資料的正確性。提出假設→蒐集資料之後，逐漸形成假設，再視實際需要作修正。資料的分析與詮釋→將資料進行分類、統整，出現次數最多的議題就是研究調查之主題。獲得結論→根據資料分析結果，提出結論，隨著後續資料，再補充修正。在田野調查中，區分為三種研究方式。

1. 參與觀察：研究者進入受訪者的生活情境中，進行觀察受訪者的言行、風俗和習慣。
2. 非參與觀察：研究者不參與受試者的任何活動，只是從旁觀察。
3. 民族誌研究：民族誌（Ethnography）研究又稱為俗民誌研究，受訪者在自由的情境下接受觀察或訪談，研究者長期參與族群的調查活動，觀察其間的互動方式，加以描述及詮釋。

五、數據庫分析（database analysis）

　　數據庫分析（database analysis）是大數據（Big data, Megadata）分析的概念，藉由計算機對資料進行統計、比對、解析方能得出客觀結果。在分析數據庫時，採用資料探勘（data mining）的方式，用以擷取、處理、解析、管理，並整理成為人類所能解讀的形式的資訊。依據交通部觀光局於「來臺旅客消費與動向調查」與「國人旅遊狀況調查」兩種數據庫資料，可進行觀光分析。

(一)「來臺旅客消費與動向調查」

　　從1971年首次辦理，原名為「觀光旅客消費及動向調查」，瞭解來臺旅客之消費金額，了解旅客旅遊動機、動向和在臺期間之消費行為，以及對我國之觀感與滿意程度，所得訊息乃為供相關單位訂定觀光宣傳推廣策略、規劃與改善觀光設施及提昇服務品質。調查方式採用「面對面訪問」方式。主要調查項目包括旅客基本資料、旅遊決策、旅遊動向、觀光宣傳、消費行為、業務及國際會議或展覽目的旅客利用閒暇在臺旅遊情況、對旅行社及導遊服務滿意度、對主要住宿地點整體滿意度、來臺經驗滿意度及觀光競爭優勢等。

(二)「國人旅遊狀況調查」

　　2001年合併「國人國內旅遊狀況調查」及「國人出國旅遊消費及動向調查」為「國人旅遊狀況調查」。該調查旨在瞭解國人在國內旅遊之動向、滿意度、消費情形及國人選擇在國內、外旅遊間之交互影響情形，並藉以估算國人國內旅遊支出與出國旅行支出，提供有關單位規劃與改善觀光設施、提升旅遊服務品質及訂定我國觀光發展策略之參考。主要調查項目包括基本資料、國內旅遊、國外旅遊及未來一季國內或國外旅遊計畫。其中，國內旅遊係指個人離開日常生活圈到國內某地從事旅遊活動，包括遊憩、度假、商（公）務兼旅行、宗教性旅行、探訪親友、健身運動度假、生態旅遊、會議度假等，或至生活圈內之遊憩據點從事旅遊活動。

第二節 社會背景調查

觀光調查，應分為社會調查構面、觀光屬性調查、管理屬性調查、觀光經濟調查等內容。其涵括了觀光總體社會、經濟，以及個體經濟和心理層面的項目。

一、社會調查構面

觀光發展地區社經背景調查，包括人口調查、土地利用調查、社會環境調查、土地使用調查、所得與經濟成長調查、農林漁牧調查、社會關係（社會心理）調查等。

(一)人口調查

觀光人口調查的目的在了解地區的人口、家庭結構、就學就業及住宅使用（自有、租賃）狀況，並藉由人口異動、產業活動及社區發展，探討人口和產經活動的社會關係現象。

(二)所得和經濟成長調查

觀光就業人口所得與地區經濟成長的關係，包括生產、消費、輸入、輸出、儲蓄、投資等經濟活動。本項調查以貨幣表示其生產及其他價值。

(三)土地利用調查

土地利用調查包括地籍調查、地權調查、地用調查等項目。其中包括地籍圖及土地（建物）登記簿所刊載的土地使用形式、面積、土地使用分區狀況、計畫區配置、土地特性，以及節慶觀光發展潛力等。

(四)社會環境調查

社會環境調查包括公共設施、公共服務、公共衛生及公共安全的項目。調查內涵包括現有公共設施數量、使用分配情形及公共設施數量及配置預估等。

(五)農林漁牧調查

農林漁牧調查是針對觀光發展地區，進行經營農林漁牧業生產和休閒活動的業者，分別以從事及非從事觀光相關產業的農牧戶、農牧場、農事服務業、林業、漁業等個體戶或集體戶進行調查，本調查需要蒐集觀光業者經營資源分布、生產結構、勞動力特性、資本設備與經營狀況等基本資料。

(六)社會關係及社會心理調查

社會關係調查包括社會體系、社會心理和社會風險分析。社會體系中說明觀光社會組織關係、行政結構、合作服務模式等。包括社會體系管理運作和社會文化內涵。社會心理調查是透過現地訪問或以問卷方式調查反應社會對於觀光與民俗的價值觀，進行節慶觀光民眾滿意度、重要性表現指數的調查。

(七)交通運輸調查

由現有外地到觀光地點的路線（含空運、鐵路、公路、水路、網路及其他通訊等），進行服務水準評估，了解旅客運輸乘具的運送路線、頻率和衝擊，並預測聯外道路容量和尖峰時段道路服務水準。透過交通運輸的調查，可規劃停車位、轉乘區、清潔乘具（非污染性排放工具：例如自行車道及自行車數量）及步行路線的需求。

二、觀光屬性調查

(一)節慶觀光參與人數：是否造成環境系統承載量（carrying capacity）的超載因子，需要調查及了解。

(二)節慶觀光活動人數：是否造成環境系統承載量的超載因子，需要調查及了解。

(三)節慶觀光活動人數的團體及個人行為：行為強度及頻率是否造成環境系統承載量的超載因子，需要調查及了解。

(四)節慶觀光載具及人們所帶來的嘈雜聲音引起的噪音分貝：是否造成環境系統承載量的超載因子，需要調查及了解。

㈤節慶觀光載具及人類活動所帶來的氣味和異味：是否造成環境系統承載量的超載因子，需要調查及了解。

三、管理屬性調查

㈠土地權利：土地及設施所有權和租賃契約。

㈡行政管理：政府節慶觀光與民俗相關管理相關法規/條例/規則/原則。

㈢設施景觀：觀光景觀和設施的設計標準及施工監督。

㈣教育督導及考核：觀光地點的使用頻率、政府人員現場監督及執法、當地志工的環境教育、服務教育、節慶觀光設施維修，以及設施的保固年限。

四、觀光經濟調查：節慶典活動的經濟效益。

㈠遊客花費的估算

1. 節慶活動對於吸引外來觀光客，增加觀光客花費等效益。

2. 外來觀光客與本地觀光客在慶典活動中的花費對當地經濟的影響。

3. 節慶活動觀光經濟效益的區域分配。

4. 舉辦節慶活動對於消費結構與產業活動的影響。

㈡整體經濟效果

觀光經濟影響的評估方式有很多，以「損益平衡法」、「報酬分析」、「消費支出總額」、「經濟效果」、「成本效益分析」等經濟評量方式來，估計節慶活動的經濟效益。

㈢觀光客調查

1. 觀光客特質資料：到達與離開時間、交通方式、旅遊型態、同遊人數。

2. 觀光客消費資料：進入觀光區門票費用、飲食費用、其他費用等。

3. 節慶參與資料：節慶活動項目、整體印象、推薦意願、未來參加節慶觀光的意願。

4. 觀光客基本資料：婚姻、教育程度、收入、職業、居住地。

5. 接受後續電話或口頭訪問的意願。

個案研究　節慶觀光調查研究步驟

1. 問題提出。
2. 確定目標及分析節慶觀光的因子。
3. 提出調查問題。
4. 列出參考文獻。
5. 設計調查程序，可採單一個案或是多個個案地點來進行。
6. 進行調查：觀察、參與、訪談、問卷、文件檔案紀錄。
7. 資料分析。
8. 詮釋資料。
9. 結論及建議。
10. 撰寫報告。（見圖5-5）

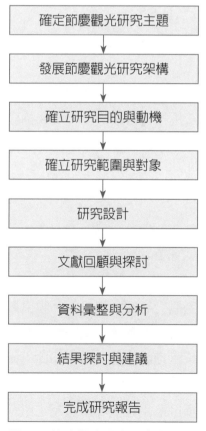

圖5-5　節慶觀光調查研究步驟流程

第三節　抽樣方法

考慮不同時段之間的節慶觀光客之差異性，其區域特性包含了臺灣地區及特定觀光地區，說明如下：

一、臺灣地區

抽樣設計採取分層隨機抽樣方法抽出。在層級部分，依照縣市分層，臺灣地區共分為25層。各縣市層級依據層內12歲以上人口數，占臺灣地區12歲以上總人口數的比例，來分配樣本數。在臺灣地區進行調查時，以年滿12歲及以上之國民為調查對象。每季（每三個月為一季）訪問一次，一年訪問四次，採用「電腦輔助電話訪問（Computer assisted telephone interview；簡稱CATI）」方式進行。

二、特定觀光地區

抽樣設計採取非等比例分層機率抽樣。抽樣日期依「平日」、「週休週末」及「非週休週末」三種採樣時段分配。研究抽樣設計刻意提高週末時段的抽樣機率，其目的在於獲得較多外來觀光客之訪問，以期有足夠的外來觀光客資料來進行分析。以年滿12歲及以上之國民為調查對象，採用「面對面訪問」方式進行。

第四節　觀光心理分析

觀光心理分析，是透過觀光客的動機分析，吸引觀光客之廣告策略、觀光商品之行銷，以及觀光社會心理等為主要的研究對象，其研究範圍是以心理學的角度來對觀光學做理論上之分析，因此不僅涉及個人心理之範疇，且與社會學、管理學相結合，期能廣泛深入地理解觀光客與觀光業者之心理與行為，並可將此理論應用在提昇旅遊業之服務品質與經營理念上

（謝淑芬，2012）。通過文獻調查法、實證研究法、訪談法、模型法，以及定性定量方法，我們瞭解了觀光客的節慶觀光體驗過程、體驗價值構成、影響體驗價值的因素，試圖為節慶籌備者、行銷機構，在文化節慶中對體驗價值的管理，提供理論和實踐依據。

一、資料庫分析

運用文獻調查ProQuest、EBSCO、Wiley Online Library等檢索系統，以及臺灣學術網路（TANet）、臺灣博碩士論文知識加值系統、華藝線上圖書館（Airiti Library）、凌網科技臺灣全文資料庫（HyRead）、中國知網、萬方學術資源等中文檢索系統，對於國內外觀光心理分析中的節慶體驗研究相關理論與實務進行了梳理和分析。

二、訪談分析

通過觀光客、節慶籌備者和地方行銷機構人員，進行深入訪談，從不同角度來分析觀光客的體驗價值，包括節慶觀光認知與情感價值。訪談題目包括了體驗建議、文化節慶的定位、體驗參與程度、體驗行銷方法、地方資源整合、觀光客決策分析等。藉由「故事行銷」等說故事的手法，進行觀光客的傳達溝通，將文化、信念、節慶經營理念，轉化為簡單易懂的訊息，快速且準確地傳遞說故事者欲表達的價值觀，以吸引觀光客的注意與共鳴。進行故事行銷在應用到觀光發展上時，民俗故事內容若能符合社會文化價值、獨特性，以及情感反應時，此時較能引發觀光客的共鳴與感動。節慶活動是否持續維持下去，可透過「民俗節慶的故事」特色，累積口碑與品牌，擴大影響力。

三、結構分析

(一)社會性行為分析

在節慶活動之中，運用群眾行為分析，可以瞭解參加節慶之群眾，產

生情緒上的關聯。節慶活動的目的，是在於抒發情緒。例如在節慶活動中演奏會中，會搖晃肢體的歌迷，其目的在於宣洩內在情緒壓力或緊張的群眾。根據統計指出，全世界從1992年到2002年，所舉行的音樂會和慶典活動，因為缺乏群眾安全管理，造成了232人死亡，以及超過66,000人受傷的意外事故。德國杜伊斯堡在2010年愛的大遊行中，由於過度擁擠，而發生踩踏事件，造成21人喪生，超過511人受傷，主辦單位宣布愛的大遊行將永久停止舉辦。為了防止意外發生，目前英美等先進國家對於群眾安全管理工具和策略，亦發展出所謂的「群眾動力學技術」（crowd dynamics technique），主要應用於節慶活動設施中，當大量人群移動時的安全管理，並協助危機管理和緊急應變計畫。

「群眾動力學技術」主要採用群眾行為分析（crowd behavior analysis），是研究參加節慶者自發地及計劃性形成的群體活動行為（圖5-6）。從個人、群體到群眾行為，都可藉由物理、統計和心理方法來進行調查分析。舉例來說，群眾在最大密度時，將產生心理和生理壓力。

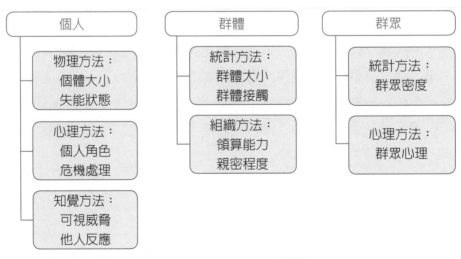

圖5-6　群眾行為分析（crowd behavior analysis）架構圖

近年來，透過監視系統，可以依據現場狀態模擬群眾活動之行為，加以比對及分析，即可確實掌握在節慶活動擁擠空間中的群眾狀況。此外，當群眾行為發生劇烈變化，產生參加節慶的少數人和其他群體的方向不一致，產生群眾跌倒受傷時，周圍自然聚集的人牆現象，判斷現場是否將出現重大意外。

㈡心理性行為分析

在過去對於節慶觀光體驗研究之中，對體驗價值的評估運用品質、滿意感、忠誠度進行測量，較少關注於觀光客的情感價值。然而，在民眾心理環境的作用之下，產生了認知價值，例如是滿意度；以及情感價值，例如是地方依附感，最後形成節慶忠誠度。

在環境心理學基礎上，運用社會心理學方法，對體驗價值進行定性分析，再用量化方法，測量觀光客的體驗價值。依據觀光節慶的人口統計、旅遊特徵，分析節慶觀光體驗模型，揭示了節慶環境通過情緒、節慶/地方依附、節慶/地方滿意度，對節慶忠誠度（festival loyalty）產生正向的影響。研究中研擬出假設體驗模型，應用結構方程模型方法進行分析。當社區居民的關切程度、社區依附和生態態度產生之後，如果社區居民感受到舉辦節慶的利益大於舉辦節慶的成本之後，就會支持持續舉辦節慶活動。通過LISREL8.7和SPSS軟體進行結構方程模型的建構，並驗證節慶觀光體驗模型的適配性，進行信度和效度檢測，並分析模型中影響節慶體驗的因素之間的作用關係，詳如圖5-7。

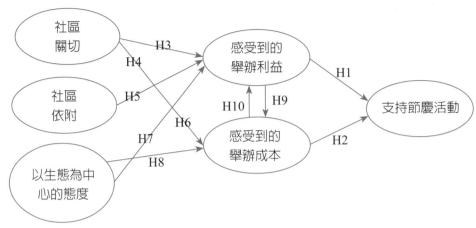

圖5-7 結構方程式中的社區居民支持持續舉辦節慶活動。通過LISREL8.7和SPSS軟體進行結構方程模型的建構，並驗證節慶觀光體驗模型的適配性（Gursoy and Kendall, 2006: 607）。

第五節　國際研究趨勢

　　觀光學者蓋茲（Getz, 2010）曾經在網路資料庫Leisuretourism.com和「餐旅服務及旅遊指數」（Hospitality and Tourism Index）中進行搜尋，藉由系統性全面搜羅和分析英文學術刊物上有關節慶之相關文章，其中包含了下列知名的出版商Routledge/Taylor and Francis。蓋茲採用了「滾雪球」的方法，調查了酒店、餐旅、觀光、休閒的核心期刊，詳如表5-2。他發現《活動管理》（Event Management），刊登節慶議題的期刊文章最多，共計125篇，占266篇的總篇數中的47%。

表5-2　國外節慶的研究

酒店、餐旅、觀光、休閒核心期刊名稱（中譯）	酒店、餐旅、觀光、休閒核心期刊名稱	節慶議題的期刊文章數目
活動管理（節日管理和活動旅遊）	Event Management (formerly Festival Management and Event Tourism)	125

酒店、餐旅、觀光、休閒 核心期刊名稱（中譯）	酒店、餐旅、觀光、休閒 核心期刊名稱	節慶議題的 期刊文章 數目
旅行研究期刊	Journal of Travel Research	31
觀光管理	Tourism Management	17
觀光研究紀事	Annals of Tourism Research	14
觀光經濟學	Tourism Economics	10
國際活動管理研究期刊	International Journal of Event Management Research	9
休閒管理	Managing Leisure	9
假期營銷期刊	Journal of Vacation Marketing	8
會議與活動觀光（會展管理）	Convention and Event Tourism (Formerly Convention and Exhibition Management)	7
國際觀光評論（太平洋觀光評論）	Tourism Review International (formerly Pacific Tourism Review)	6
應用遊憩研究（遊憩研究評論）	Journal of Applied Recreation Research (formerly Recreation Research Review)	6
觀光分析	Tourism Analysis	6
旅遊、文化與傳播	Tourism, Culture and Communication	5
國際藝術管理期刊	International Journal of Arts Management	4
觀光休閒研究	Tourism Recreation Research	3
觀光研究期刊	Journal of Tourism Studies	3
休閒研究	Leisure Studies	3
合計		266

資料來源：Getz, 2010。

　　蓋茲（Getz, 2010）發現，有關於國際期刊在節慶的研究方面，可以分為三部分，分別為節慶社會科學、節慶觀光，以及節慶管理：

　　1. 節慶社會科學：採用學術界彼此對話的方式，運用符號系統的節慶文本，進行分析，以瞭解其中的思想或知識體系。在對話之

中，是表示一種結構化的推理和知識創造的過程，包括理論的發展和實際應用。以《節日在社會和文化中的作用、意義及影響》（《The Roles, Meanings and Impacts of Festivals in Society and Culture》）這一篇文章而言，藉由人類學和社會學建立節慶之研究，瞭解節慶在神話、儀式和象徵之中的意義，加上儀式、慶祝、閾限、狂歡，以及真實性和商品化、朝聖等主題上的闡釋，分析了節慶在文化中的範疇及意義。近年來，學者一直在研究與節慶有關的各項議題，包含了建構地方和群體認同的角色；節慶和節慶觀光對於社會和文化影響；建立節慶的社會和文化資本；促進藝術和傳統之保護等。此外，節慶永續發展、企業社會責任，成立永久性節慶舉辦機構，也是非常重要的議題。當然，這些議題也需要節慶的政策研究，詳如表5-3。

表5-3　1970年至2010年有關英文期刊節慶主題的關鍵詞比例

中文主題	英文主題	比例
政治和社會／文化意義和對話；社會變革	Political and social/cultural meanings and discourse; social change	38%
真實性（認同、商品化）	Authenticity (identity, commercialization)	25%
社區、文化、地方認同和地方依戀	Community, cultural, place identity and attachment	9%
交融、社會凝聚力、社交性	Communitas, social cohesion, sociability	7%
喜氣、閾限、嘉年華式的狂歡	Festivity, liminality, the carnivalesque	6%
禮儀和儀式；宗教	Rites and rituals; religion	5%
朝聖	Pilgrimage	4%
神話和符號	Myths and symbols	3%
場面	Spectacle	3%

資料來源：Getz, 2010。

2. 節慶觀光（Festival Tourism）：觀光節是在觀光活動中，很重要的組成部分。節慶化（festivalization）一詞，已經創造成為過度商品化的節慶觀光，以及地方過度商業化之行銷活動。事實上，在消費行為和行銷理念中，節慶動機、滿意度，以及行為意圖已經建立了模型。在觀光節慶活動的角色，包括如何吸引觀光客，有助於將市場行銷納入在地品牌。節慶觀光、策劃和行銷研究、經濟影響評估、環境影響是目前較新的研究。

3. 節慶管理（Festival Management）：節慶管理具體內容包括人力資源、風險、物流，以及市場營銷。節慶管理著重於消費動機與評量研究，管理者應該從社會學和人類學的角度中，藉由理論和實例來觀察節慶社會和節慶文化。

　　從國際節慶研究的趨勢中，我們可以瞭解到不同知識養成的方法。例如，西方現代的管理知識，運用在節慶觀光活動的管理和節慶觀光活動的行銷上，這些方法和觀察節慶活動產生的傳統知識之間，具有某種程度上的差異。其差異在於西方現代的管理知識是採用科學系統進行，具有開放性、系統性、客觀性、邏輯性的分析方式，並且靠著過去累積的知識為基礎進行系統評估。

　　相較之下，不論中外的節慶傳統知識，尤其在節慶神話、儀式、慶祝、狂歡，以及象徵意義形成的過程中，是較為封閉的、非系統性推演、並且採取全面性的整體觀點進行理解，而不是以分析的角度在嶄新經驗的基礎之上進行，也並非在邏輯演繹的基礎上產生的。所以，我們在節慶研究中，如果是以傳統智慧進行社會價值的建構，我們是採用地方集體記憶（collective memory）為觀點，進行的文化社會研究。我們可以採用文獻探討、田野調查、個案研究、訪談等方法，進行社會資料的蒐集。

　　分析兩者之差異，史蒂芬以詳細的點列式，對照了傳統智慧系統和現代西方科學知識的異同（Stephens, 2000）（見圖5-8）：

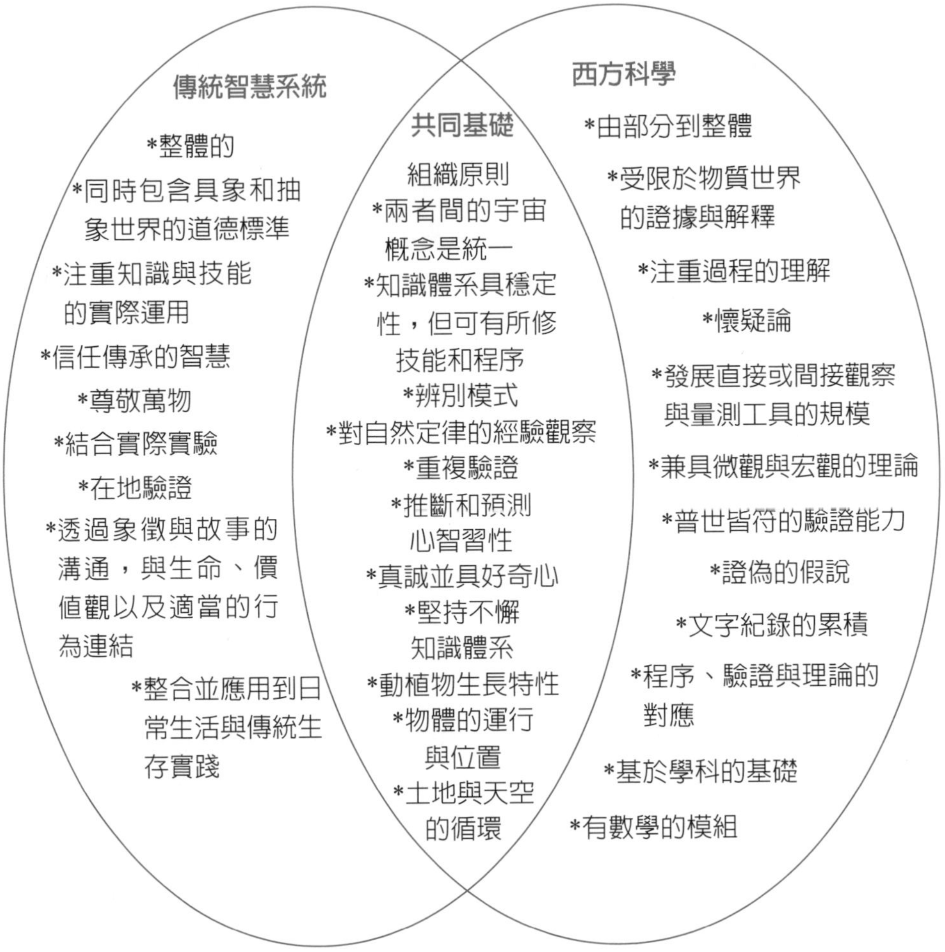

傳統智慧系統

共同基礎

西方科學

傳統智慧系統

*整體的

*同時包含具象和抽象世界的道德標準

*注重知識與技能的實際運用

*信任傳承的智慧

*尊敬萬物

*結合實際實驗

*在地驗證

*透過象徵與故事的溝通，與生命、價值觀以及適當的行為連結

*整合並應用到日常生活與傳統生存實踐

共同基礎

組織原則

*兩者間的宇宙概念是統一

*知識體系具穩定性，但可有所修技能和程序

*辨別模式

*對自然定律的經驗觀察

*重複驗證

*推斷和預測心智習性

*真誠並具好奇心

*堅持不懈知識體系

*動植物生長特性

*物體的運行與位置

*土地與天空的循環

西方科學

*由部分到整體

*受限於物質世界的證據與解釋

*注重過程的理解

*懷疑論

*發展直接或間接觀察與量測工具的規模

*兼具微觀與宏觀的理論

*普世皆符的驗證能力

*證偽的假說

*文字紀錄的累積

*程序、驗證與理論的對應

*基於學科的基礎

*有數學的模組

圖5-8　傳統智慧系統與西方科學發展特性（Stephens, 2000；胡馨文，2014）

　　由圖5-8可看出西方科學理解世界的方式，是由部分到整體。要能以數字反覆驗證、量測，藉由真實物質世界可以依循到的證據基礎出發，強調以觀察、假設、實驗、驗證等過程來理解現象。而傳統對於世界的認知，是先由理解世界整體的意義，然後才會再進一步去認知各個部分的意義，所有包含在生活內的事情都是一體的，強調須明白世界整體運作的脈絡，才能獲得研究個別知識的基礎（Stephens, 2000；胡馨文，2014；Fang et al., 2015）。簡而言之，西方科學是由微觀而具體，將所有對個

別領域所形成的知識進行整合，構築對於我們對於現實世界的認知；相反的，傳統智慧是一種具體而微、由外到裡的整體主義思考曲徑，兩者之間的認知體系，剛好是兩種相反的建構模式。

因此，節慶觀光與民俗的調查中，應該採用在共同基礎之上，運用兩種知識建構的共同架構。也就是在研究法中，兩種研究的認知到的世界是不衝突的；兩者形成的知識，也都是穩定中求取發展的。在調查分析的過程中，也會因為其中的變化，或是嘗試發現錯誤，對於錯誤的觀點，進行逐步修正和改善。對於節慶與民俗知識的追求，都是始自於人類的好奇心，以及不斷持續嘗試的精神。因此，節慶觀光的知識內涵，從通過觀察、試驗與實踐開始進行，其實踐場域，包含在生活中所有接觸到的環境，包括實體環境、精神世界，以及未知虛幻的世界之中。（見圖5-9～5-12）

圖5-9 政治和社會／文化意義和對話，具有政治節慶的意涵（方偉達攝於捷克布拉格）。

圖5-10　世代認同和迪士尼商品化，是星際大戰世代的圖騰（方偉達攝於捷克布拉格）。

圖5-11　交融、社會凝聚力、社交性在建構群體認同的角色，圖為美國哈佛大學2015年畢業典禮（方偉達攝於美國麻州劍橋哈佛大學）。

圖5-12　新興節慶啦啦隊表演屬於新一代青春嘉年華會的象徵（方偉達攝）。

小結

　　從質性分析和量化分析來看，節慶觀光與民俗活動，是地區居民為了共同的歷史背景和歷史記憶，彰顯地方感（sense of place）的成因，產生及塑造獨特文化研究題材。從節慶觀光的研究題材進行研究，瞭解問題，並且確定目標，並進行設計調查程序，採用觀察、參與、訪談、問卷調查、文件檔案紀錄，或是資料庫的內容進行調查、比對和分析，以詮釋地方節慶和民俗文化的特色，瞭解民俗文化（folk culture）的核心成分。我們運用專業的研究輔助工具，瞭解節慶活動在日趨國際化的狀況之下，探討節慶構想、發展、規劃、設計、舉辦、經營、管理、行銷、評估等內容項目中，從節慶活動中的歷史、心理、文學、藝術、音樂的層面進行分析，體認現代社會中彌足珍貴的文化資產和節慶研究的學術氛圍。

關鍵字詞（Keywords）

大數據（Big data, Megadata）

承載量（carrying capacity）

個案研究法（case study）

集體記憶（collective memory）

完全觀察者（complete observer）

完全參與者（complete participant）

電腦輔助電話訪問（Computer assisted telephone interview, CATI）

群眾行為分析（crowd behavior analysis）

群眾動力學技術（crowd dynamics technique）

資料探勘（data mining）

數據庫分析（database analysis）

民族誌（Ethnography）

節慶忠誠度（festival loyalty）

節慶管理（Festival Management）

節慶觀光（Festival Tourism）

過火（firewalking）

民俗文化（folk culture）

鄉土文化（indigenous culture）

訪談法（interview）

文獻探討（literature review）

地方知識（local knowledge）

觀察式參與者（observer-as-participant）

參與式觀察者（participant-as-observer）

次級分析法（secondary analysis）

地方感（sense of place）

社會建構性（social constructionism）

社會文本脈絡（social context）

問題與討論

1. 在進行研究時，你比較喜歡採用文獻探討、田野調查、個案研究、訪談等那些方法，爲什麼？

2. 如果臺灣信史只有四百年，如何利用集體記憶的方式，採集口述歷史？

3. 請採用俗諺語、方志、全臺詩、報紙等文獻資料，整理和歸納一篇討論臺灣在清朝時期有關時令節慶的期中報告。

4.如何採訪廟會節慶的「陣頭」組織？

5.在「國人旅遊狀況調查」中，可以看到國人參與節慶觀光的情況嗎？

6.請以節慶觀光調查研究步驟，調查一場你參加過的節慶觀光與民俗活動，並且撰寫一份報告。

7.請說明你參加過最讓人感動的畢業典禮。

8.請討論國際上最讓人喜歡的節慶活動有那些？

第六章

節慶觀光活動策劃與設計

學習焦點

　　節慶活動的策劃人，屬於傳達觀光意象的橋樑人，也是充滿著活力與創意的意象製作人（image maker）。透過節慶活動的舉辦，參加者可以更加瞭解當地的文化與歷史民俗，並且產生富有地方感的神聖的願景和使命。但是，應該要如何產生節慶的點子呢？如何才能滿足參加者和贊助者的需求，達到活動行銷的目標？此外，我們要如何吸引參加者，讓「造節活動」匯集大家的情感，找回「社群感」（community feeling）的那一股撼動人心的感人的力量。因此，如何做好一份企畫案，讓人感受到節慶活動的溫暖，是本章強調的重點。本章中以節慶觀光活動策劃、企畫編寫，以及活動設計，進行製作「簡潔、明確」企畫書的說明。

第一節　創意發想

　　節慶展現的形式分成兩種，一種是法國學者塗爾幹（Émile Durkheim）所說的儀式和信仰，強調參與和分享，以共同信仰為基礎的聚集行動。第二種是巴赫金（Mikhail Bakhtin）所謂的狂歡，狂歡是一種非理性的「狂歡荒誕」狀態，展現於突破社會規範的群體聚集的活動。

　　中國上海大學影視學院副院長張敏觀察西班牙潘普洛納（Pamplona）的傳統節日「奔牛節」，張敏認為奔牛節的基礎是鬥牛傳統和奔牛民俗，其價值在於考驗身心素質和男子氣概。構成要素如圖6-1所示，包括「深層結構」（信念、主題、儀式）和「表相結構」（廣

場、奔牛、人群、服飾）。其結構線索的表相價值，是奔牛與狂歡的全部實況過程；其社會價值的轉換過程，依序爲角色轉換、非日常感受（Durkheim, 1912; Lefebvre, 1947）、集體狂歡、慾望宣洩，以及情感融匯（Bakhtin, 1965/1984）。（見圖6-1）

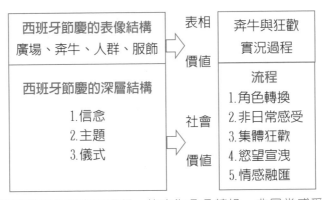

圖6-1　奔牛與狂歡的全部實況過程，依序為角色轉換、非日常感受（Durkheim, 1912; Lefebvre, 1947）、集體狂歡、慾望宣洩、情感融匯（Bakhtin, 1965/1984）。

　　張敏觀察，在市場經濟條件之下，人類迫於生存壓力，進入個體競爭狀態。當快節奏、高壓力、碎裂化的日常生活，以及現代社會中，對於工作效率的執迷、對於生活步調速度的崇拜、對於金錢渴求的欲望，將人類逼到了崩潰的邊緣。因此，人類的生理和心理狀態失衡、人類性格扭曲異化，人類由生存的目的，淪落爲生產工具和手段，人類因此成爲了「工具性單向度的介子」。張敏強調：「除了經濟至上、效率至上之外，還需要公平、幸福；需要對生活的強烈感受；然而，節慶就是幸福的重要表達方式。」

　　因此，如何產生節慶的創意幸福強烈感受，就是我們需要探討的主題。

一、我們的願景，我們的使命

　　2001年臺灣知名的導演吳念眞在一次閒聊中，不經意地說了一個80多歲的祖母附身在孫女身上，回到人間報恩的故事，後來被柯一正及李永豐改編爲《人間條件：滿足心中缺憾的幸福快感》，《人間條件》後來演出六集，成爲臺灣最受歡迎的國民舞臺劇。2014年上映的韓國喜劇片《奇怪的她》，講述74歲愛說髒話的祖母，突然變成20歲出頭花樣少女之後，所發生參加演唱會的故事，該片爲韓國2014年春節期間最賣座的韓國本土電影。飾演《奇怪的她》的主角沈恩敬，以吳杜麗（韓語發音近似）奧黛麗，詮釋爲影星奧黛莉・赫本（Audrey Hepburn, 1929~1993）年輕貌美的姿態，進入現實的時空，在創意之中，仍可以見到2001年吳念眞說故事的影子。《人間條件》（2001）和《奇怪的她》（2014），都是祖母化身爲年輕貌美的姑娘，繼續生活在人間。人間中所缺乏的是歷史傳承、時光倒流、瞭解溝通，在兩部劇中，都得到情感上的回饋與救贖。我們可以強烈感受到兩部戲劇中的張力，還有聆聽到祖母在《人間條件》中最後的叮嚀：「一定要平安，一定要幸福喲。」

　　2015年蘋果公司以「開啓一份新意」爲題，創造出不同中國傳統節慶的感人效果，這次影片敘述一位歌手女孩在春節時，回到家鄉與祖母團聚，趁過年期間清掃房間，意外找到祖母在1947年所錄製試音黑膠唱片，曲子是1940年代，被譽爲金嗓子的歌手周璇所唱的「永遠的微笑」。女孩透過相關錄製設備將黑膠唱片轉成數位，最後將聲音輸出至iPad mini上。第二天早晨，透過小紙條告知祖母，算是贈送給祖母的農曆新年禮物，看到最後場景，激起了大家內心過年思鄉時的年節感懷。這一段短片，融合了關懷、夢想、交流、創意，強化了我們對於年節內心深處的想像。

　　人類生命終究會消失，如何承續「古老靈魂」，產生歷史傳承；並以時光倒流之「青春胴體」的意象，傳達「平安、喜樂、青春、幸福」的快樂元素，向來就是辦理節慶時，最高的「願景」（Vision）和「使命」

（Mission）。

「願景」，指的是對於未來前景和發展方向，在腦海中形成的圖象，表達內心的願望。「願景」是一種對於未來的想像，屬於一種願意追求理想的驅動力。「使命」意謂著節慶存在的目的，也是活動中永遠追求的崇高價值觀。例如，迪士尼（Disney）的價值使命就是「帶給人們歡樂」。為了達成願景和使命，需要設定關連性的策略性目標（goal），這些策略性目標包含了如何完成節慶活動核心價值，以及如何達到年度主題的訴求。為了完成各階段目標，需要擬定為了讓節慶觀光活動有效進行，訂出活動目標（objectives），在進行增能活動中，以網絡（networks）、學習（learning）、分享（sharing）、改變（change）成為策略方式，並且選擇推動行動方案的過程。這些活動目標，通過各式各樣的任務工作（task）的投入來達成，我們藉由投入（input）的資源（resources）和活動（activities），進行針對目標所完成的各項工作，代表節慶觀光活動的成果產出（output），以及舉辦節慶觀光活動對於個人、團體和社區所造成的影響和效果（outcomes），其效果（成果、成效）發生的順序，有短期效果、中期效果，以及長期效果。（見圖6-2）

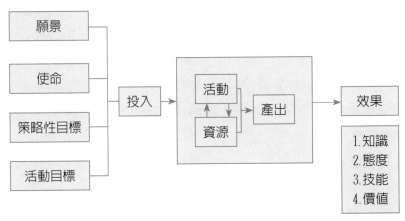

圖6-2　節慶觀光規劃研究及評估的流程

二、邏輯流程

在達成效果之前，在以上的每一個流程，都需要設立量度成效的方法，以及達成指標，確保邏輯模式符合前後一貫的邏輯。首先，瞭解社群舉辦活動時，投入資源、產出成果與後續效果之間，進行邏輯判斷，確認彼此之間是否有關連性。我們設計了邏輯模式（logic model）的表格，以方案中資源及活動之「投入」，轉化成文字敘述，填寫於下面各欄位中。在評估資料的呈現與運用中，可以採用簡單敘述填寫方法進行資料呈現。接下來，如何用一系列的問題呈現，讓社群能夠以說故事的方式，讓成果廣為大家所理解，其順序說明如下。

㈠採用邏輯模式的表格幫助思考。

㈡運用PowerPoint投影片說明邏輯模式的各項要素。

㈢合力填寫邏輯模式故事單。

㈣說出自己社群的故事。

㈤合力發想未來合作的可能充滿戲劇張力的劇本。

㈥拍攝微電影的影片。

㈦舉辦募款播映會，公開播映。

㈧學習運用網路共享資源，開放版權的影像授權，讓微電影影片公開上網，擴大社會影響力。（見圖6-3，表6-1～6-2）

三、邏輯流程的推論方法

在活動發想中，很單純地發揮眾人的創意。但是要落實創意，需要進行目標市場的規劃。所有從雲端的發想，都要下凡到人間，歷經市場導向（market-oriented）和人事糾葛的層層煎熬，才能大展鴻圖，實踐規劃的夢想。

在規劃節慶活動之前，必需先清楚舉辦節慶活動的主旨為何？目標對象是屬於何種客層？並且需要推估參與活動的人員多寡，藉以決定活動場地和所將需要的各種人員和物資。

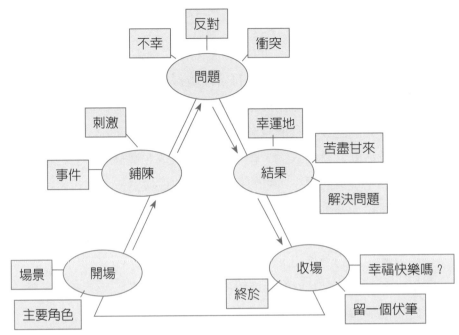

圖6-3 採用「故事山」的方式，影響社群集體重新思考節慶的時代價值。

表6-1 邏輯模式（logic model）表格

情況：（例如：需求、機會、策略性目標） Situation: (e.g., need, opportunity, goal)				單位： （organization）	
				項目： （project）	時間： （timeframe）
如何達成需求／機會／ 目標？ How？		我們想要的需求／機會／目標是甚麼？ What we want？			為什麼需要這個 需求、機會，以 及目標？ Why？
投入 （input）	活動 （activities）	產出 （outputs）	短期效果 （shorter- term outcomes）	中期效果 （intermediate outcomes）	長期效果 （longer-term outcomes）

表6-2　邏輯模式（logic model）故事單表格填寫方法

情況：（例如：需求、機會、策略性目標）Situation: (e.g., need, opportunity, goal) 介紹如何採用說故事的方式，運用影像表達在外遊子在節慶來臨前，渴望回到故鄉的心聲；並藉由宣傳成果，爭取社會資源關懷獨居弱勢的老人，讓他們也能享有節慶的喜樂。				單位：節慶工作坊（organization）	
				項目：微電影（project）	時間：2015.12.30（timeframe）
如何達成需求／機會／目標？How？		我們想要的需求／機會／目標是甚麼？What we want？			為什麼需要這個需求、機會，以及目標？Why？
投入（input）	活動（activities）	產出（outputs）	短期效果（shorter-term outcomes）	中期效果（intermediate outcomes）	長期效果（longer-term outcomes）
用故事改變社群	以「故事山」的方式，有系統地發展一個劇本，說出節慶背後不為人知的感人故事。	運用民間節慶故事為背景，在沒有違和感的結局之下，賦予現代感耳目一新的節慶感受，產生出一段微電影腳本。	以說故事的方式，設計有故事性的節慶活動。	改變社群辦理活動的模式。	透過節慶教育，以開放文化（open culture）和自由知識（free knowledge），改變社會文化。
用影像改變社群	租用服裝，徵募擔綱劇中的演員。	舉辦了微電影發表會活動，108人參與觀賞活動。	以拍微電影的方式，讓觀眾覺得開心。		
	採用耆老口述錄音旁白，拍攝微電影影片。	微電影影片的拍攝及後製作。			
	微電影影片上網。	微電影影片公開播映，或是放在YouTube上公開播映。			

其次，邏輯流程最忌諱將「將節慶活動策略手段當成目標」。我們不要本末倒置、倒果為因。因為目標是達到價值的結果，也是達到一種理想的狀態，需要在一定時間之內達成；策略手段則是為了達到特定目標所採取的方法，表現對於資源的調配方式。以上的討論，都需要集合眾人之力來完成，以下為推論方法。

㈠腦力激盪法：設定明確的節慶發展主題，集合眾人之力共同討論，在不尖銳批評、不考慮限制條件的情況之下，提出可行的方案，將所有原創性的想法都記錄下來，再進行後續之討論。

㈡KJ法：設定節慶的主題，將腦力激盪後的想法記錄在卡片之上，再將概念相接近的卡片，在白板上進行分類，用票選方式，選出排名靠前的方案，再進行深入之討論。

㈢高登法：不明確定義出節慶的主題，只向團體成員說明抽象的概念，由參與人員自由聯想，尋求創意的思考結果。

㈣MECE法則：MECE的全文是mutually exclusive collectively exhaustive，中文的意思是「彼此獨立，互無遺漏」，意即將節慶之主題進行概念分解，確認每種解決方式，做到不遺漏、不重疊。直到將每一種可行方案都思考過了，藉由邏輯模式進行歸納。

個案分析　節慶攝影愛臺灣

1. 投入（input）：運用網路媒體分享節慶攝影的成果。

2. 活動（activities）：徵求100位志工夥伴，拍攝臺灣75個重要節慶活動的照片。舉辦節慶攝影比賽，運用社群網路，讓參加的志工夥伴，學習運用網路共享資源，開放版權的圖片授權。

3. 產出（outputs）：70位志工夥伴，拍攝臺灣45個重要節慶活動的照片，並且透過社群網路，分享各地節慶的感人故事。

第二節　節慶觀光活動規劃

　　在第一節中，我們採取了創意發想過程，這是一種較為彈性及活潑的規劃過程。但是在規劃過程（planning process）之中，需要訂出比較制式的活動計畫書（event plan），以完成活動所要達成的目標。在計劃過程中，會訂出活動目標、制定策略，並完成策略。

　　因此，為確保節慶活動創意能落實執行，在發展階段初期，必需考量其可行性，檢視活動項目被執行的可能，以及執行之後可預期之效果。在執行市場研究之時，我們選擇觀眾和客源的目標市場（target market），並且界定活動的屬性，以擬定計畫，並且進行後續節慶行銷計畫之監督和審查。例如：在規劃前期，進行節慶活動調查，評估活動是否對於提升國家形象、政府管理，以及民間團體活動舉辦之技術，是否會有所助益？在規劃時，應評估主辦單位、協辦單位、承辦單位、贊助單位的所有可能單位名單對於企畫案的想法，以作為活動規劃競標時的人力及財務之後盾。（見圖6-4）

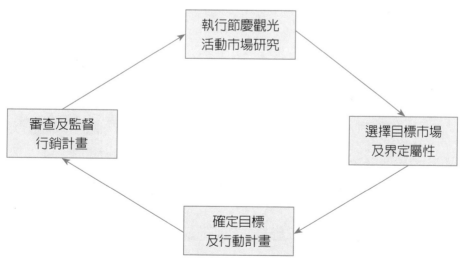

圖6-4　節慶觀光產業市場研究的流程

一、企畫戰略規劃

企畫戰略規劃如同戰爭中的野戰戰略規劃，屬於政府單位、工商團體或是個人經營會展事業的企畫活動。在規劃中，應透過各種不同的管道，蒐集不同類型的活動資訊，掌握各種節慶活動舉辦的頻率、資格和條件，了解申辦流程，會展競標經驗的傳承，作為未來開發主辦國際會展的資源（方偉達，2011）。

㈠活動競標（Event Bidding）

目前許多重要的節慶活動，都需要以競標的方式進行，舉辦活動競標（Event Bidding）的程序如下：

1. 前期分析

知名活動都有歷史的淵源，應該了解招標單位及主辦單位的需求。主辦單位會先將辦理活動的先決條件，列在要標書（request for a bid proposal, RFP）中。例如：活動的頻率、舉辦地點、活動規模、活動宗旨、活動之創意、特色等。例如，下列活動資訊取得之後，應該如何進行沙盤推演？

⑴申請承辦有哪些基本的條件？何時可取得完整的標單？歷年活動舉辦的情形如何？

⑵舉辦城市對觀光客來說，是否有足夠的吸引力？該地是否有成功舉辦活動的基礎？

⑶舉辦城市地區性的活動，是否有當地的民眾？

⑷有無地理、文化、宗教或安全上的不利因素？活動舉辦是否考慮區域發展？下一屆的主辦權有無區域平衡的考量？

⑸誰是活動決定權最終的決策者？何時進行最後決定？如何爭取到主辦權？

⑹活動所需的基本設施為何？何時勘查場地？場地勘查人員有哪些人員？

⑺決標之後到正式活動期間的工作期間，有多長時間可以準備？

(8)是否提供的實際經濟資助？

(9)是否其他事項皆能符合RFP所有的要求？

2. 招募競標籌備團隊

籌備團隊包括活動主辦單位、協辦單位、承辦單位及贊助單位，其成員包含政府部門、專業活動企畫公司、旅館業者等，因此，組成競標籌備委員會需要公私部門齊心協力，以爭取舉辦權利。此外，應該提供觀光客參加活動的折扣、接洽餐廳提供折扣餐飲或優惠活動等。

3. 會展備標

在活動競標機制中，具備爭取活動的標準作業流程（standard operating procedures, SOP），其備標程序如下（方偉達，2011）。

(1)準備申請文件：依據國際組織要求的申請文件進行說明，文件中需要具備主協辦單位、贊助單位、前言、規劃內容、活動議程、行銷推廣策略、預期效益、預算項目、執行主要人員學經歷、執行主要人員學經歷佐證資料、過去重要活動舉辦經驗等。

(2)協助備標考察：依據活動競標流程，由評選委員進行實地考察。考察項目包括：導覽行程、識別系統、標語、活動場地、住宿旅館、餐飲項目。備標考察應由專人陪同參訪並且解說。可以致贈勘查人員紀念品，但絕不可以致贈金錢及行賄。

(3)進行備標報告：準備PowerPoint內容進行備標報告，並備妥印刷書面報告及PowerPoint資料，以便備詢。簡報內容要有創意、文字精練，並且採用圖文並茂的方式吸引評審委員。在簡報時，以熟稔內容、口條清晰、邏輯性強的簡報人員擔任主講者。簡報使用時的視聽設備應先進行測試，並且避免逐字唸稿，而是以生動活潑的口語和肢體語言進行現場溝通，並且適時導入幽默元素，以吸引評審的注意。簡報完畢後，由競標團隊在現場擔任備詢的角色。

(4)評審委員評估：評估項目包括舉辦活動之能力，例如評估環境安全、旅遊趣味，以及城市交通條件等，是否具備舉辦活動的條件？

(5)決標：競標僅有一家單位可以得標，因此應有「勝不驕、敗不餒」的運動家精神，如果未能成功，應該積極檢討失敗的原因，以作為下次投標成功的跳板（spring board）。若是順利得標，應該了解得標才是工作的開始，主辦單位會發公文給投標單位，請求策劃並積極展開活動的籌備、行銷與策展工作。

個案研究　評估活動申請及辦理標準

1. 整體評估

(1)區位

(2)硬體設備

(3)餐飲安排

(4)交通運輸

(5)專業人才

(6)文化與旅遊

(7)政治與經濟

(8)安全

(9)語言

(10)本地支持程度

2. 角色分工

(1)政府機關

(2)企業單位

(3)學校單位

(4)會議公關公司

(5)民間NGO團體

3. 財務規劃

    (1)編制預算

    (2)成本效益

    (3)行銷效果

4. 專案管理

    (1)議價簽約

    (2)統籌與規劃

    (3)籌備會議召集

    (4)分組支援調配與聯繫

    (5)辦理活動

    (6)活動成效評估

二、活動組織規劃流程

組織活動時，應該考慮下列五個流程，依序為事前規劃、地點推薦、決定地點、舉行活動、活動評估，分述如下：（見圖6-5）

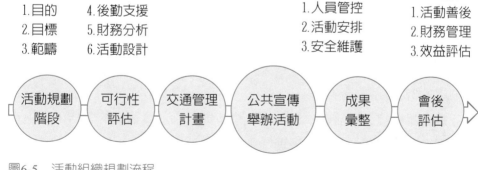

圖6-5　活動組織規劃流程

㈠事前規劃

活動事前規劃階段屬於會前籌備期，需要考量活動的宗旨、目的、效

益、舉辦方式，以及預算編列等工作。事前規劃係由活動組織決定會議舉辦方式。然而，活動舉辦需花費龐大的費用，詳細編列預算有助於成本控制。其會前準備項目分項表說明如下：

1. 蒐集活動相關議題，針對主題擬定草案，提出活動項目、執行方式與經費預估，並且進行重點摘錄。
2. 運用網路資訊或是電子郵件將活動議事日程，以及相關文件進行網路或電子公文傳閱。
3. 確定籌備會議是否必要？是否可以通過其他小組工作會議的方式，使活動準備工作更能有效解決？
4. 確認籌備會議的目的為何？籌備會議試圖達到什麼樣的結果？會議將做出什麼樣的決定？預備達成什麼樣的行動方案？
5. 籌備時程是否擬定？必需列出和活動相關的時程內容，依據其重要性進行項目排序，並且將相關項目歸納到相同議題的籌備會議時間之中。

(二)地點推薦

為了擴大活動基礎，活動地點選擇以展現當地意象為主，通常考慮到當地的政治、商業、交通及治安等綜合考量因素，通常具備多樣化設施環境，才能吸引觀光客。

(三)決定地點

考量活動的屬性，評比各候選地點的優先順序，選擇最適舉辦活動的地點，並研擬交通管理計畫。

(四)舉辦活動

當主辦單位決定活動舉辦城市之後，即著手進行籌備的工作，與進行籌備期間的開會作業及辦理活動事宜。

(五)會後評估

活動結束之後，應進行活動善後處理、成果彙整，以及檢討評估，明瞭參與者對於各項安排有何評論，以做為爾後舉辦相關活動之參考。

三、預算編列與成本考量

預算編列是辦理活動財務計畫的工具。主辦單位應事先作好財務規劃，編列收支預算，並且適切尋求相關單位支援，以有效掌控盈虧，達到損益平衡。活動預算編列，應考慮專案專款專用的方式，提供相關的帳目明細，保留相關的單據以備查證，並且納入回饋計畫，以編列下列成本預算：

(一)固定成本

固定成本（fixed cost）又稱為固定費用。固定成本相較於變動成本，是指成本總額在一定時期和一定業務量範圍內，不受業務量增減變動而影響，而能保持不變。因此，固定成本不會隨著參加會議的人數而有所變動，即使實際收益少於預期收益時，固定費用也不會改變。在成本中，不受收入影響的費用稱為固定成本費用，例如設備折舊、固定薪資等。

在辦理活動的籌備過程中，需要支付事前規劃、協商，以及其他相關公關費用，必需編列先遣費用以為預算支應。在簽約時，因應意外狀況、氣候變化、或其他影響活動出席人數的相關因素，應該寬列經費，以確保編列支付定金、扣款或違約金等相關費用。

(二)變動成本

變動成本（variable cost）和固定成本相反。如果是門票收費活動，變動成本係指那些成本的總額在一定範圍之內，隨著參加活動人數的變動，而呈現線性增幅的成本。變動成本是根據出席活動人數，而產生變動。變動成本會隨著活動人數增加產生的成本。例如：餐飲費用、住宿費用及稅付金額，屬於變動成本。

四、成本估計

舉辦一場成功的活動，需要耗費相當大的人力及物力成本。一般來說，活動預算包含下列編列原則：

(一)旅運費用

1. 國外貴賓出差旅費：包括國外貴賓自出發地點到會場的一切交通費用，包括飛機、鐵路、客輪、捷運、租車、計程車等，以及目的地車站、機場、碼頭到住宿地的交通費用。

2. 國內人士出差費用：包括國內人士自本國到國際會議場合及國際會議組織所在地的一切交通費用，包括飛機、鐵路、公路、客輪、租車，以及目的地車站、機場、碼頭到住宿地的交通費用。

3. 活動期間的交通接駁費用：包含活動主辦地點的交通費用，包括住宿地點到會場的交通、會場到餐飲地點的交通、會場到參訪地點的交通，以及參加人員可能到達其他相關地點的旅運費用，包含飛機、鐵路、客輪、捷運、租車、計程車等費用。

4. 國外貴賓接送費用：包括住宿地點到機場、車站、港口等地的交通費用。

(二)活動場地租借費用

1. 室內活動場地租金：室內活動場地租借通常有公定的費用，在淡季或是旺季具備價差。場地租賃費用應包含相關設施，例如：燈光系統、音響系統、投射螢幕、投影設備、座椅、展架、主席臺、白板、白板筆等。但是特殊設施並不涵蓋在租借費用內，需要另外加收費用，例如：筆記型電腦、同步翻譯系統、錄影系統、多媒體系統，以及會場展示系統、會場裝飾盆栽花卉、大型布幕及展架等，需要另行增加預算。

2. 設施租賃費用：設施租賃費用包含：筆記型電腦、同步翻譯系統、會場展示系統、多媒體系統、錄影設備、網路系統、及時視訊系統等，以上設備需要支付保證金，相關產品租賃費用價差很大，需要多加比較。

3. 會場布置費用：會場布置包含攤位、展板、羅馬旗幟、布幕、掛條等項目。

4. 其他費用：其他費用包含人事經費、廣告印刷費用、運輸與倉儲

費用、樂隊費用、表演費用、媒體費用、公共關係費用等項目。

（三）住宿費用

住宿費用係指旅館、飯店及酒店所開立的價格費用。針對會議來說，住宿費用係為國際會議主要的開銷經費。住宿費和飯店等級、房型等因素有關；此外，國內飯店有些消費經額必需外加，例如：長途電話、衣物送洗、迷你酒吧、網路通訊、傳真服務、水果點心等，都應列為招待國際會議貴賓可能支出的項目。

（四）餐飲費用

1. 早餐：早餐通常在飯店中提供自助餐，採取中式或是西式的設計，餐飲費用以人數計算。

2. 午餐：午餐依據活動辦理之情形，可以採用自助餐形式、桌餐形式或是便當形式進行。其中自助餐及便當可以用人數估計費用，桌餐即以桌數進行估計。

3. 服務費：一般在飯店用餐，如果自帶酒類及飲料消費，飯店通常需要酌收酒類及飲料服務費。

4. 會場茶點：會場茶點是以人數進行估計，可在上午及下午提供不同時段的茶點，以人數來估計費用。茶點包括西式和中式兩種，西式以咖啡、紅茶、水果，西式點心為主，中式則以冷熱飲、咖啡、水果及中式、港式或臺式點心為主。

5. 歡迎晚宴：歡迎晚宴的預算需要包含餐飲、場地、樂隊、表演節目等預算，其預算的估計項目需要仔細考慮，預算金額和節目表演難易程度和邀請貴賓有關。

6. 視聽設備：室內辦理活動時的視聽設備，除非是採用視訊會議的方式進行，否則視聽設備的費用通常已經涵蓋在會場費用之中。但是如果是在戶外舉行的活動，需要涵蓋戶外影音視聽服務設備預算：

　　⑴設備租賃費用。

　　⑵影音設備運輸、安裝調音，以及DJ技術人員費用。

(3)主持及表演人員費用。

7. 戶外餐點費用：運用地方特色風味餐點，吸引觀光客前來品嚐。
在觀光節慶中，規劃攤位提供觀光饕客，在戶外悠閒地享用傳統
道地的地方風味美食，讓味蕾的記憶，搭配食物鮮活的歷史印
象，留存在饕客的心中。

8. 其他雜費：活動雜費係指臨時性活動費用，包括影印、器材準
備、材料物品、文宣海報、摺頁、發布新聞、運輸及裝卸、購置
紀念品、臨時道具、傳真、電話、手機、快遞、臨時醫療、翻
譯、導遊、臨時派車，以及匯兌匯率差價等。

㈤觀光旅遊費用
落地接待貴賓的觀光旅遊費用。（見圖6-6～6-9）

圖6-6　西方節慶豐盛的戶外餐點攤位（方偉達攝於捷克布拉格）

圖6-7　中國節慶戶外的傳統美食攤位（方偉達攝於浙江杭州）。

圖6-8　節慶活動搭配觀光活動，進行景點宣傳（方偉達攝於瑞士）。

圖6-9 節慶活動搭配觀光行程，進行住宿規劃（方偉達攝於瑞士）。

五、預算來源

在申請策展流程之中，由承辦單位依據年度主題，發展企畫草案，以利申請公部門之經費補助，或是徵求私人企業之贊助。節慶活動可以向相關部會，例如交通部觀光局、文化部等單位提出申請。以公部門的人力情況，發展為自辦、委外發包、以及補助辦理等方式舉辦節慶活動。其預算來源係包含政府補助、民間募款及承辦單位自籌等方式。在經費補助上，需要經過經費評估與可行性評估確認，開始進入籌備執行（方偉達，2011）：

(一)補助款

補助款係由政府機關補助而來，補助款項目通常僅限於印刷費、場地費、文宣費等與會議直接相關的費用，這些費用需要以原始憑證（廠商開立的發票或是收據）核銷。

(二)委辦費

委辦費係由政府機關委託民間機構，例如委託公私立立案學校、立案之財團法人、社團法人、公司法登記之公司辦理國際會議的委託辦理經費。透過政府採購法之規定，辦理勞務性的招標，包含會議專業服務、技術服務、資訊服務、研究發展、營運管理、訓練、勞力及其他經主管機關認定的勞務。目前政府機關以公開招標、選擇性招標，及限制性招標辦理委託招標案件。目前依據政府採購法相關法規的規定，超過新臺幣10萬元以上需要辦理比價，超過新臺幣100萬的案子都須經上網公開招標程序，在新臺幣10~100萬元的案子，也有採取公開招標的方式進行。委辦費需要以領據核銷，原始憑證則留在委辦單位（公私立立案學校、立案之財團法人、社團法人、公司法登記之公司）備查。

(三)贊助經費

贊助經費是由公司行號贊助會議的經費，需由主辦單位或是承辦單位開立受款收據或是發票，贊助經費通常區分為不同等級，較高等級的贊助者，可享有出席會議的機會，贊助單位的企業識別系統（corporate identification system, CIS）或標誌符號（Logo），能夠在大會文宣品、網頁，及大會展示布幕上曝光的機會。目前贊助經費分為：

1. 直接金錢贊助：由贊助廠商、政府單位或是個人直接以金錢進行贊助。

2. 直接實物贊助：由贊助廠商、政府單位或是個人直接以文宣品、紀念品及捐贈物品進行贊助。

3. 間接贊助：主辦單位和專業會議服務代理商簽訂合約或是服務合作協議，以成本費用或是比市場行情價低的合作費用，取得價格相對比較低廉，而且較為專業的服務支援。間接贊助可用於學生樂團演出、專業表演贊助等服務項目。針對單項服務支援，主辦單位應詳列需求，並單獨簽訂合約或是服務合作協議。

第三節　節慶活動企畫編寫

臺灣企畫塾執行長林俊廷認爲：「企畫是種說服的過程，企畫書是個說服性的文件」。他又說：「企畫販賣的是未來，所以要用盡各種盡可能讓對方理解的形式」。因此，節慶活動企畫書編寫，是一項極爲細膩煩雜的文書作業，需要按部就班進行。在第一節中，我們可以採用邏輯模式，配合成立節慶活動籌備委員會，依據經費、人力、物力、場地等資源，提出可行性高、附加價值高，且有嶄新構想的創意方案，進行企畫案編纂。

企畫文書的要素，雖無一定性與必然性，但至少需要參考下列八點（5W、2H、1E）企畫書的節奏指標。即爲：

一、5W：what；why；when；who；where。

二、2H：how；how much。

三、1E：evaluation。

其次序爲：what→why→how→how much→when→who→where→evaluation，以下進行規劃節奏的說明。（見表6-3）

表6-3　規劃節奏的說明

節奏	英文	重點
1. 這是一場什麼節慶活動？	what	強調節慶的名稱。
2. 為什麼要辦這一場節慶活動？	why	強調獨特性、意義、價值、創意、特色。
3. 如何辦這一場節慶活動？	how	組織架構及分工、活動場地、交通運輸計畫、觀光推廣計畫、安全及環境維護計畫、回收典藏計畫。
4. 辦這一場節慶活動要花多少錢？	how much	經費籌編計畫。
5. 什麼時候辦這一場節慶活動？	when	列出可行時間。
6. 有多少人參加這一場節慶活動？	who	預估參觀人次。
7. 這一場節慶活動在哪裡舉辦？	where	列出可行地點。

節奏	英文	重點
8. 如何評估這一場節慶活動？	evaluation	(1)活動前評估預期效益如預估國內外參觀人次、觀光效益，以及其他附加效益等。 (2)活動後評估整體滿意度；評估經濟效益。 (3)活動後評估參與者的知識、態度、行為，以及價值觀的改變。

我們以臺灣燈會企畫書之內容與規範，說明如次。

一、企畫書之內容與規範

1. 活動內容

(1)活動之宗旨。

(2)活動之創意、特色。

(3)各項活動辦理單位。

(4)組織架構及分工。

(5)整備期程（各項前期準備工作期程）。

2. 活動場地

(1)地點及面積規模。

(2)地權地用及地形地貌。

(3)場地配置及動線規劃。

3. 交通運輸計畫

(1)場地聯外交通需符合下列條件：

(a)鄰近交通節點（機場、火車站、高鐵站等），該節點與活動場地間之接駁在30分鐘車程內，申請單位並需於燈會期間負責提供相關運輸接駁服務。

(b)鄰近主要幹道（高速公路、快速公路等），且自交流道至活動場地時間在30分鐘車程內。

(c)周邊停車空間分析。

(d)交通疏運和接駁計畫。

4. 觀光推廣計畫

(1)觀光服務接待能力（含週邊服務設施、住宿設施及餐飲設施等之容量）。

(2)觀光魅力之塑造（含國際化觀光發展潛力）。

(3)旅遊套裝產品規劃。

(4)國內外行銷宣傳計畫。

5. 安全及環境維護計畫

(1)安全維護計畫。

(2)環境維護計畫。

6. 經費籌編計畫

(1)往年執行觀光局補助資本預算執行情形。

(2)自籌經費籌措情形（如預估總預算、經費來源等）。

7. 回收典藏計畫

(1)展後花燈典藏處所及維護經費籌措規劃。

(2)展後場地之再利用。

8. 預期效益（如預估國內外參觀人次、觀光及其他附加效益等）

交通部觀光局在評選臺灣燈會企畫書時，將各委員所核給各申請單位之評分序位加總合計為「排序積分」，排序積分最低者為第一名，次低者為第二名，即為備取。其排序積分相同時，則以序位「1」最多者優先。若序位「1」再相同者，則由評選委員以無記名（不得棄權）投票表決。（見表6-4）

表6-4　臺灣燈會招標評選評分項目

項次	評選項目	各項目所占分數	得分
1	活動內容（50分）	創意、特色、效益	20分
		場地之適宜性／集客力	30分

項次	評選項目	各項目所占分數	得分
2	交通運輸計畫		15分
3	觀光推廣計畫		15分
4	安全及環境維護計畫		10分
5	經費籌編及回收典藏計畫		10分
總分			
名次			

個案分析　臺灣燈會

　　臺灣燈會始自於公元1990年，當時稱為臺北燈會，已經連續舉辦26年。

　　剛開始辦理的時候，是為了學習日本的「北海道雪季」，進而在國際上創造出臺灣的觀光品牌形象。從1990年到2000年期間皆是在臺北市的中正紀念堂舉行。2003年開始，臺灣燈會與日本北海道札幌市的「索朗祭」展開雙邊交流，將臺灣推向了國際舞臺。在2001年第一次政黨輪替之後，為了平衡南北兩地的發展，於是將燈會移師到高雄舉辦，此後每年巡迴舉行，帶動臺灣地方節慶觀光的商機與人潮，而臺北市則是在原舉辦地點繼續舉行「臺北燈會」。交通部觀光局在2007年在嘉義縣特別邀請Discovery頻道來臺拍攝「臺灣燈會」活動，獲得全球最佳慶典之一的美譽，該次活動有350萬人次參觀，72%參觀民眾感到非常滿意或滿意，創造了39億元新臺幣之產值，以下說明當年臺灣燈會的特色。

1. 活動內容

　　(1)創新性：活動開幕規劃有主燈開燈儀式、詩詞讚頌、播放Taiwan，Touch your heart主題歌、配合煙火表演，以及科技雷射燈光等。

　　(2)特色化：規劃臺灣山豬主燈區，顯示臺灣昂藏的精神；在場區東、西、南、北四個方位，放置臺灣燈會副燈區。

　　(3)參與性：規劃嘉義藝術燈區藝術家集體創作，將嘉義縣山、海、平原

的資源特色呈現出來，創作「山海匯流驚豔嘉義」之大型創作燈區。

2. 場地選擇與分析

(1)面積適切性：場地10公頃以上。

(2)地權、地用：屬公有土地之臺灣糖業公司的用地。

(3)地形地貌：燈會場地平坦風沙多，嘉義縣政府花費2～3千萬元新臺幣進行整地，同時因為嘉南平原冬天東北季風風大無遮蔽物，燈具需要防風加固。

(4)周邊景觀：屬於嘉南平原地區，景觀單調，需要採用燈海造景。

(5)遊憩條件：嘉義縣擁有獨特的遊憩資源，例如：東石漁人碼頭、鰲鼓濕地、阿里山、奮起湖、觸口自然教育中心、新港香藝文化園區、頂菜園鄉土館等。

(6)準備時程：自2006年2月到2007年2月籌劃動工，2007年3月3日至3月11日完工。

(7)配合資源：嘉義縣政府投入3,000人次之人力；縣政府自籌經費3,000萬元。

(8)承載能力：燈會場地可同時容納10萬人以上。

3. 交通規劃

(1)周邊道路系統與路寬：鄰近高鐵站、道路路幅至少4線道。

(2)交通疏運能力：4條接駁路線、70輛接駁公車。

(3)停車空間：20個停車場，採用分區停車，採用照明燈，引導民眾進入停車。

(4)參觀動線：運用三輪車載客進行參觀，節能減碳。

4. 接待能量

(1)旅遊服務：附近擁有交通部觀光局三處國家級風景區旅遊服務人力支援，印製有嘉義海味、回嘉真好、諸羅情宿，以及嘉義小吃等摺頁。

(2)住宿設施：有阿里山賓館、梅園樓景觀飯店、耐斯王子大飯店、名都觀光渡假飯店、童年渡假飯店等，可接待服務一萬人次旅客。

5. 旅遊產品與活動產品之規劃

   (1)多日遊套裝遊程：規劃有「臺灣燈會逍遙遊三日玩遍雲嘉南」，以及旅遊達人集點抽獎活動。

   (2)企業導入：與上海銀行發起「諸事大吉愛心滿滿公益活動」只要50元就可幫助貧苦無依的人們。

6. 行銷宣傳

   (1)國際宣傳

      ①編印多語文海報及摺頁，協調各縣市政府、各大機場、車站張貼及發放宣傳。

      ②透過觀光局駐外單位及外交部、僑務委員會、外貿協會各駐外辦事處加強推廣。

      ③協請本地旅遊（inbond tour）旅行社規劃國際旅遊商品，例如：保保、洋洋、宏翔，以及金界等旅行社。

      ④安排暨接待日、韓、香港、新加坡、馬來新亞、美國及歐洲10國50位媒體採訪報導。

      ⑤安排接駁專車及觀光巴士接待來華觀光客往返高雄－嘉義。

   (2)國內宣傳

      ①以「臺灣慶元宵」系列活動整合行銷，邀集平溪天燈、臺北燈節、高雄燈會、臺南鹽水蜂炮，以及臺東炸寒單等主辦單位研商，併同臺灣燈會整合對外宣傳。

      ②聯合記者會及新聞發布。

      ③國內旅遊商品規劃，函請旅行業商業同業公會，協請所屬旅行業者規劃辦理。

      ④會同嘉義縣政府辦理北、中、南地區臺灣燈會宣傳記者會。

7. 經費籌列

   (1)預算編列：總計新臺幣8,000萬元，其中5,000萬來自交通部觀光局補助。

⑵民間贊助：

①中華電信贊助主燈。

②燈會沿線指標系統露出：臺灣啤酒公司贊助500萬、高速鐵路公司贊助50萬、嘉義縣各農會贊助10萬、港口宮等寺廟捐助、7-11通路貼海報與掛置燈具宣傳。

③委外經營：美食街、三輪車，以及遊園車等委外出租，收取租金費用。

8. 燈會展演階段

⑴活動展演：辦理展演設備巡查、維護及防風加固等事宜。

⑵配套活動：辦理節目表演、周邊景點遊程規劃等事宜。

⑶行政庶務：辦理住宿、膳食、茶水及後勤支援等事宜。

⑷貴賓接待：辦理聯繫、接待、簡報、導覽解說、行程安排等貴賓接待事宜。

⑸旅遊諮詢：辦理服務臺設置、文宣發放、孩童走失安置等事宜。

⑹遊客接駁：辦理接駁時間、行駛路線及遊客導引等事宜。

⑺環保衛生：辦理環境清潔、流動廁所置放等事宜

⑻交通維持：辦理交通疏導及管制等事宜。

⑼安全維護：辦理保全、消防、醫護、流動攤販取締等事宜。

⑽緊急應變：辦理特殊事件處理及回報等事宜。

⑾活動調查：辦理遊客人次統計、滿意度調查、經濟效益分析等事宜。

9. 燈會展後處理

⑴場地設施再利用：催生臺灣燈會——花燈博物館，以博物館的方式保存花燈生命和燈藝師的心血結晶，讓遊客到博物館來看花燈及學習製作花燈。

⑵展示品延伸再利用：將展覽品移置各主題相關單位續用。

10. 活動效益評估

⑴活動人潮：9天之內吸引了350萬人次參觀，其中嘉義縣、市民眾占了

60%、餘來自外縣市及外籍觀光客。

⑵燈會整體滿意度：有72%感到非常滿意或滿意。

⑶重遊型的遊客占84.4%認為2007臺灣燈會具有新意。

⑷創造39億元新臺幣之產值。

二、節慶活動企畫架構與細節

　　節慶活動的執行，耗費了人力、財力、物力與各項的資源，整合現有籌備事項，並針對重要的時間點、事件點、人力點，進行妥善運用。企畫書的完整性，關係到活動資源的多寡、活動的流暢度，以及人員的調度和分配等實際運作。因此，節慶活動企畫架構，必需有完整及系統化的企畫，展現活動的創意和構思，節慶活動企畫架構可分為提案企畫及執行企畫。

(一)提案企畫

　　提案企畫為即將舉辦或是發想的活動，用文書方法訴諸文案，構想彙整出初步規劃，提供權責單位核可，包含下列項目：

　1. 活動理念

　2. 主辦單位、協辦單位、委託單位、指導單位。

　3. 預期目標、活動流程、宣傳策略、組織架構、活動甘特圖。

　4. 活動效益、活動成果、經費核銷、器材登錄管理等。

(二)執行企畫

　　執行企畫是根據提案企畫的內容，提出最佳的方案計畫。由各子活動負責人所提的子活動執行企畫案。

　1. 活動組：活動規劃設計、執行。

　2. 場地組：活動場地的租借、布置、器材管理、場地動線、清潔、復原。

　3. 接待組：募款、媒體、傳播、新聞行銷、公關事項，以及人員接

待。

4. 總務組：採購、食宿安排、單據核銷。

5. 交通組：交通規劃安排。

(三)執行管控

針對週遭環境的改變而不斷地調整企畫書內容。

1. 建立審核點：確認相關資源是否到位、進度是否按計畫進行。

2. 進行質量監控：集合團隊裡的所有成員開會，檢視在舉辦活動過程之中，有那些地方不足，需要持續改進？持續進行風險控制和工作質量監控。

3. 進行知識累積：以電子文件、書面資料、多媒體剪輯資料，包含影音、照片、活動紀錄等，進行企畫書及相關素材完整建檔。

4. 進行效益評估：活動企畫執行完畢之後，撰寫結案報告，內容包括對於整個活動企畫過程進行回顧，進行分析、說明執行效益，並附上活動結果的資料。

個案分析　企畫書撰寫

企畫書（proposal）是一種經過事先整合與思考步驟的文書。企畫是透過文字本身的渲染力量，進行提案對象之溝通，依據起、承、轉、合的敘事模式，協助大家理解企畫結構。因此，企畫像是思考與執行的過程。從創意構思、串接觀念、理清邏輯、建構合理的作法，最後再撰寫預設想法的過程。因此，在內容描述、文字吸引力、以及版面呈現視覺上，都應該把握簡潔、清晰、美觀、大方的原則，說明如次。

1. 封面

封面對於企畫書來說，具非常重要的意義，就像是初次見面的人一樣，穿著會影響對方對你的看法，而評選人第一眼所看到的即是封面。企畫書封面應有計畫名稱，同時要將主辦單位、協辦單位具體呈現。

2. 目錄

目錄在條列出企畫案的整體架構，使閱讀者能迅速找到其需要的內容。

目錄分為章節目錄、圖目錄，以及表目錄。

3. 活動名稱

活動企畫案內容必需要有活潑且吸引人閱讀的主標題。

4. 計畫緣起

說明計畫發起原因、活動理念、活動的沿革，以及對主題意識的展現，

並載明節慶主辦單位。

5. 活動計畫目標

(1)提昇節慶文化，凝聚社區意識，達成社區共識，引發社區對於在地環

境的瞭解，啓發節慶創意；透過節慶活動設計，行銷在地的特色農產

品和特產品。

(2)深化觀光意涵，讓觀光客體會節慶文化的本質，深度體驗具有深度、

創意及在地化生態價值。

6. 活動企畫

(1)活動計畫執行期間：活動計畫起迄時間，通常都以會計年度為準。

(2)活動計畫範圍：依節慶文化活動的規模，規劃出活動計畫範圍，或是

採用活動路線，以及採用參與或影響的範圍為主。

(3)活動計畫展現

①節慶社區觀光遊憩資源調查

②導覽解說種子教師培訓

③節慶活動創意行銷

④社區文化創意產業行銷

⑤拍攝節慶微電影影片

⑥規劃節慶深度之旅

⑦中英文導覽手冊編纂印刷

(4)活動計畫準備工作

①活動流程或節目表

②器材、物品、道具統計管理表

③食宿規劃表

④遊行路權申請、交通管制、醫療與消防單位支援等。

7. 行銷設計內容

　(1)海報、請柬、通知單，或是DM

　(2)網路或E-mail宣傳Email-DM

　(3)記者招待會，或是將新聞稿訊息傳給媒體界

　(4)媒體廣告或電視跑馬燈

　(5)廣告車宣傳

　(6)節慶活動場地平面配置圖，載明聯外道路、場地進出口、停車場位置。

　(7)活動編組人員分派表，進行連絡模式及社會網絡之建立。

8. 預期成果

　(1)量化成果

　　①預估有多少人受到訓練，對在地導覽解說活動，帶來觀光客環境知識、態度和行為改變的效益。

　　②規劃節慶觀光路線圖。

　　③規劃節慶活動的觀光資源手冊。

　　④創造社區產業機會。

　　⑤預估門票收入。

　　⑥預估農產品和特產品販售的收益。

　　⑦印製中英文節慶活動導覽解說手冊。

　　⑧拍攝節慶微電影，藉由網路公開播放微電影，藉以行銷地方。

　(2)非量化成果

　　①透過社區培訓活動，進行社區總體營造。

　　②帶動地方節慶觀光發展，促進社區活化，豐富地方人文、生態、景觀，以及產業風貌。

③調查及保存地方文物古蹟、產業特色，豐富社區文化深度。

④強調地方辦理節慶時的幸福感受。

9.附件

  (1)計畫執行人員

  (2)各項證明文件

小結

    節慶觀光活動透過地方特色及傳播媒體的呈現手法，將活動策展人之抽象概念，藉由具體的視覺效果，展現視覺美感。節慶活動之規劃和設計，是一項耗費人力、物力的工作。節慶活動規劃，應納入民眾的日常生活，其表演地點和民眾生活空間，應具有重疊性。通過節慶活動，發掘藝術創作者，並且服務表演團隊。因此，如何規劃節慶活動，從理念到實踐一氣呵成，與城市條件、藝文傳統、主辦單位的聲譽、以及主辦單位的規劃能力有關（邱坤良，2012）。在民俗節慶中，以臺灣燈會為例，主辦者主導節目活動策劃及經費爭取，採用委託辦理的方式，委由承辦單位負責活動執行及行銷。節慶活動規劃者應要採用先期作業方式，確認活動主題和目標，並且進行全面策劃、行銷方式，運用資訊網絡、媒體及社會網絡的建構，以其特有之使命感和節奏感，促使節慶內容進行全面提升。節慶活動的形態，可以分為動態活動與靜態活動，建議規劃各式各樣的活動，依據在地特色，喚醒民眾緬懷節慶氛圍，留下美好之回憶。

關鍵字詞（Keywords）

活動（activities）

社群感（community feeling）

活動競標（Event Bidding）

固定成本（fixed cost）

本地旅遊（inbond tour）

意象製作人（image maker）

邏輯模式（logic model）

使命（Mission）

企畫書（proposal）

分享（sharing）

效果（outcomes）

規劃過程（planning process）

跳板（spring board）

目標市場（target market）

變動成本（variable cost）

改變（change）

企業識別系統（corporate identification system, CIS）

活動計畫書（event plan）

策略性目標（goal）

投入（input）

學習（learning）

標誌符號（Logo）

網絡（networks）

資源（resources）

活動目標（objectives）

產出（output）

要標書（request for a bid proposal, RFP）

標準作業流程（standard operating procedures, SOP）

任務工作（task）

願景（Vision）

問題與討論

1. 在進行節慶活動的創意發想時，需要靈機一動，想一些奇招和怪招。請問這些奇思妙想，是如何產生的？

2. 如果產生節慶的創意幸福強烈感受？生活在21世紀的臺灣，你覺得幸福嗎？

3. 舉辦節慶的願景和使命是什麼？讓大家快樂，是一種願景和使命嗎？

如何處理快樂之後的空虛感呢？

4. 如何採用邏輯模式（logic model），填寫一場節慶活動的表演故事單表格？

5. 如何運用「故事山」的方式，籌拍和剪輯一場故事，在活動中播出一場微電影？或是上傳到YouTube中播映微電影？

6. 請以網路徵求的方式，辦理一場節慶攝影愛臺灣的活動。

7. 請寫一本節慶觀光活動規劃書，或是一本節慶觀光活動企畫書。

8. 你會設計海報、請柬、通知單，或是DM（direct marketing）型錄嗎？如何透過網路或E-mail宣傳Email-DM（email direct marketing, EDM）？EDM是網路上的型錄，透過電子郵件的發送，來傳遞活動訊息的一種行銷方式。

第七章

節慶觀光活動經營與管理

學習焦點

　　節慶觀光活動之經營，屬於專案管理領域的範疇。專案管理係屬於一種複雜、且非例行公務的個案管理。節慶觀光專案管理受限於時間、預算、資源、場地，以及人力，為了專為迎合觀光客的需求，而在專屬於節慶籌備、設計及完成的階段，為了達成願景和使命，所進行的任務、目標、方針、環境管理、策略選用、策略評估、執行計畫、監控機制、活動評估與回饋等過程。為了增加節慶觀光的經營績效，依據文化行銷（cultural marketing）的路徑，透視我國民俗節慶文化的構成內涵，並分析產、官、學、民的合作模式，落實合作推廣，以期提昇臺灣節慶觀光產業發展。因此，需要結合創意，透過實務化的經營管理機制，提升節慶文化財貨（cultural goods）和文化資本（cultural capital）價值，並落實行銷計畫與管理。本章依據管理學之實務原理，進行說明。

第一節　專案管理

　　節慶觀光活動的策劃與執行就是一種專案。節慶專案通常有其特定的任務和清楚的節點；節慶活動專案可能是一項大型觀光計畫的一部分，涉及到慶典活動、環保義演、賑災公益，或是民間遊藝活動。規劃一場成功專案的主要關鍵，是在諸多複雜的節慶目標、備選方案，以及節慶活動之中，產生出具備規則性及簡約性的工作序列，其步驟包含了專案開始、活動規劃、活動執行、監測活動、活動結案等核心概念，主要藉由節慶活動

策略、節慶情境體驗，以及節慶行動管理群組，發展成為多樣性的文化內涵，如此方能既符合觀光休閒潮流，又能保留節慶活動的民俗特色。

在節慶活動之中，「策展人」（curator）為具備發展節慶活動視覺藝術、表演藝術製作之策略，並擁有節慶活動決策權力之活動領袖。一位卓越的節慶活動策展人，需要涉及到主題擬定、活動展覽呈現方式、媒體應用、教育推廣，以及節慶行銷等策略。不同節慶活動之策展人，在進行決策之時，應考慮活動型態和目標，並提出節慶活動中最適合的企畫書。

因此活動策展人除了策劃活動、策劃展覽，並且應該是一位專案的企畫製作人。相較於在籌募資金到位之後，進行徵募執行團隊，策展人更具備整體決策之能力，一場成功的節慶活動，需要結合創意，透過實務化的經營管理機制，提供觀光客多樣化的觀光遊憩活動，並且考慮永續活動之發展，並展現節慶活動的創意。本節以專案管理的步驟，進行策展人在節慶活動之概念階段、組織階段、整合階段、結束階段的說明，詳如圖7-1。

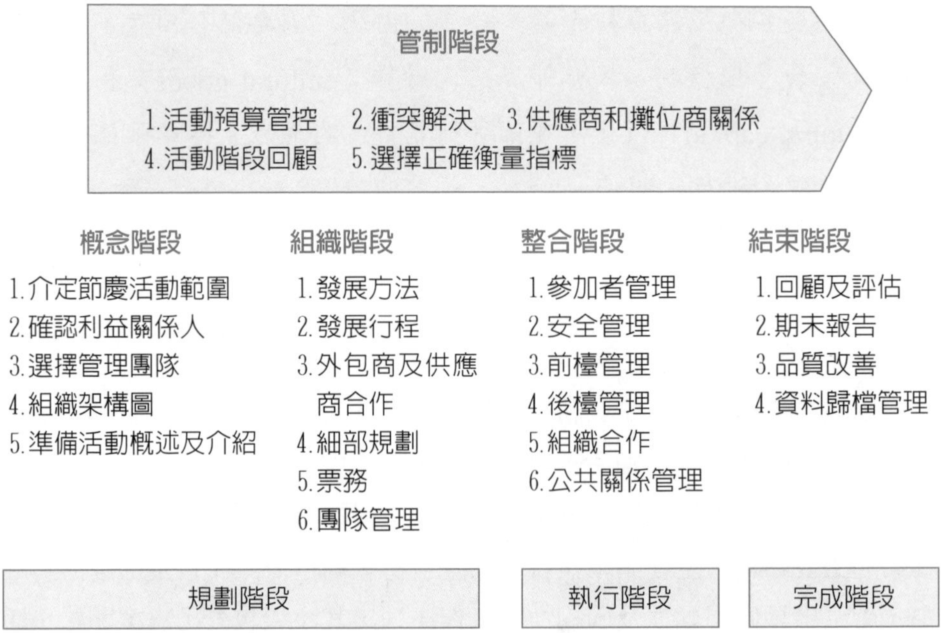

圖7-1　節慶專案管理週期

一、專案管理的步驟

(一)概念階段

1. 介定節慶活動範圍：擬定年度主題，包括確認節慶活動核心價值，以及年度主題方向之確認。

2. 確認利益關係人：節慶活動舉辦之目標對象，即為活動參與之公部門官員、民間非政府組織（Non-government Organizations, NGOs）成員、在地民眾、志工，以及觀光客群。

3. 選擇管理團隊：節慶活動管理團隊之任務，包括活動現場細部設計，並且進行現場流程掌握。管理團隊依據活動策略方向，運用人力、物力、財力，以便策劃及推動活動。

4. 組織架構圖：策展人建立組織架構圖，定期召開工作小組，依據活動性質進行工作分配。

5. 準備活動概述及介紹：在籌備會議中，進行活動概述及介紹。

(二)組織階段

1. 發展方法：進行可行性評估，檢視執行節慶活動之可能，以及執行之後預期效果。透過天候變化、時程規劃、主辦單位主管的態度、主管任期、承辦人員的態度，以及其他節慶活動的競合問題，進行可行性評估；並且依據財務情形，調整經費需求。

2. 發展行程：依據行程規劃及財務狀況，在行程上予以規劃、精簡，或是調整。

3. 外包商及供應商合作：召開協調會議，對於外包廠商及供應商之間入場布置、交通指揮、場地清潔、以及訊息公告等外部資源協助，進行協調。

4. 細部規劃：依據活動策略發展主題進行場館規劃，並針對活動主題，設計體驗活動。

5. 票務：進行預售票的發售活動，並且進行票務促銷活動。

6. 團隊管理：針對籌備小組進行相關獎勵或徵選機制，或請求外部

人力之協辦，必要時應招募志工、工讀生。

(三)整合階段

1. 參加者管理：進行人員掌控，並且進行導引動線，提供舒服及便捷的服務。

2. 安全管理：建立節慶活動時，預防發生火災、塵爆、人員受傷與人員秩序失控事故之管理，並且在事故發生之後進行損害控管，讓生命財產之損失降到最低。

3. 前檯管理：從前期之舞臺規劃、設計、統籌進行燈光設計、木工布景、音響，到彩排、演出之管理工作。

4. 後檯管理：進行表演者的排練空間、演員化妝室、服裝及布景間、倉儲設備之監控、聯絡及通訊，並進行服裝管理、道具管理，以及音效管理。

5. 組織合作：推動協調工作中的產業界和公民營界的合作關係，進行跨界組織整合。

6. 公共關係管理：公共關係管理需要針對觀光客及媒體，針對傳播溝通的目標、資源、手段、過程和效果等基本要素進行管理，內容包括了公共資訊管理、公共關係管理，以及節慶活動形象管理等內容。

(四)結束階段

1. 回顧及評估：評估節慶活動辦理的成效，產生的過程和方法，是否符合程序，達成目標效益。

2. 期末報告：藉由撰寫節慶活動成果之期末報告，進行資料建檔及出版。

3. 品質改善：活動品質為節慶活動需要重視的課題，藉由活動影響，以及相關單位、業者，以及觀光客對於活動的整體看法，進行檢討及改進，期望提升活動品質，以改善節慶活動之舉辦方式。

4. 資料歸檔管理：節慶活動的資料需要忠實建檔紀錄，以供後續策

展人之參考。尤其是節慶活動所引發的經濟效益評估、媒體報導、社會迴響，以及民眾回饋等內容，都應該建檔成冊，以結案報告書，或是成果報告書的形式完整呈現，並送交各相關主辦、協辦，或是贊助單位參考。

㈤管制階段

節慶活動在策展人進行規劃之後，應該引入管理團隊進行妥善經營，並進入管制階段。管制階段涵蓋整體活動流程，包含了節慶活動預算管控，解決不同團隊參與之衝突問題，建立供應商和攤位商良好的關係，進行活動階段回顧及改善，以及選擇正確衡量指標，進行節慶週期的專案管理，其優點如下（O'Toole and Mikolaitis, 2002）：

1. 採用系統性的方法，可隨著不斷的應用而改善流程。
2. 避免活動的成敗，取決於某特定個人之風險。
3. 管理團隊採用共同的術語，有利於明確溝通。
4. 確保管理團隊對於利益關係人應負的道義和責任。
5. 進行管理活動之間的透明化。
6. 提供循序漸進的人員培訓及組織活動。
7. 採用節慶管理於其他管理之領域。
8. 節慶活動利益關係人之間，熟悉相關民俗及專業術語。

在節慶專案管理中，應該規劃工作分類結構、工作責任表、核對表、時間表、資源分析、財務規劃與預算，以及利益關係人的管理計畫。以下以節慶活動之時程管理系統和活動報名管理系統，進行說明。

二、時程管理系統

時程管理系統係以行事曆和預期階段性目標的方式進行設計。節慶活動時間管理，圖7-2採用甘特圖（Gantt chart）和燃盡圖（burn down chart）進行說明，讓活動管理團隊掌握「目前節慶活動專案進行程度」，以及「距離節慶活動專案結束期限還有多久」等資訊。在甘特圖設計步驟上，進行區分任務、計畫時間表、排定優先順序、製作日期表，以

及製作階段性目標的里程碑。甘特圖的好處包含了可以直接看出時間表，有效的溝通與控制，並且提供活動過去歷史摘要等內容。（見圖7-2）

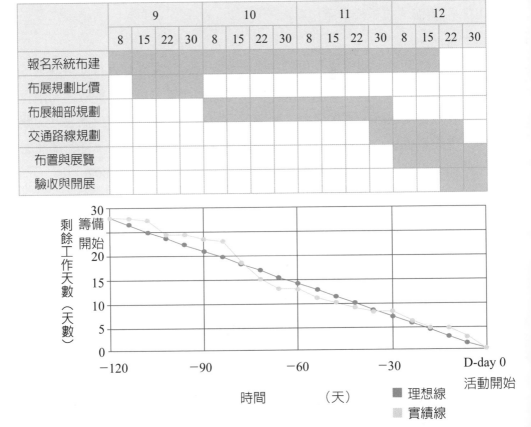

圖7-2　甘特圖（Gantt chart）和燃盡圖（burn down chart）是節慶規劃時程管理的工具。

　　燃盡圖用於體現節慶活動籌備剩餘工作量的工作圖表。圖表是由橫軸（X）和縱軸（Y）組成，橫軸表示時間，縱軸表示剩餘工作天數。燃盡圖圖表可以直觀的預測何時將籌備工作告一段落。一般可以在圖表中繪製兩條線段，一條表示理想的工作進度，另一條記錄實際的工作進度，接著將籌備工作拆分成若干工作項目，完成一個就減去一個，以此來衡量全部籌備工作完成的剩餘時間。

隨著節慶籌備工作不斷地推展，工作量就日益減少，開始迎接節慶活動的盛大展開。圖中顯示了工作計畫的曲線，依據節慶活動籌備工作設定了活動開始的「期限日」（D-day）。如果計畫照預定進行，實績線和理想線就會幾乎重疊。實績線顯示實際成績的曲線，顯示到該日為止，剩餘的工作量。當實際工作曲線低於理想值之時，則表示籌備工作可能提前完成；當實際工作曲線高於理想值之時，則表示籌備工作可能會延期完成。如果每次繪製的圖標，實際進度曲線都在理想值下方，則表示籌備計畫過於保守，可以適當地縮短；相反的情況，則表示籌備計畫過於激進，應當適當延長。通過多次的工作紀錄進行統計，可以了解節慶活動管理團隊的工作效率，是否有一定的提升。

三、報名管理系統

過去大型節慶活動在舉辦之時，常常是以不收費的方式進行，策展人幾乎搞不清楚會有多少人參加活動，在活動中需要準備多少餐點、資料、紀念品，幾乎沒有概念，讓整個會場人頭攢動，搞得一團混亂。但是，隨著資訊時代的來臨之後，不管是收費型的節慶活動，還是不收費型的節慶活動，應該要建立圖7-3資訊化的活動刊登系統和線上報名系統。

活動刊登系統採用的電子報及活動通知信的方式進行。活動電子報屬於出版管理的一環，可以提高多元化的數位出版，除了運用網路電子報進行固定方式的發行之外；電子報以可以提供網路的報名系統，報名系統中擁有節慶活動張貼的空間及報名表功能，可將報名系統嵌入網頁之中。管理團隊採用線上活動報名功能，可以快速地建立活動範本，進行修改，並可以舉辦線上報名活動，蒐集參加者資訊；而管理團隊也可以直接輸入參加者，還可以進行線上收費，進行財務管理活動。線上報名也可以順便調查志工服務的意願，確認志工人數和活動參與人數，進行參與人員之總體管理，目前線上管理系統有以下兩種模式：

㈠營利組織：Salesforce、SugarCRM等。

㈡非營利組織：netiCRM/CiviCRM等。

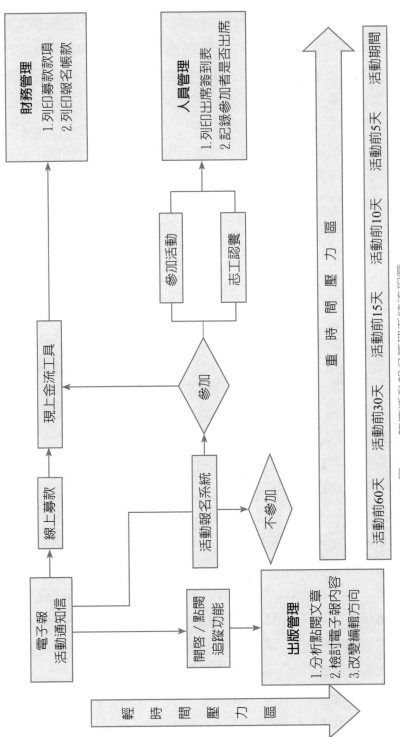

圖7-3 節慶活動報名管理系統流程圖

第二節　報酬控管

在資本主義社會，「節慶市場化」是一種奇怪的名詞。因為節慶經濟，本來就應該自外於計畫經濟體制之外的民間活動。但是，政府在節慶活動中的角色扮演，過去以加入戰局的「選手」角色，不斷投入資金，催生了許多新興節慶，例如：彰化花卉博覽會、宜蘭綠色博覽會、臺南白河蓮花節、屏東黑鮪魚觀光文化季等。但是因為財政收入銳減，逐漸轉變成為「教練」和「裁判」的角色，近年來縣市政府減少投入主辦節慶的戰局。政府機關的角色，在為節慶產業發展，營造更為公平競爭的環境，借助優質化的產業政策，進而調整節慶產業的發展。

一、政府主導辦理節慶活動

行政院為了整合政府各相關機關辦理文化藝術、運動賽會、地方民俗等與觀光旅遊相關活動，補助地方政府、公立學校、民間非政府組織（NGOs）等社團辦理節慶活動。在活動中規定邀請之表演團體，通告以臺灣特色表演團體為主，並結合地方產業、小吃、景點等觀光資源規劃遊程，以方便國內外觀光人士進行旅遊前的規劃活動。以臺灣燈會（Taiwan Lantern Festival）為例，是由交通部觀光局主辦，自1990年起於每年元宵節舉行之大型燈會活動，自2001年起則開放全國各縣市角逐主辦權，成為少數國家補助的全國性大型節慶活動。

但是政府主導的節慶活動，因為執行公務過程中，所需的資金是由公共財政按照一定預算公式編列。一般來說，由政府主導的節慶活動，因為缺乏對於成本的嚴格管控，以及對於投資報酬率的計算，結果容易導致入不敷出。其次，因為礙於每年的預算，政府在舉辦每年例行的節慶活動時，因為預算排擠效應，經費逐年遞減，其節慶活動是否能夠永續生存，都會產生嚴重的問題。所以，一旦節慶被創造出來，應力求財源自主，採用部分自籌方式推動節慶永續發展。

二、企業贊助及舉辦節慶活動

　　節慶活動的經營管理，其關鍵在於節慶對於觀光客的吸引力，以及觀光客對於節慶的參與程度。有了觀光客的參與，才能夠實現門票收入，有效招攬贊助商投入節慶的籌備工作。舉例來說，1984年美國洛杉磯舉辦的第23屆奧林匹克運動會，美國政府沒有動用任何的公共財政資金，完全是由民間企業承辦的。由於經營得當，盈利2.15億美元。其次，歐美國家舉辦運動賽事活動，其融資的管道包括電視轉播、贊助、門票、彩票、債券、單項運動協會撥款等方式，進行經費取得。其中，電視轉播權、門票、贊助金、授權產品、餐飲服務等方式，是獲得賽會舉辦資金的主要方式。從資金的比例來看，企業界是運動賽會資金的主要來源，占全部資金的65～80%。經由財務分配各項目籌備經費，若是計劃經費需求超出預算，通常會遭到刪除，或是予以調整，所有活動項目之發展，都必需符合經濟性評估。

　　2010年上海世界博覽會創下7,308萬人次的人潮紀錄，平均每天近40萬人次參觀，最高峰日更達103萬人次。上海世博在企業合資部分，包括有全球13家合作夥伴、14家高級贊助商、29家專案贊助商，再加上350家特許生產商設計的2萬多種產品，為觀光旅遊帶來直接經濟效益為800億元人民幣，投資報酬率相當驚人。（見圖7-4～7-7）

　　因此，節慶活動的投資報酬率，在節慶專案管理投資回收期間的收入，就是盈餘。在考慮無形的效益方面，節慶活動的價值不只是聚焦在觀光客數量和利潤盈餘的面向，應建立消費者盈餘的概念。我們以下列公式來看：

觀光消費者盈餘 = 觀光客的評價 − 觀光客的實際支付

圖7-4　2010年上海世界博覽會，圖為臺灣館天燈演出（方偉達攝於上海）。

圖7-5　2010年上海世界博覽會，圖為場館動線區隔與規劃（方偉達攝於上海）。

圖7-6　2010年上海世界博覽會創下7,308萬人次的人潮紀錄，圖為民族舞蹈表演
　　　　（方偉達攝於上海）。

圖7-7　2010年上海世界博覽會創下7,308萬人次的人潮紀錄，圖為蒙古族傳統行軍
　　　　表演（方偉達攝於上海）。

如果觀光客在節慶活動交易當中，所獲取額外的利益，超過觀光客的付出的價格。在觀光客的心目中，如果參加節慶活動，產生了消費者盈餘，並不代表了實際收入的增加，只是一種心理和感官的感覺。如果節慶活動辦得好，觀光客對於節慶產生的效益評價很高，願意支付的門票價格也高，則產生了消費者盈餘。那麼，節慶社會的總福利價值，在活動衍生的交易過程中，就會不斷地成長。

　　此外，歐美國家的企業界贊助節慶活動，通常除了經費贊助之外，還貢獻其豐富的管理、法律知識專長，進一步協助節慶活動團體的行政與經營。研究指出，大部分的節慶活動是由十人以下的組織運作，以節省日常開銷。企業贊助的方式，可以融入管理技術的支援與顧問諮詢，以節省籌備工作之開銷，並協助節慶活動的永續發展。（見圖7-8～7-9）

圖7-8　中國傳統節慶活動，展示蠶絲旗袍的服裝表演，需要較大的展示空間（方偉達攝於江蘇蘇州）。

圖7-9　學校慶典活動以聲音和影像等影音數位等多媒體內容進行成果展示，圖為
　　　　2015年哈佛大學畢業典禮的意象布置（方偉達攝於美國麻州劍橋哈佛大
　　　　學）。

第三節　人力資源

　　節慶活動是一種以「聚眾」為主的人力資源管理活動。節慶活動人
力資源管理，指的是活動策展人對於節慶活動人力資源的獲取、維護、
激勵、運用，以及發展策劃活動的管理的過程，著重於任務性績效（task
performance）的創造，並強化活動期間利益關係人的社會關係聯結性。
節慶活動的利益關係人，包括了活動策展人、活動執行團隊、活動管理團
隊、當地社區民眾、贊助人、媒體、僱工、志工、表演者、觀光客等。節
慶活動之人力資源管理係以專業者的角度，運用主動積極的態度，以整體
性的觀點，進行籌辦活動人員的招募選用、訓練教育、福利薪資，以及績
效評估。節慶活動的利益關係人可分為管理團隊、執行團隊，以及參與
者。

一、管理團隊

管理團隊包括了籌辦單位、委辦單位及上級指導單位等。活動管理團隊，可以是政府機關、企業或是民間團體。

二、執行團隊

管理團隊包括了籌辦單位、承辦單位、協辦單位等。活動執行團隊，可以是政府機關、企業或是民間團體。

三、參與者

參與者包含了政府機關成員、民意代表、民間NGOs、媒體、表演者，以及觀光客等。

四、社會網絡

以上管理團隊、執行團隊和參與者的關係，都可以透過網際網路和傳播科技進行合作。社會網絡的成員主要透過電子傳播，在不同地域的辦公室、工作室，以及家中進行互動。活動中的參與者，涵括了虛擬社會網絡中的參與者，包括了網路中的使用者，例如關心活動，並且運用臉書（Facebook）、Line、推特（Twitter）、微博、微信（WeChat）等媒體管道，進行發表評論和傳播評論者。

依據上述的分類，可以瞭解每個單位及成員，在節慶活動籌備過程中，都扮演了重要的角色。其中活動策展人在節慶活動設計中，扮演主導活動創意設計的角色。活動策展人由活動執行長擔任，具有活動決策的權力。

由活動策展人所領導的執行團隊，針對管理團隊所指導的整體活動的方針，需要擬定細部活動計畫，並負責執行該活動。因此，在策展人、執行團隊，以及參與者進行分工之後，產生節慶活動架構。

發展節慶活動籌劃單位的人事架構，需要依據活動企畫書擬定的工作

清單，計算人力需求，若執行團隊人力不足，應該納入其他單位協同辦理，在活動中，除了需要聘請雇用人力之外，會場的臨時工及工讀生可經由推薦任用。在組織工作小組時，除了依據工作性質進行分組，在招募志工之時，應該先建立評選機制和獎酬制度，並且需要提供教育訓練的機會，以讓僱工和志工熟悉工作及環境。

第四節　活動行銷

節慶活動行銷（events or festival marketing）管理，是一種分析、規劃、執行及控制節慶流程的過程，藉由節慶籌備程序，以界定活動創意、發展節慶產品，以及提供節慶服務的理念傳播。在節慶活動中，進行推廣、宣導、訂價、促銷，以及配銷等行為，進而創造節慶的價值。在執行節慶活動中，推動行銷應該掌握下列原則。

一、傳達優惠訊息

節慶行銷之內容，應為正確傳達活動訊息，以吸引觀光客參與。在節慶活動舉辦過程之中，應針對當地民眾、身心障礙者、家境清寒者提出優惠及免費的方案，透過口耳相傳的方式免費宣傳。

二、選擇行銷媒體

在傳達工具的選擇上，依據媒體特性而決定活動資訊數量、頻率與訊息的焦點。在媒體運用上，委託電視臺進行活動前及活動期間的電視媒體宣傳。在全國版報紙廣告中，結合地方版報紙廣告，相互搭配進行全面性宣傳。如果是辦理地方性的活動，採用地方電臺之廣告宣傳。在電子免費媒體中，透過虛擬社會網絡中網路成軍（網軍）的概念，吸收網路中的使用者的能量，例如關心節慶活動，並且運用臉書（Facebook）、Line、推特（Twitter）、微博、微信（WeChat）等管道的評論和閱讀網書者。

三、擴大行銷方式

在行銷時一定要區別國內外的客源。在開拓行銷管道上，建議與公部門合作進行行銷。行銷的方式，包括了各式各樣的網路廣告，以及記者會等。在印製活動文宣時，應依據交通部觀光局的相關規定印製邀請卡，以主辦單位首長為邀請人，在節慶活動的主要場地布幕，或是看板相關文字資料上，加註外語標示，以吸引國外觀光客參與。

第五節　活動執行

節慶活動籌辦主要是每一年或數年舉行一次的活動，且有特定的開始與結束日期。因此，需要事先將節慶活動納入年度計畫，讓觀光客事先蒐集到活動資訊。在活動執行時，常常有許多突發狀況需要解決，主辦單位需要以冷靜的態度面對，尤其在活動之前，應先準備活動現地管理的組織架構圖，分析人潮、交通，以及維安問題，並且預先做好因應措施的準備。

一、活動現地管理架構

活動現地管理，包含了顧客服務、表演者服務、展品服務、節慶活動場地服務等工作，提供車輛管制時間及路線圖，以利廠商布展及觀光客參觀（圖7-10）。

(一)顧客服務

1. 行銷：節慶行銷配合宣傳活動，以「策略聯盟」擴大合作範疇，結合不同屬性的企業資源，在特定主題的安排之下，吸引觀光客的目的。此外，透過網際網路提供觀光客所需要的資訊，妥善處理觀光客的抱怨，達到滿足觀光客的需求。

2. 票務：推動預售票及現場票務系統業務之執行，售票系統需要產生後續服務之功能，推動早鳥優惠及特惠活動。

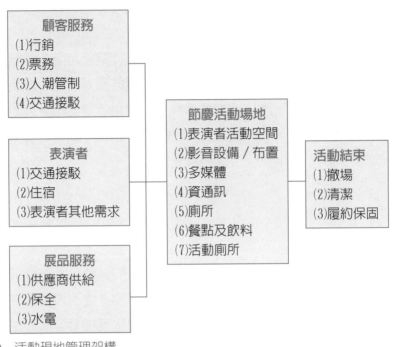

顧客服務
(1)行銷
(2)票務
(3)人潮管制
(4)交通接駁

表演者
(1)交通接駁
(2)住宿
(3)表演者其他需求

展品服務
(1)供應商供給
(2)保全
(3)水電

節慶活動場地
(1)表演者活動空間
(2)影音設備／布置
(3)多媒體
(4)資通訊
(5)廁所
(6)餐點及飲料
(7)活動廁所

活動結束
(1)撤場
(2)清潔
(3)履約保固

圖7-10　活動現地管理架構

3. 人潮管制：在進出場館的人潮中，進行人潮疏導管制，以電梯口、樓梯間、閘門，以及場館大廳出入口進行管制。當遊客回堵至閘門口時，找出其他出口疏導人潮瓶頸。當人潮無法紓解時，採取只出不進的排隊管制。待人潮散出，才開放進入。

4. 交通接駁：提供開幕式大眾運輸服務，以及接駁資訊。鼓勵搭乘捷運、免費接駁巴士、免費低碳旅遊接駁電動車作為交通接駁工具。

(二)表演者服務

1. 交通接駁：提供免費接駁巴士、免費低碳旅遊接駁電動車作為交通接駁工具。

2. 住宿：提供旅店住宿。

3. 表演者其他需求：為了維持演出品質，在時程安排上應該讓演出人員有休息的時間。

㈢展品服務

1. 供應商供給：提供展品運輸服務、保稅倉儲服務、展示設計服務、視聽設備（A/V）服務、展覽工程服務、展覽會廣告宣傳服務。

2. 保全：提供展廳安全保潔及保全之服務。

3. 水電：提供設施維修與拆卸，以及供水、供電、照明之裝載服務。

㈣節慶活動場地

1. 表演者活動空間：可分為⑴表演藝術類：現場表演之戲劇、默劇、丑劇、舞蹈、歌唱、演奏、魔術、雜耍、偶戲、民俗技藝、服裝表演、詩文朗誦，以及行動藝術等。⑵視覺藝術類：現場創作之繪畫、雕塑、環境藝術、影像錄製及攝影等。

2. 影音設備／布置：會場布置、背版設計、舞臺工程搭設、專業燈光音響工程設備、相關道具及製作等。

3. 多媒體：照片、聲音、音效、影像、動畫、文字等影音數位等多媒體內容，搭配網路及現場互動遊戲光碟等互動介面進行成果展現。

4. 資通訊：運用網際網路提升公部門在節慶活動規劃時的治理能力，發展私部門在節慶活動上的商機。運用資通訊的載具，提供觀光客足夠的活動資訊，降低觀光客在搜尋節慶活動時，尋找資訊所需的時間和資源，也減少了節慶活動的交易成本、營運成本，從而提高了媒體傳輸效率。

5. 廁所：興建場館廁所方便觀光客使用。

6. 餐點及飲料：提供環保低碳的飲食和飲料。

7. 流動廁所：調動流動廁所方便觀光客使用。

　　2013年在巴西里約熱內盧舉辦的嘉年華活動，封街50條街，吸引全世界超過900萬人前來狂歡慶祝，雖然主辦單位設置了1萬多間的流動廁所，但是隨地便溺被舉發的觀光客還是超過800人。主辦單位提供了一種運用尿液發電的流動廁所，尿液集中到發電機中再加以處理，運用微生物燃料電池系統的技術，就能變成電力儲存在電池內，而這些電池則提供電子花車活動所需之電力。2014年的世界盃運動會和2016年在巴西里約熱內盧舉辦的奧林匹克運動會，都採用這種流動廁所。

　　美國國家地理頻道發現，只有25%的孩童在游泳池嬉戲之後，會上岸到廁所便溺，75%的孩童說，他們可能在尿急之際，直接便溺在游泳池中。但是游泳池中含有消毒藥水，主要的成分是次氯酸。當次氯酸遇到尿液中所含的尿酸時，會生成氯化氰和三氯胺，造成孩童氣喘和呼吸道疾病。因此，運用微生物燃料電池系統，透過尿液不斷經過盒子，產生約500瓦的恆定電流。這些電流產生的電力，讓游泳池畔冰淇淋的小販，提供製作免費發電的冰淇淋給孩童吃。經過實驗，原來只有25%的孩童在游泳池嬉戲之後，會上岸到發電廁所便溺；後來大家因為想吃冰淇淋，到游泳池的岸邊廁所尿尿的孩童，增加到75%，這個概念目前已經運用到水上樂園的遊憩活動設計之上。

(五)活動結束

　　1. 撤場：提供清運、清除展品和設備，與貨運公司聯繫進行撤場宅配。廠商撤場復原之後，由承辦單位會勘，並辦理驗收。

　　2. 清潔：收攤需將該攤位清理乾淨，巨大垃圾和可回收資源都應放置於集中處，個人垃圾自行帶走。

　　3. 履約保固：攤位租金租用時間，包含入場布置至撤場完成。保證金於展前說明會時繳交，並於活動結束撤場驗收完成之後退還，完成履約保固。

二、交通規劃管理

　　節慶活動舉辦期間，應依交通動線，妥善規劃臨時道路雙語化指標系統。在發展場域規劃時，應先規劃好場域空間的配置，以及遊客路線圖，以保障觀光遊憩之空間品質。

　　㈠依據不同使用對象及交通工具進行分類：

　　　1. 當地鄉鎮居民：步行，自行車或機車。

　　　2. 假日外地遊客：小客車或機車。

　　　3. 小客車或機車可進入停車場停車，再以步行或自行車轉乘之方式進入各區，而各區應具備相應之公共及服務設施。

　　㈡道路分級：聯外交通道路分為三級，包含主幹道、一般道路，以及緊急規劃道路。

　　　1. 主幹道：以規劃區內聯外道路為主，允許機車及小客車使用，提供場域內外連接之用，以汽機車行駛為主。

　　　2. 一般道路：連接各區之道路，並加設自行車道，允許自行車及人行使用，全線應加以綠美化；屬於遊憩性質道路，需注意流量控管。基地內動線系統說明如圖7-11：

　　　　⑴小徑道路：利用小徑加設之自行車道，可使觀光客快速往來各區，可供自行車及行人使用。

　　　　⑵遊憩步道：在生態公園及綠林道部分，設有連接各區之景觀步道及木棧道，提供觀光客騎乘自行車及步行使用。

　　　3. 緊急道路：連接各區之道路，並加設緊急出口，允許消防車、救護車緊急出入及使用。

　　㈢區內遊程：區內道路使用者主要對象為觀光客及當地居民，並且本區性質偏向節慶活動休閒遊憩類型，採取開放式遊樂，因考慮外來觀光客到本區之活動體驗，所以在區內擬定觀光遊憩路線，規劃如圖7-12及圖7-13。

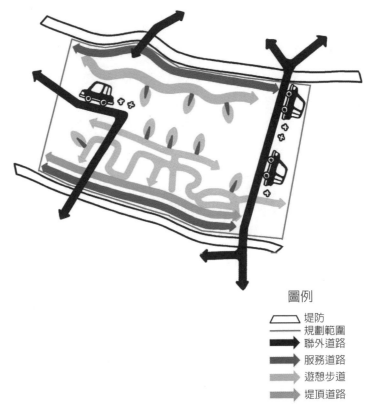

圖例

⬡	堤防
───	規劃範圍
⬛➤	聯外道路
⬛➤	服務道路
⬛➤	遊憩步道
⬛➤	堤頂道路

圖7-11 節慶活動交通示意動線圖

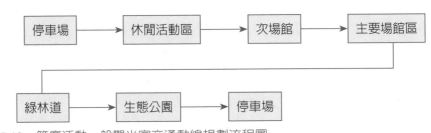

圖7-12 節慶活動一般觀光客交通動線規劃流程圖

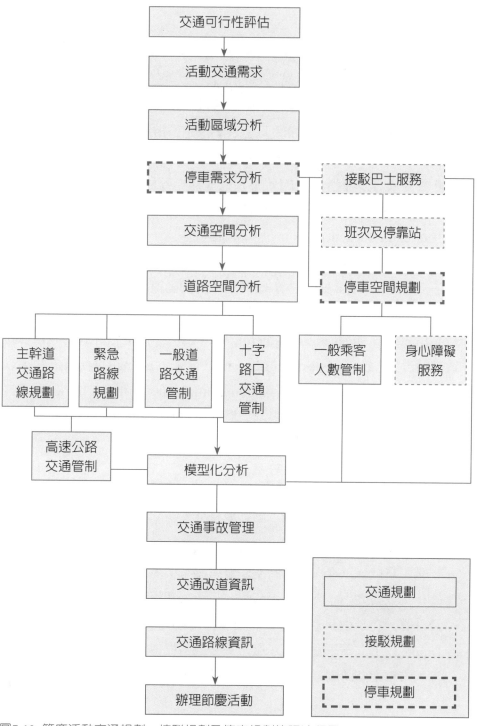

圖7-13　節慶活動交通規劃、接駁規劃及停車規劃管理流程圖

三、人潮管制

舉辦大型節慶活動時，應考慮活動場域的人潮管制。人潮過度擁擠（overcrowding）的結果，易造成個別群眾失控、群眾心理或生理的問題。人潮管制攸關於活動安全、活動承載量，以及活動整體之服務品質。節慶活動預估遊客人次達十萬人以上者，像是舉辦跨年晚會、元宵燈節、遊行嘉年華會活動時，需要劃分成不同區域，分段控制人流。

針對群眾之多寡所造成的效應和過度擁擠等狀況，研究發現過度擁擠和意外災害的主要發生在：陡峭的坡度（steep slops）、死巷或門被反鎖（dead ends, locked gates）、多處通路變成單一通路處（convergence of several routes into one）、凹凸不平或滑的樓板或階梯（uneven or slippery flooring or steps）、少數群眾相反的動線流向（reverse or cross flows in a dense crowd）、排隊人群前有障礙或群眾聚集時（flows which are obstructed by queues, or gathering crowds）、徒步之群眾中混雜著動物或交通工具（large pedestrian flows mixing with animals or traffic），以及人群中有會移動的注意焦點（moving attractions within a crowd）。當人潮集結在特定的地區，需要限制人群聚集，並且事先洽請當地交通及警察單位實施交通管制或交通疏運等措施，以維持交通秩序，其目的是避免失控，造成人群相互踩踏的傷害。

(一)規劃

節慶場域規劃，應該注意人潮的聚集性，除了注重主視覺意象的整體規劃，對會場區域之內的容客數，以及各場地的人數，應該事前予以規劃和掌控，以維持最佳的空間舒適感。場域的規劃也要考量到天候變化、空間大小、人群入場時間，以及人潮流動方向，進行事前規劃及計算。在疏散訊息中，以廣播，採用發光二極體（Light-Emitting Diode, LED）電子資訊告示版，或是以手機傳訊的方式，通知疏散人潮列車車次及時刻變動，或是旅客疏散等緊急事件。

(二)封鎖

當節慶活動區域聚集的人數達到飽和，即戶外人口密度，每人平均可以享有的空間，低於0.75平方公尺時，應保持警力，將該地區封鎖，實施單向管制，確保「有出無入」。

(三)疏散

現場安排足夠的警力，協助維持秩序及疏導人潮，應付突發情況。警方同時預留緊急通道，以防不時之需。人潮疏散，需要結合交通路線規劃，當瞬間人潮疏散回流湧向捷運車站、鐵公路車站、停車場時，需要進行不同路口的緊急疏散，避免擁堵。

(四)尋人

在捷運車站、鐵公路車站，若有走失老人與兒童，或緊急狀況時，應進行廣播，協尋走失老人與兒童。

四、展品管理

在節慶活動舉辦期間，在展示廳中，依據節慶活動的需求，設置展示櫥窗，用於展示活動之展覽物品。有關展覽品的保全非常重要，需要由參展商自行保管展覽品。展覽品最容易受到碰損、斷裂，以及失竊的時間，是在節慶活動布展和撤展期間。為了防止展覽品的遺失，每天在展覽結束前應該將展覽品鎖在儲物櫃之中，隔天開始展覽時再取出陳列。在保險方面，如果因為在展覽品海運途中船隻發生海難翻覆，參展商都有幫展覽品購買海運貨物險全險（all risk insurance）保單，但是這種保單只有包含船運發生災害，造成展覽品損失的保險，所以針對展覽品在陸路貨運運送、貯存、展出期間發生的意外，例如火災、水災、失竊、破損等事故，並不予以理賠（方偉達，2014）。

一般來說，展覽品失竊可以說是經常碰到的情況。因為展覽場地屬於開放空間，主辦單位認為參展商應對自身的展覽品負保管之責。因此，主辦單位對於展覽品失竊不會予以理賠。所以在展覽期間，參展商還要進行商業保險中的展覽保險，保險範圍包括：

㈠展場設置及展覽攤位撤展所引發的公眾責任。

㈡展覽期間物品、傢俱、機器、設備，以及其他用於展覽會的財物損失。

㈢參展物品直接往返於展覽會場的陸上運輸中的損失。

㈣參展商於會場的公眾責任。

㈤保障參展商臨時聘用作為推銷或示範的員工安全保險。

個案分析　「真相達文西」特展意外事件

　　2015年8月，臺北華山文創園區展出了「真相達文西」特展，策展人之的義大利國家級科學鑑定師安德烈・羅西（Andrea Rossi）透過在歐洲的關係，向私人收藏家與博物館借來了五十五幅畫作展覽。在展覽之際，爆發「真假達文西」畫作的疑慮，在國內外媒體和報章雜誌上喧騰一時。

　　展覽之初，馬利歐・努濟（Mario Nuzzi）在1660年繪製的油彩畫《花》，意外地遭到12歲男童手持飲料時，不慎跌倒，跨過欄杆線，以雙手撐過畫布而壓破了畫布，羅西第一時間是先安慰那個嚇傻的小男童，並透過翻譯開玩笑的說：「現在你是唯一親手碰過真跡的人」。男童壓破畫布事件發生之後，羅西希望能壓下這件事，他說：「我擔心因為這個意外，以後會沒有人願意把真跡畫作借給臺灣」。事情發生之後，臺灣的媒體對於羅西的採訪內容卻是：「你很難過嗎？」「你會對孩童求償嗎？」羅西私下向工作人員表示，他用盡了所有的專業與努力，想帶給臺灣朋友一個特別的展覽，而媒體關心的，卻只是這些。然後羅西哭了，沮喪又小聲地說：「也許是我做錯了」。

　　男童損害畫作的事件，引起國際媒體的關注。《每日郵報》形容這名男孩以非常怪異的「卓別林」式姿勢絆倒。天空新聞電視臺（Sky News）都進行了相關報導，並附上男童壓破名畫的照片或影片。在主辦單位聯絡修復師蔡舜任經歷13小時的搶修之後，已經修復，但是展覽會場的展覽品維護方式，引起熱議。蔡舜任在社群網站臉書（facebook）貼出修復後，肉眼完

全看不出有受損照片。他認為，歷史久遠的畫作都很脆弱，禁不起任何意外，希望臺灣別要因為這次的意外，影響到以後名畫來臺灣展出的機會。

　　這次事件震驚了國內外藝文界，國際不少大型美術館、博物館都需要安全檢查，參觀規則包括了超過A4紙張大小的手提包不能帶進展場，以避免轉身時不小心碰撞到藝術品；飲料和食物絕對禁止帶入會場，以免潑灑到藝術展品；此外，場內不能追逐，不能攝影；說話需要輕聲細語等。甚至，有些展覽活動更為嚴謹，規定5歲以下兒童不能入內。因此，我們要加強國人參觀藝文展覽活動的注意事項，為人父母及師表者，應該強化對於孩子的藝文展覽活動的基本素養。

五、場地管理

　　場地管理包含了節慶活動期間施工中場地管理和營運期間的場地管理。在場地管理中，最常使用到的管理方法是5S，5S是日語的發音，最初起源於日本，在日本，5S是工作前的基本要求，不論是在工地、營運場所，還是辦公室，如果沒有做到5S，所衍生的結果代表工作效率低落，工作成本提高。目前5S已經被許多製造業和服務業採用（方偉達，2009）：

㈠5S的日語翻譯版：整理（Seiri）、整頓（Sieton）、清掃（Seiso）、清潔（Seiketsu）、紀律（Shitsuke）等日語發音的羅馬拼音字首。

㈡5S的英語翻譯版：整理（Structurice）、整頓（Systematise）、清掃（Sanitise）、清潔（Standardise）、紀律（Self-Discipline）等英語發音的羅馬拼音字首。以下簡要介紹5S的場地管理：

　1. 整理（Structurice）：將物品進行清單整理，將需要和不需要的東西分開進行標示，然後將不需要的廢棄物丟棄或是進行資源回收。

　2. 整頓（Systematise）：將需要的東西井然有序地放在容易看到及取用的地方，以節省尋找的時間和精力。

3. 清掃（Sanitise）：活動場地要經常打掃，常常保持清潔、通風和乾燥。

4. 清潔（Standardise）：活動場地要經常維持整理、整頓及清掃的成果。

5. 紀律（Self-Discipline）：必需要養成遵守場地清潔維護的規定和習慣。

第六節　風險管理

　　節慶觀光因為是人流、物流及金流快速流通的活動，因為不可抗力及人為決策失誤，無可避免地將衍生出許多風險。在大型節慶活動場所舉辦活動，除了應對場地的設施進行規劃之外，應極力確保參加觀光客的安全，因為一旦發生意外事故，諸如收入損失、死亡及醫療等給付費用之賠償支出、公共安全保險費用（insurances costs），將對於商業信譽及形象造成極為嚴重的危機。

　　在危機處理中，可以分為危機預防工作、危機處理工作、危機善後工作，以及危機結束之後的檢討改進工作。本節以風險預防，以及風險控制進行說明，以期能促進節慶活動的安全性，降低各項節慶活動的風險。

一、風險預防

(一)人員

　　因為錯誤的決定，導致嚴重的意外產生，當參與人員受傷之後，可能被迫改變計畫，將會改變節慶行動。

(二)事件

　　意外事件發生之後，從最初狀況的知識察覺，進行重要事件特點的狀況評估，並決定選擇，執行決策與管理，檢討反應結果。

（三）時序

考慮不能確定的動態時間，例如惡劣的天氣和尖峰交通時間，進行風險模擬及預測。

（四）地方

考慮高風險的動態環境之安全改善，例如交通節點、擁擠場所，以及舞臺區，進行風險模擬及預測。

（五）物件

考慮易發生風險地區的風險屬性，準備溫水、禦寒衣物、毛巾、乾糧、消炎藥水、繃帶、簡易醫療設施，例如：「自動體外心臟電擊去顫器」（Automated External Defibrillator, AED）。

二、風險控制

（一）建立安全責任制度

制訂安全防範措施和應急方案，建立安全責任制度，落實24小時緊應變措施值班制度，擬定警察、消防、交通、衛生相關部門的緊急安全措施的標準作業程序計畫，以防範各類突發事件。

（二）建立損害控管機制

建立線上通報機制，隨時進行活動傷害損害控管機制，啓動協調及聯合反應機制，切實提高應急應變能力。主辦單位除了要聯繫相關機關進行處理之外，應以最短時間進行回應，並成立危機公關小組進行說明。

（三）建立新聞危機管理

在意外發生之後，除了以傳統的紙本新聞稿之外，應採用不同的媒體平臺，如官網、社群網站、多媒體影音訊息等進行說明。此外，發布記者會時，應採用單一口徑的危機公關小組發言人制度，冷靜面對媒體公開說明。公開說明時，應該禮貌回應媒體記者，並運用充分溝通、資訊公開、誠實解釋的態度，進行事件澄清。必要時準備「資料袋」（包括背景資訊、新聞通稿、文字及影像光碟等）提供給新聞媒

體，其內容處理的3T方式如下。

1. 告知真相：告知媒體實際發生的真相（Tell Your Own Tale）。
2. 提供情況：告知媒體實際發生的全部真相（Tell it All）。
3. 快速知悉：儘快提供媒體最快速的真相（Tell it Fast）

個案分析　活動管理及賠償

　　2015年6月27日新北市八仙水上樂園發生八仙塵爆事件，曝露遊樂園舉辦活動的管理、賠償問題。觀光局公告修正《觀光遊樂業管理規則》，未來遊樂園內舉辦屬高度危險因子的特定活動，必需在30天前向地方主管機關申請核備，並送觀光局備查，另外，對於遊樂園和需申請活動的保險理賠的最低金額也都提高至3,200萬元。

　　觀光局針對具有高度危險因子的特定活動，不論是由遊樂園業者自行主辦，或僅是出租場地，都需由遊樂園業者提出相關的安全管理計畫，在30天前提出申請，並視計畫內容，與當地警政、消防、衛生、建築管理，或其他相關機關會同辦理。觀光局指出需要申請的活動和內容將包括天燈、煙火這類使用到明火，以及路跑活動等，考量各種活動性質與場地大小，將不會對人數設限；至於業者申請的安全管理計畫，則必需要附上臨時建物許可、保險證明、緊急事故應變、使用器材和人員動線和疏散等內容。

　　遊樂園業者需投保的金額，2016年起也都全部調高，每一人傷亡從200萬元調至300萬元，單一事故傷亡上限從1,000萬元提高至3,000萬元，單一事故財損維持200萬元，合計為3200萬元，全年度總保額也提高至6,400萬元。

小結

　　節慶活動管理是進行管理節日、儀式、競賽、晚會，或是演唱會的進度策劃、準備，以及製作的過程。節慶活動管理是專案管理之規劃過程，

用以評估、界定、指導及管制節慶活動中的財務、人員、產品，以及其他服務。從本質上來說，節慶專案管理涉及整體規劃和統籌項目，採取節慶籌備知識、技能、工具和技術，以滿足節慶活動計畫要求的程序，以在有限的時間、經費之內，完成良好品質的服務。在系統規劃中，進行整合行銷傳播（Integrated Marketing Communication）策略，編制財務及預算計畫，藉由風險分析、風險評估，並且強化組織運作，改善經營管理之能力，確保活動順利安全完成，以提昇節慶文化的附加價值。

關鍵字詞（Keywords）

自動體外心臟電擊去顫器（Automated External Defibrillator, AED）

燃盡圖（burn down chart）

文化資本（cultural capital）

文化財貨（cultural goods）

文化行銷（cultural marketing）

策展人（curator）

期限日（D-day）

節慶活動行銷（events or festival marketing）

臉書（Facebook）

甘特圖（Gantt chart）

整合行銷傳播（Integrated Marketing LED）

發光二極體（Light-Emitting Diode, Communication）

非政府組織（Non-government Organizations, NGOs）

過度擁擠（overcrowding）

清掃（Sanitise）

紀律（Self-Discipline）

清潔（Standardise）

整理（Structurice）

整頓（Systematise）

任務性績效（task performance）

推特（Twitter）

微信（WeChat）

問題與討論

1. 在進行節慶活動的創意發想時，如果你是一位策展人，如何將發想實現，如何和其他人合作，推動這一項原創的計畫？

2. 你覺得節慶活動的金主重要嗎？為什麼需要放下身段，和節慶活動的金主好好協調？

3. 舉辦節慶時，有可能發生甚麼樣的意外事件？要如何事先預防，以及事先保險？

4. 如何節慶活動辦得有聲有色，但是卻欠債累累，是不是一場成功的節慶活動？

5. 如何運用甘特圖（Gantt chart）和燃盡圖（burn down chart）的方式，研究一場節慶的規劃流程？

6. 請以節慶活動報名管理系統流程圖，說明活動刊登系統採用的電子報及活動通知信的發放方式和流程。

7. 如何運用臉書（Facebook）、Line、推特（Twitter）、微博、微信（WeChat）等媒體管道，大量傳達活動訊息，並說明上述媒體管道的優缺點。

8. 你如果參加跨年煙火倒數晚會的籌備，如何疏散跨年煙火活動恐怖的人潮？

9. 你聽過環保流動廁所嗎？如何利用環保流動廁所發電？

10. 你會畫出節慶活動交通規劃、接駁規劃及停車規劃管理流程圖嗎？

11. 請參考「真相達文西」特展意外事件，並說明主辦單位如何處理善後。

12. 如果你是電子媒體記者，如何播報節慶新聞，如何吸引觀眾的目光？

13. 如果你是一位策展人，面對突發狀況，如何誠懇說明，並且如何防止媒體記者播報節慶活動不實的新聞？

第八章

節慶觀光方案評估與影響

學習焦點

　　節慶活動以「專業領導」、「增能學習」、「科技支援」，以及「夥伴傳播」為策略，為推動地方文化，建構和諧社會為主要的任務，其目的在提升社會凝聚力、強化地方經濟利益，進行地方社會的獎勵措施，以提供民眾休憩機會和心靈寄託。本章以「研究評估」方式，進行節慶觀光方案評估與影響說明，以立節慶活動的永續經營和社會回饋。各章節之中，運用知識管理、財務管理、策略管理的方式，說明節慶活動強化「經濟效益」、「傳播效益」等較為量化的評估指標之外，並應用邏輯模式（logic model）表格，進行方案邏輯模式（The Program Logic Model）成效評量，說明「環境效益」、「心理效益」、「社會效益」、「政治效益」、「文化效益」的質性評估。

第一節　方案評估

　　方案（program）評估的定義是運用系統性研究方法，來蒐集資料、分析證據，以客觀判斷節慶活動之成效與影響的方式。其分析方法有兩種，可以區分為「形成性評估」（Formative Evaluation）和「總結性評估」（Summative Evaluation）。

　　「形成性評估」（Formative Evaluation）的目的，在於改善活動辦理的過程，確認活動方案的利弊得失，形成性評估較偏重於行動取向

（action-orientation）。其主要目的在透過即時追蹤或檢視方案執行的過程，以確保方案依據原定的計畫目標，持續進行。因此，方案過程的監測與評估攸關方案的成敗，其過程評估的方式，包含了量化與質性的方式，包括：調查節慶活動的服務人數或人次統計、設施使用率、會議紀錄、財務分析、成本分析、活動工作日誌等。

「總結性評估」（Summative Evaluation）的目的，是確認節慶活動方案的效果與影響，進而決定活動方案是否繼續辦理，總結性評估較偏重於結論取向（conclusion-orientation）。其目的在方案執行完畢之後，或是在期程之中某時間點，透過量化或質性的方式，來評量整體方案，是否已經達到原先設定的計畫目標。總結性評估的測量方法包括了實驗設計與準實驗設計法，例如：在質性研究方面包含了人員訪談、自我報告、個案研究、行動研究；在量化研究方面，包含了滿意度調查、前後測比較、隨機對照驗證（randomized controlled trials, RCTs）等。以下我們談一下進行形成性評估（Formative Evaluation）的方案邏輯模式（The Program Logic Model）。

一、方案邏輯模式

第六章中，我們曾提到運用邏輯模式（logic model）表格，進行規劃。本章中採用方案邏輯模式（The Program Logic Model）進行計畫成效評量。邏輯模式是一種評鑑方案表現的工具。

(一)邏輯模式的功能

1. 促進節慶方案的規劃與訊息傳遞。
2. 強化方案關係人的加入與團隊建立。
3. 幫助關係人瞭解方案的目標、預期與成果。
4. 呈現不同方案元素（資源、活動與目標）之連結。
5. 透過定義策略目標與指標，幫助方案的規劃。
6. 透過定義關鍵議題與問題，讓評估可以聚焦。
7. 輔助界定方案中非意圖的結果。

8. 釐清方案因果關係的假定性和合理性。

方案邏輯模式中所包括的要素：投入（input）或稱資源（resources）、活動（activities）、產出（output）、短中長期效果、成果，或是成效（outcomes）（圖8-1）。

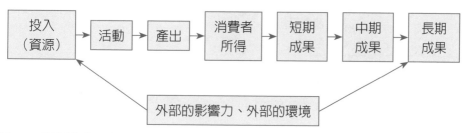

圖8-1　邏輯模式程序

邏輯模式藉由描述方案的特徵來溝通相關的品質與影響相關議題，其構成的要素如圖8-2及表8-1方案評估層次詳細說明。

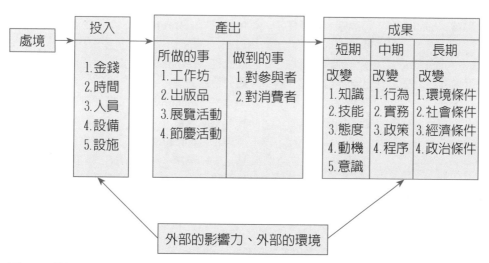

圖8-2　邏輯模式要素

表8-1　方案評估層次說明

過程	英文單字	細項說明	績效指標
投入	input	金錢、工作人員、工作時間、志工、志工參與工作時間、設備、設施、法規、節慶活動贊助者的要求。	
活動	activities	節慶活動、會議、展覽、工作坊、體驗、觀光、旅遊。	
產出	output	訓練人數、活動次數、活動頻率、活動參與人數、參觀人數、志工服務時數。	1. 服務單位（units of service）：一次會議、二場展覽、三場活動。 2. 服務完成人數（service completions） 3. 服務規模 4. 市場占有率 5. 單位成本（cost per unit）獲利性：財務分析、投入產出分析。
品質	quality	可靠性、回應性、寧適性、同理性、安全性、可及性、活動品質保證、觀光客滿意度、實物的適切性。	1. 可靠性（reliability）：節慶活動如期完成。 2. 回應性（responsiveness）：節慶活動滿足觀光客的渴望。 3. 寧適性（amenity）：節慶活動寧馨優雅，沒有過度噪音。 4. 同理性（empathy）：了解主辦單位及觀光客之個別需求，給予個別之關注。 5. 安全性（security）：節慶活動平安順利圓滿閉幕。 6. 可及性（accessibility）：節慶活動交通安排順暢。 7. 活動品質保證（assurance）：節慶活動工作人員態度親切、服務知識豐富等。 8. 觀光客滿意度（visitor satisfaction）：觀光客的滿意程度。 9. 實物（tangibles）的適切性：購買必要設備、出版教材、教案等。

過程	英文單字	細項說明	績效指標
成效	outcome	新的知識、新的技能、態度改變、行為改變、條件改變、地位改變、價值觀念改變。	1. 成效數目（numeric counts）：量化指標包含了觀光客擁有了新的知識、新的技能、態度改變、行為改變、條件改變、地位改變、價值觀念改變提升。 2. 標準化量表（standardized measures）：量化指標包含了觀光客擁有了新的知識、新的技能、態度改變、行為改變、條件改變、地位改變、價值觀念改變量表。 3. 質性量測（quality measures）：運用質性研究法蒐集資料，以及分析資料。

(二)邏輯模式的要素

1. 情境：為什麼有必要執行節慶活動計畫，以及團隊規劃此項計畫的情境及需求，而情境也是節慶活動計畫核心的脈絡；檢視情境可以瞭解計畫內容整體架構。

2. 投入：節慶活動計畫投入的資源，如時間、經費、技術，以及人力等。

3. 產出：為了這項節慶計畫做了哪些活動，如訓練活動、發展新課程，以及服務方案等，以及為了哪些人進行服務，例如，參與活動的觀光客等。

4. 成果：分為短、中、長期的影響，短期的部分探討參與觀光客於此節慶活動中學習到的知識、產生的覺知，以及改變的態度等；中期探討參與節慶活動人員，有何在外部的行動、行為，以及決策上的改變；而長期探討此一活動，對於傳播、經濟、環境、心理、社會、政治、文化上之影響。

5. 外部影響力：在執行節慶活動計畫時，可能會遇到的種種影響計畫執行的原因及因素。

二、方案評估層次

　　節慶活動方案係指在完成策略目標（goal）之後，所應採取的具體行動（action）。經過節慶活動方案設計之後，產生書面文件，在執行過程中，以精確、邏輯、一致性的觀點，進行節慶活動的管理決策。因此，活動方案的績效評估，應包含圖8-3及圖8-4三種層次：

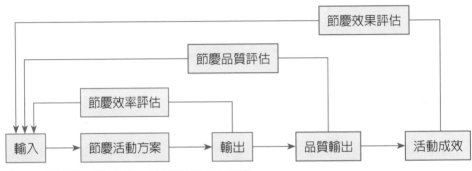

圖8-3　邏輯模式和效率、品質和效果關係圖。

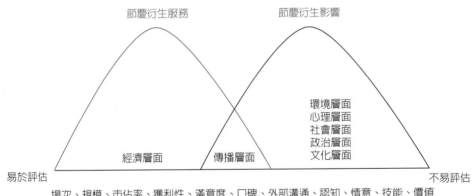

圖8-4　節慶衍生服務和節慶衍生影響。

節慶觀光與民俗

　　㈠效率的層次（the efficiency perspective）：效率的層次著重的是節慶活動方案的產出（outputs）。

㈡品質的層次（the quality perspective）：品質的層次著重的是節慶活動品質產出（quality outputs）。

㈢效果的層次（the effectiveness perspective）：效果的層次強調的是節慶活動的成效（outcomes）。

個案分析　節慶活動評估計畫書

1. 節慶評估計畫書摘要
   (1)申請機構簡介
   (2)計畫範圍
   (3)經費
2. 前言
   (1)機構的宗旨與評估方案的關係
   (2)組織歷史與財源
   (3)組織的特色
   (4)組織的重大成就
   (5)組織的成功方案
3. 問題與需求
   (1)以具體事例說明問題的迫切性
   (2)需求的迫切性
   (3)方案的可行性
4. 方案的策略目標
   (1)理想的目標
   (2)具體可測量的目的
5. 方案活動內容
   (1)服務對象
   (2)執行方法
   (3)節慶活動流程

(4)人力

(5)場地設施

(6)時間

6. 評估計畫

(1)母群體與樣本

(2)研究設計

(3)評估指標

(4)資料蒐集

(5)資料分析

7. 預算

(1)人事費

(2)業務費

8. 自評表

活動 名稱	活動 目標	創意 設計	資源 運用	執行 管理	遊客 服務	觀光 效益	行政 配合	整體 表現	附註

備註：良好80~89分、普通70~79分、待改善60~69分。為配合交通部觀光局在
活動結束之後評估活動效益，協調當地交通運輸業、餐飲業、旅館業、
遊樂業等觀光相關產業公會，在活動結束後10日內，填寫以上的效益指
標。

9. 附件

(1)經費決算表

(2)組織年度工作計畫書

(3)立案證明影印本

(4)組織圖與職掌

(5)董事名冊

(6)組織預算

(7)工作流程或進度表

(8)贊助支持信函

(9)主要工作人員簡歷

(10)工作分工表

(11)估價單

(12)照片、簡介手冊

個案分析　花海農業博覽會園區財務分析

調查日期：○年○月○日　　　　　　訪問者：○○○

觀光遊憩設施名稱：花海農業博覽會園區

地址：彰化縣○○

設置時間：○年○月

負責人：○○　　　　　　　　　　負責人連絡電話：05-○○○

一、投資總額分析

投資總額＝規劃費用＋開發經費

(一)規劃費用：測量費、規劃報告費、水土保持計畫費、環境影響評估說
明書書圖費、細部計劃費、雜費、保證金等費用（財務可行性分析）

(二)開發經費：各分區所需的各項建築工程、設備工程、裝潢工程、景觀
工程、觀光遊憩設施及場地工程、公共設施等開發建造的費用。

投資總額為新臺幣3,000萬元。

二、資金籌措方式分析

(一)資本：指業主本身進行的資金調度，無需償還。

(二)負債：指來自他人的資金調度，需要償還。負債又分為流動負債（需
要立即償還）及長期負債（可以不需立即償還）。

(三)爭取相關主管機關各種補助款。

三、計畫效益分析

計畫效益＝直接營運效益＋附帶效益

直接營利效益較容易貨幣化，其效益大小需貨幣化表示；附帶效益通常較難以貨幣化，但其效益大小仍應盡量可能以貨幣化來表示。如果效益涉及非市場財貨價值之評估，則可以考慮採用條件評估法評估。如果某項效益實在無法貨幣化，則應至少以文字敘述每項附帶效益的名稱和內容。

(一)直接營運效益的評估：

直接營運利效益＝營業總利益（α）＋營業總利益（β）

1. 營業總利益（α）

營業總利益（α）＝營業收入－營業成本

2. 觀光遊憩之營業總利益（β）

營業總利益（β）＝各分區觀光遊憩營業收入（Z）－各分區觀光遊憩營業成本（W）

3. 前提假設條件：

(1)本觀光區平日平均遊客人次（人次／天）（如200人次／天）及假日平均遊客人次（人次／天）（如900人次／天）

(2)規劃年度期間每年之平日平均天數（天）（如271天）及假日平均天數（天）（如94天）

4. 觀光遊憩區年營業收入估計：

(1)門票收入

①前提假設條件：

a. 門票種類及價格

3~12歲：50元／人、13~65歲：100元／人

②門票收入（元）＝平日收入（A）＋假日收入（B）

＝〔（平日遊客人次×平日門票價格×平日天數）〕＋

〔（假日遊客人次×假日門票價格×假日天數）〕

$$= 〔8人×（50元／人）×271（天）+4人×（100元／人）×$$

$$271天〕+〔34（人）×50（元／人）×94（天）+45人$$

$$×100〔元/人〕×94（天）〕$$

$$= 799,600（元）$$

(2)餐飲費收入

　①前提假設條件：

　　a. 餐飲種類及每人平均每類用餐費用（元／人）

　　平均：120元／人（烤肉）、156元／人（簡餐）（門票可

　　抵消費）

　　b. 平日及假日之遊客用餐率（幾成）

　　農場用餐比例63%烤肉26%

　②餐飲費收入（元）

$$=〔（12（人）×63%×156（元／人）×271天）+（12$$

$$（人）×26%×120（元／人）×271（天）〕+〔（79（人）$$

$$×63%×156（元／人）×94（天））+（79（人）×26%$$

$$×120（元／人）×94（天））〕$$

$$= 319,607（元）+101,462（元）〕+〔729,827（元）+$$

$$231,691（元）〕$$

$$= 1,382,587（元）$$

(3)觀光設施使用費收入

　①前提假設條件：

　　a. 設施種類名稱及不同類型設施使用者之使用價格（元／人）

　　　（自行車：100元／人、200元／人）

　　b. 不同類型設施使用者比率

　　　100元使用率68%、200元使用率32%

　　c. 設施使用容量（幾位）

　　d. 平均每日轉換率（如3, 4, 5……）

e. 平日及假日設施使用率（幾成）

（平日使用率20%，假日使用率65%。）

②〔遊憩設施名稱〕使用費收入（元）＝ 平日收入（I）＋ 假日收入（J）

自行車租借使用費收入＝（（平日：100元×68%×3,252人 +200元×32%×3,252人）×使用率20%）+（（假日：100元 ×68%×7,426人 + 200元×32%×7,426人）×使用率65%））

＝ 85,853（元）+637,151（元）= 723,004（元）

5.農業園區各項營業收入明細表

項目	平日	假日	合計（單位：元／年）
㈠門票收入	216,800	582,800	799,600
㈡停車收入	0	0	0
㈢住宿收入	0	0	0
㈣餐飲收入	421,069	961,518	1,382,587
㈤遊憩設施使用收入	85,853	637,151	723,004
㈥額外付費分區使用收入	0	0	0
㈦設備租用收入	0	0	0
㈧其他收入	0	0	0
合計	723,722	2,181,469	2,905,191

第一年觀光遊憩營業收入（Z）＝ 799,600 + 1,382,587 + 723,004

＝ 2,905,191（元）×1.23 = 3,573,385（元）

■先計算出營運第一年之營業收入，營運第一年以後的營業收入 = （營運第一年之營業收入）×（預期的營業成長率）

註：預期的營業成長率可參考經濟成長率、物價成長率及其他相關成長率來做估計。

㈡附帶效益的評估：

視各案規劃內容而定，例如觀光效益、休閒遊憩效益、保育復育效益、水土保持效益、環境教育效益等。

四、各項預估財務報表

㈠固定資產投資計畫表、計畫投入項目總表、計畫產出項目總表。

㈡預估損益表（Profit and Loss Statement，簡稱P/L）

以利益為中心所製的報表，預估營運第一年到第N年之每年營業收入、營業支出與利益之情形，反映到營業成績。

㈢預估現金流量表

以現金為中心所製的報表，預估營運第一年到第N年的現金流量情形。（年期應該和P／L表同）

㈣預估現值報酬率表

預估營運10年的現值報酬率，報酬率越高者，表示獲利能力越好。

㈤預估淨現值計算表

1. 淨現值越高者越佳，如果淨現值＜0，則表示該計畫沒有經濟可行性，所以不值得投資。

2. 底限：淨現值0

㈥預估投資回收年限計算表

估計投資回收年限，該回收年限越短越好。

㈦提供各項收益數據

投資回報率（Return of Investment, ROI）、回報預期收益率（Return on Expectation, ROE）、回報目標（Return on Objectives, ROO）等指標。

㈧提供地區的產業關聯表

各項收益數據之投入產出分析法，為評估整體節慶活動經濟效果的重要方法，因為慶典活動所影響的產業部門有其特殊性，因此提供正確的產業關聯表（Input-Output Table），以更符合評估慶典活動經濟效益。

第二節　觀光活動滿意度評估

　　觀光客是節慶活動舉辦的對象，觀光客參與節慶活動並產生回饋，在該活動參與之行爲表現，或是參與後之反應，都將直接或間接影響到該節慶活動之成效。因此，在活動策劃時，多數以觀光客需求或是活動滿意度，在總結性評估（Summative Evaluation），視爲活動策劃或後續評估的參考指標。

　　所謂的觀光活動滿意度，是提供了符合或超過觀光客對於節慶活動服務需求的感知，這種感知是指觀光客事前的投入和事後的獲益所產生的一種比較行爲。其中，符合觀光客期待的需求叫做「期待品質」（expected quality），節慶活動企畫，會依照觀光客的使用需求和期待，生產出觀光客所需要的產品和服務（方偉達，2009）。當觀光客從服務提供者獲得的產品或是服務，即爲「實際品質」（actual quality）。在此，實際品質和期待品質的差距，即爲品質認知後的感知。在期待品質中，常常是由於節慶活動的廣告、親友推薦、通路和媒體所造成的印象，這也是期待品質中的行銷4P。4P包括：活動產品（product）、活動價格（price）、活動地點（place）和活動推廣（promotion）。然而，節慶活動不同於一般通路產業，節慶活動服務員工和服務設施的好壞，對於觀光客的滿意度影響很大；因此，觀光客的認知應該加上實際品質感知的3P，包括：服務員工（people）、實體環境（physical environment）和服務流程（process），形成7P：

1. 活動產品（product）
2. 活動價格（price）
3. 活動地點（place）
4. 活動推廣（promotion）
5. 服務員工（people）
6. 實體環境（physical environment）
7. 服務流程（process）

7P形成觀光客最終享受的認知品質：

認知品質（perceived quality）＝實際品質（actual quality）－期待品質（expected quality）

如果實際品質大於期待品質，觀光客滿意度高；但是如果實際品質小於期待品質，觀光客滿意度低。在下列圖8-5，觀光客滿意度的理論中，都是依據這個觀念所衍生的解釋理論。

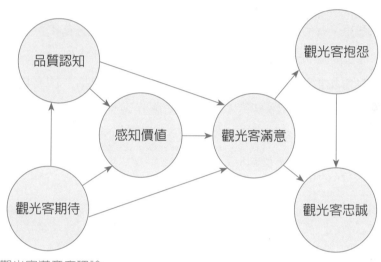

圖8-5　觀光客滿意度理論

從模型中可以看出，觀光服務業針對觀光客而言，他們提供觀光產品或服務會讓觀光客產生期待，當接受產品或是服務的時候，會認知到服務品質的好壞；在消費之後，會覺得滿意或是不滿意。如果感到滿意的話，下次會繼續購買觀光產品；如果感到不滿意的話，則會抱怨；若是抱怨能獲得適當地解決，下次再購買觀光產品的機會仍然很高，維持對產品或服務的忠誠度。根據滿意度的分析，可以得到下列影響觀光客滿意度的相關理論。

一、期望—失驗理論（Expectancy–Disconfirmation）

期望（expectancy），也可以視為是對整個消費過程中，提供了事先的比較基礎。是指觀光客在消費、使用產品或是服務之前，對於未知的產品和服務所抱持的預期概念。如果從觀光客原來對於產品或是服務的期望，經由期望和感知的比較，產生感知價值；如果感知和原來的期望不一致，則稱為「失驗」（disconfirmation）。因此，觀光客期待成為滿意度量測的先驗標準，經由感知形成和期待不同的差距，這些差距形成滿意與否的最後結果。一般而言，服務品質必需在節慶觀光服務提供的過程中進行評估，而且通常是在觀光客和接洽的員工進行服務接觸時，以觀光客實際認知的服務和對服務的期望進行比較。這些服務包括：觀光場地、場地外觀、服務員工儀表、服務員工可以協助觀光客提供快速服務等。此外，服務員工足以讓觀光客信賴的專業知識，以及關心程度，也是影響體驗滿意度的因素，詳如圖8-6及圖8-7。

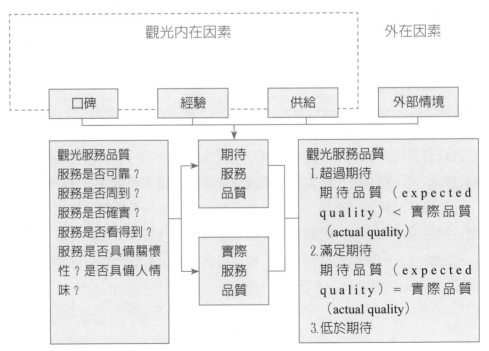

圖8-6　期望—失驗理論（expectancy–disconfirmation）的分析架構

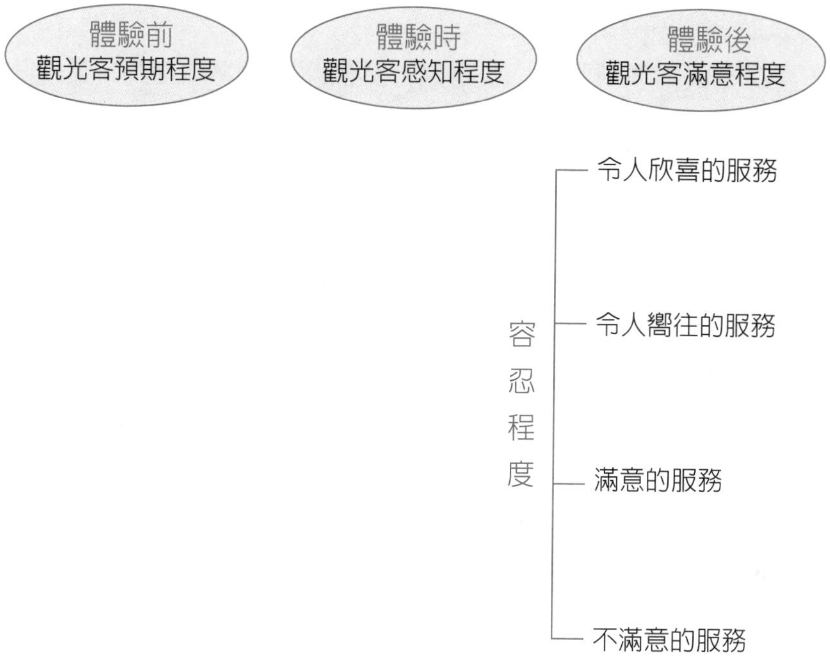

```
體驗前              體驗時              體驗後
觀光客預期程度        觀光客感知程度        觀光客滿意程度


                                    ─── 令人欣喜的服務


                                 容
                                    ─── 令人嚮往的服務
                                 忍

                                 程
                                    ─── 滿意的服務
                                 度


                                    ─── 不滿意的服務
```

圖8-7　觀光客體驗滿意度的評估程序

二、觀光「服務品質」的評估程序

依據分析架構，我們進行簡易的觀光服務品質評估程序。

(一)可靠性（Reliability）

是否具備服務信賴程度？服務是否可靠？

(二)反應性（Responsiveness）

是否提供即時服務和主動幫助觀光客？服務是否周到？

(三)保證性（Assurance）

是否具備服務品質保證？服務品質是否具體確實？

(四)有形性（Tangibles）

服務場所是否整齊清潔？服務員工的服裝儀容是否端莊高雅？服務是否看得到？

(五)關懷性（Empathy）

服務是否具備個別照顧？服務是否具備關懷性？是否具備人情味？

三、觀光「服務品質」衡量

在觀光「服務品質」的標準中，在服務品質的衡量上，是利用認知的品質來做衡量運用上述可靠性、反應性、保證性、有形性、關懷性等五個評估面向，並依據期望—失驗理論，創造「服務品質差距模型」，引申出認知的品質＝觀光客感知－觀光客期望。其模型說明如下：

觀光「服務品質」分數＝實際感知品質分數－期待品質分數

簡寫為 $$Q_i = P_j - E_j$$ （公式8-1）

以上的公式發展出「認知服務品質連續帶」的觀念，認為以觀光服務購買前的期望乘以服務過程中的感知，再乘以接受服務後的感知，來決定觀光客的期望品質水準。之後再與業者所提供的服務進行比較，二者若是相等，即是滿意的服務品質水準。

$Q_i = P_j - E_j$ 這個公式的意義在於，觀光客接受服務之後，所親身感受到的服務水準（觀光客感知），和觀光客在接受服務之前對於該服務項目所抱持的期望服務水準（觀光客期望）之間的差距，便是認知的品質。一般來說，調查出來的認知品質的衡量通常是負的。特別是在當觀光客認知（即所接受到的服務水準）低於觀光客期望時，代表業者應該立即採取反應並加以改進，以減少服務經營的損失。以下運用數學公式，說明這些差距的計算過程：

(一)整體感知模式

觀光客整體感知模式依據整體態度進行衡量。假設觀光客感知是由可區分的屬性所組成，對某一屬性的態度則為觀光客對該屬性的感知程度 B_i 和重視程度 e_i 相乘積的結果，最後所形成的整體感知則是所有屬性乘積的加總。

$$A_o = \sum_{i=1}^{n} B_i \times e_i \qquad (公式8\text{-}2)$$

A_o為觀光客對事物o的整體感知

B_i為觀光客對事物o的第i個屬性的感知程度

e_i為觀光客對i個屬性的重視程度

n為事物o所有的屬性個數

若進一步將態度衡量計算模式引入服務品質的評量計算，可將上面公式改為：

(二)服務品質模式

$$Q_o = \sum_{i=1}^{n} Q_i \times W_i \qquad (公式8\text{-}3)$$

其中Q表示觀光客對於服務的整體服務品質的感知

Q_i表示觀光客對服務的評量構面i的服務品質感知

W_i表示觀光客對評量構面i的重視程度

n表示服務的所有評量構面個數

(三)服務品質修正模式

依據觀光「服務品質」的概念，分析品質（Q）定義，係為實際感知品質分數和期待品質分數之間的差距，也就是滿意程度（P）和期望程度（E）二者的差距，即：

$$Q_i = P_j - E_j \qquad (公式8\text{-}1)$$

在此，j表第j個項目

將公式8-1代入公式8-3，則可得到完整的衡量計算方式如下：

$$Q = \sum_{i=1}^{n} \sum_{i=1}^{m} (P_{ij} - E_{ij}) \times W_{ij} \qquad （公式8-4）$$

其中Q表示觀光客對於服務的整體滿意度

n表示共有n個評量構面

m表示第i個評量構面有m個衡量項目

P_{ij}表示第i個評量構面的第j個衡量項目的滿意程度

E_{ij}表示第i個評量構面的第j個衡量項目的期望程度

W_{ij}表示第i個評量構面的第j個衡量項目的權數

公式8-4的計算方式，稱為觀光服務品質模式。可透過所有的評量構面，發展出各構面的評估項目，並運用觀光服務品質的概念，進行觀光客整體滿意程度、期望程度的評量，將評量的結果代入公式中，即可獲得觀光客對該項服務品質的整體滿意度。

㈣服務品質整體模式

整體模式可視為服務品質進行加權計算後的數值總合，因此公式8-4可用下列公式表示：

$$Q = \sum_{i=1}^{n} \left(\sum_{j=1}^{mi} (P_j - E_j) \times W_j \right) \times W_i \qquad （公式8-5）$$

其中，Q表示觀光客對服務品質的整體滿意度

n表示共有n個評量構面

mi表示第i個評量構面有mi個衡量項目

P_j表示第j個衡量項目的滿意程度

E_j表示第j個衡量項目的期望程度

W_j表示第j個衡量項目的權數

W_i表示第i個評量構面之權數

第三節　節慶活動的影響

　　節慶活動的影響評估（impact evaluation），是最具耗時費力的評估工作。活動影響評估是總結性評估（Summative Evaluation）的一種，係指在活動方案結束一段時間之後，再來評估原先方案設定，是否朝向正向結果，或是瞭解長期的影響程度。為了確認標的對象的正向改變與相關影響，是受到節慶活動方案介入所致，我們採用實驗設計的方式，以實驗組和對照組進行證明，受測樣本數不能太少，而且需要運用隨機的抽樣過程。

　　目前，在學習評估探計結果方面，可以應用因果推論（causal inference），包含因果歸因（causal attribution）與因果貢獻（causal contribution）兩種，依據關切／檢核面向／類型主軸，選擇評估指標，再依據樣本來源，訂定量測／檢核工具，並進行量測內容設計，來表達節慶活動對於全體成員學習的影響程度，請參考表8-2節慶活動學習影響評估計畫（Evaluation Plan）。

表8-2　節慶活動學習影響評估計畫（Evaluation Plan）

關切／檢核面向-類型主軸 Evaluation Questions	評估指標 Indicators	樣本來源 Information Sources	量測／檢核工具 Tools	量測內容設計 Design and Sampling
1. 概念素養（Concept Attainment） 說明：是否達到預期標準。 執行：學員是否經由節慶活動現地踏勘之後，建立節	(1) 節慶活動學習的基本概念理解。 (2) 參與學習後產生的素養。 (3) 節慶活動學習素養專家評估。	(1) 學員 (2) 學員 (3) 專家或老師	(1) 測量試題 (2) 心理評量表 (3) 觀察或回饋分析表	(1) 提供選擇題，例如臺灣節慶活動的分布圖、節慶活動的污染來源、生態環境影響等，以了解學員基本概念養成之效果。 (2) 學員對於節慶活動的正確認知，或是

關切／檢核面向-類型主軸 Evaluation Questions	評估指標 Indicators	樣本來源 Information Sources	量測／檢核工具 Tools	量測內容設計 Design and Sampling
慶活動管理的概念，以提升認知及素養。				心理反應，以了解其瞭解之深刻程度，可用李克特五等分評量。 (3)專家或老師在參與過程中，觀察學員在學習概念素養的過程效果，並進行記錄。
2.增加技能 （Increased Skills） 說明：學習技能的增加，或者是否能解決所面臨問題。 執行：學員是否能夠學習解決節慶活動面臨問題，例如產生噪音和汙染等成因。	(1)節慶活動學習技能測試。 (2)節慶活動學習技能檢視。 (3)學員技能專家評估。	(1)學員 (2)學員 (3)專家或老師	(1)測量試題 (2)自我檢視表 (3)觀察或回饋分析表	(1)設計幾個現地參訪時教授的節慶活動相關深淺題目，了解學員參加活動所學習的技能。 (2)請學員寫出參與本次節慶活動學習的5項技能。 (3)專家或老師觀察學員對何種技能最感興趣，或是這項技能對學員有何助益。
3.效果影響 （Affective Outcomes） 說明：學員對於學習是否有正向的態度，是否更積極	(1)對節慶活動關心程度。 (2)分組群體對節慶活動產生的議題，正面反應程度。	(1)學員 (2)部分群體 (3)專家或老師	(1)自我檢視表 (2)觀察紀錄 (3)觀察或回饋分析表	(1)學員填寫自我檢視表，了解關心臺灣民俗環境的影響因子及程度。 (2)部分群體學員可能有顯著學習效果反應，例如對傳統民

關切／檢核面向-類型主軸 Evaluation Questions	評估指標 Indicators	樣本來源 Information Sources	量測／檢核工具 Tools	量測內容設計 Design and Sampling
的參與民俗節慶活動之學習。 執行：學員參與後，是否對節慶活動產生的異化問題，能有更積極改善的構想及解決方式。	(3)學員互相交流學習改變效果。			俗消失的問題之解決方式。 (3)專家或老師觀察學員在學習時，對於民俗活動重要題目、內涵及方式，藉由相互交流學習的效果，進行觀察紀錄。
4. 滿足利益關係人之需求（Stakeholder Needs Met） 說明：是否能夠滿足相關利益者的需求。 執行：了解是否能夠提出對節慶活動的環境教育有益的建議，以及可能之實踐的方式，藉以提升主辦單位、在地單位成員、工作夥伴、參加學員的集體滿意程度及學習需求。	(1)相關單位成員的需求反應。	(1)相關單位（例如政府單位、學術機構、NGOs等）。	(1)訪談	(1)例如訪談宗教活動、民俗活動、慶典活動及觀光活動的管理單位內政部、文化部、交通部觀光局，以及縣市政府等民俗活動及環境教育的管理人員。

「節慶活動對當地的影響」的因果推論，主要針對國內大型民俗節慶活動可能引發影響進行評估。其中包含多數正面的效益，同時也可能產生負面的效應。以社會文化層面而言，正向效應會促進地方公共服務事業的發展、增加當地居民的榮耀感、發揚當地傳統文化，提供了當地社會和文化改造的可能。但是，負面效應包含了擁擠、噪音、殺戮動物、生態浩劫、環境污染等問題，會造成當地居民和觀光客的安寧干擾、情緒干擾和視覺干擾；此外，因為人潮眾多，造成扒手行竊，導致犯罪率增加。因此，節慶活動的評估，應該考慮人類價值、地球環境和經濟利潤的關係，其最終目標應該追求永續性，並且考慮環境的承受力、活動的可行性，以及經濟交易的公平性（圖8-8）。

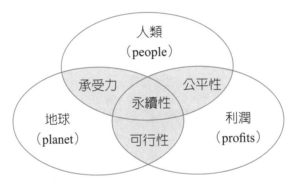

圖8-8　3P概念圖，包含了人類價值（people）、地球環境（planet）和經濟利潤（profits）。節慶活動的評估，應該考慮人類價值、地球環境和經濟利潤的關係。

個案分析　殘酷變態的節慶生態

　　尼泊爾南部巴拉縣巴里亞爾普爾加迪邁廟，舉辦的一個印度教節日加迪邁節（Gadhimai festival）。其中，每五年舉辦一次動物獻祭活動，目的為了討好加迪邁女神。該節慶為期兩天，約有500萬名印度教的信徒前來朝聖，其中有80%為印度人。該節慶源自於印度教神話，一個封建地主在獄中睡覺時夢見，只要他能夠以人血來獻祭於加迪邁女神，那麼他就可以消災得

福，脫離世俗的磨難；雖然女神向他要求人血，不過最後他以動物的血來提供，該節慶就這樣一直流傳至今，經持續了265年之久。

儀式在黎明開始，首先進行五隻動物獻祭，在整個節日期間，水牛（當是最熱門的獻祭動物，其他獻祭動物還有公山羊、雞、鴿子、鴨、大鼠等遭到集體屠殺。2009年與2014年這兩年的獻祭活動，約200名持著鋒利長刀的劊子手朝著動物的頭部猛砍，共計殺害了超過50萬頭動物。為了人類一己的私慾心和恐懼之心，導致無辜的動物屍橫遍野。

大規模的血腥斬首獻祭，無助於現世的和平，反而造成血腥現象，更讓動物瞋恨人類。當地宗教領袖Ram Chandra Shah決定結束這樣血腥的傳統，在2019年要以和平的慶祝活動來取代殺戮及暴力，全面禁止該項活動。

從消費者的角度來看，發現觀光客如果普遍認同節慶活動，就可以達到行銷節慶觀光活動的目的，而且依據觀光客對於地方節慶活動的體驗行銷、涉入程度，以及滿意度，甚至旅遊之後，是否其行為意圖有顯著影響，都可運用實驗組和對照組進行證明，並且採用應用因果推論（causal inference）進行影響說明。此外，從經濟學的觀點發現，舉辦節慶活動，除了讓觀光客滿意之外，同時也會對地方產業，產生直接和間接的經濟效益。

個案分析　節慶活動觀光評估類型

節慶活動觀光評估項目有三種類型：

1. 活動品質評估：包括活動參與後、交通與停車設施、活動環境、服務人員、設施、餐飲、住宿等品質與整體滿意度。

2. 觀光吸引力評估：指標包括參與次數、觀光計畫、觀光資訊來源、吸引力強度、推薦意願，以及重遊意願。

3. 經濟效益評估：各項評估指標經濟效益總額、各類型遊客消費總額、總經濟效益，以及不同居住地觀光客的花費金額。

從傳播學的角度來看，節慶文化傳播，具備傳播節慶儀式性、慶典性，以及參與性的特徵，在行銷傳播媒體與觀光客進行接觸之後，影響或改變觀光客對於節慶觀光的看法。從社會行銷的觀點進行研究，節慶活動對環境、心理、社會、政治、文化都有影響。因此，從上述研究發現，節慶活動的舉辦多數偏重「觀光效益」，並進而誘發「經濟效益」、「傳播效益」、「環境效益」、「心理效益」、「社會效益」、「政治效益」、「文化效益」等構面。其中，「經濟效益」較容易運用量化指標進行說明；其次是「傳播效益」的衡量。「經濟效益」包含了投入和產出效益、經濟溢出效益，以及帶動地方經濟繁榮等效益。「傳播效益」包含了新聞刊登、媒體行銷等，在社會行銷方面，則包含了推動地方和諧形象的行銷項目。

然而，「環境效益」、「心理效益」、「社會效益」、「政治效益」、「文化效益」等較難運用量化指標進行說明。「環境效益」包含了實質環境改善；「心理效益」包含了當地民眾對於節慶的向心力；「社會效益」包含了群體關係的建立，以及在地資源與國際文化交流的鏈結關係；「政治效益」包含了節慶活動相關的行政服務、民主導向，以及地方自治關係；「文化效益」包含了萃取地方文化，開展文化創意元素。

因此，在節慶教育和發展上，應以節慶管理、觀光行銷、餐旅管理、觀光風險評估、民俗文物保存、文化遺產觀光等課題，進行策略規劃、創新構想和夥伴關係的增能（capacity building）學習，開展節慶觀光在「經濟效益」、「傳播效益」、「環境效益」、「心理效益」、「社會效益」、「政治效益」、「文化效益」等構面的研究、諮詢和教育訓練，以確保節慶活動及民俗經驗及技藝的傳承（圖8-9）。

圖8-9 運用研究、諮詢和教育訓練的方式，確保民俗文物保存、節慶管理、餐旅管理、觀光風險評估、觀光行銷、文化遺產觀光等議題進行策略規劃、創新構想，以及夥伴關係的增能（capacity building）學習。

小結

　　臺灣節慶活動繁多，彼此之間型態不同，差異甚大。如果以現代管理觀點進行評估，節慶活動方案評估包括了在一定計畫時間表中，進行實際績效衡量；並且進行評估節慶活動系統應變能力、報告的及時性、管理決策的有效性，以及瞭解計畫與實際的預期階段性目標是否有差距。我們從

節慶活動的運作機制、展演品質、節慶空間感，以及觀眾期待度作爲主觀和客觀評量指標，則很難評估在「經濟效益」、「傳播效益」等較爲量化的評估指標之外，進行在「環境效益」、「心理效益」、「社會效益」、「政治效益」、「文化效益」的質性分析。邱坤良（2012）認爲，決定現代藝術節慶成敗，不在「節慶」本身，而在節慶區域條件，包括空間環境、藝文資源與國民素質，以及主辦單位對文化的認知，和企畫與執行的能力。因此，節慶活動應以社群服務爲理念，能回應資訊時代快速的社群變遷。舉辦節慶活動，應讓夥伴關係人瞭解節慶活動產業的經營理念和核心價值，有效運用活動組織內部和外部的知識經濟，發揮同舟共濟、榮辱與共的憂患意識；讓相關機構及民間組織追求卓越，並且讓相關政府機構及民間組織願意爲節慶活動付出更多，以換取更大舉辦節慶活動的滿足感和成就感。

關鍵字詞（Keywords）

可及性（accessibility）	行動取向（action-orientation）
實際品質（actual quality）	寧適性（amenity）
品質保證；保證性（assurance）	增能（capacity building）
因果歸因（causal attribution）	因果貢獻（causal contribution）
因果推論（causal inference）	結論取向（conclusion-orientation）
單位成本（cost per unit）	失驗（disconfirmation）
同理性；關懷性（empathy）	評估計畫（Evaluation Plan）
期望（expectancy）	期待品質（expected quality）
形成性評估（Formative Evaluation）	指標（Indicators）
產業關聯表（Input-Output Table）	邏輯模式（logic model）
成效數目（numeric counts）	地點（place）
價格（price）	流程（process）
產品（product）	損益表（Profit and Loss Statement, P/L）

方案（program）

實體環境（physical environment）

隨機對照驗證（randomized controlled trials, RCTs）

回應性；反應性（responsiveness）

回報預期收益率（Return on Expectation, ROE）

安全性（security）

標準化量表（standardized measures）

實物適切性；有形性（tangibles）

品質的層次（the quality perspective）

方案邏輯模式（The Program Logic Model）

觀光客滿意度（visitor satisfaction）

推廣（promotion）

質性量測（quality measures）

可靠性（reliability）

投資回報率（Return of Investment, ROI）

回報目標（Return on Objectives, ROO）

服務完成人數（service completions）

總結性評估（Summative Evaluation）

效率的層次（the efficiency perspective）

效果的層次（the effectiveness perspective）

服務單位（units of service）

問題與討論

1. 在進行節慶活動的創意發想時，如何以「專業領導」、「增能學習」、「科技支援」，以及「夥伴傳播」為策略，推動地方文化？

2. 你覺得節慶活動的「經濟效益」、「傳播效益」等較為量化的評估指標，容易評估；還是「環境效益」、「心理效益」、「社會效益」、「政治效益」、「文化效益」的質性指標，容易評估？

3. 如果你是一位策展人，如何區分活動的「形成性評估」（Formative Evaluation）和「總結性評估」（Summative Evaluation）？請舉例說明。

4. 請寫出一份節慶活動評估計畫書，用來當作期末研究報告的大綱。

5. 請以花海農業博覽會園區財務分析為例，找一處曾經舉辦過大型活動的場所，進行財務評估。

6. 你對節慶活動滿意嗎？請用觀光客滿意度理論的圖形進行說明。

7. 在學習評估採計結果方面，依據關切／檢核面向／類型主軸，選擇評估指標，再依據樣本來源，訂定量測／檢核工具，並進行量測內容設計，來表達節慶活動對於全體成員學習的影響程度，請選擇一場今年辦理的節慶活動，做出一份節慶活動學習影響評估計畫（Evaluation Plan）。

臺灣地方觀光節慶簡表（2006～2015）

1～3月臺灣地方觀光節慶簡表

編號	活動名稱	活動內容	2006	2007	2008	2009	2010	2011	2012	2013	2014	2015	備註
1	高雄過好年	自2000年於高雄市三鳳中街草創高雄過好年活動。本活動配合農曆年搭配特色商店街模式辦理。	○	○	○	○	○	○	○	○	○	○	
2	基隆春節炮獅活動	炮獅活動發展於公元1950年代春節開工舞獅討紅包的習俗。該活動以基隆市獨特的地方民俗文化獅陣踩街進行，強調驅逐厄運及納財祈福。	○	○	○	○	○	○	○	○	○	○	

編號	活動名稱	活動內容	2006	2007	2008	2009	2010	2011	2012	2013	2014	2015	備註
3	平溪天燈節	平溪天燈緣起於早期山區治安不佳，當地村民利用天燈通知躲到外處或山中避難的親友，村內盜匪已走的消息。之後該地區居民在元宵節施放天燈，祈求平安。	○	○	○	○	○	○	○	○	○	○	
4	鹽水蜂炮	鹽水蜂炮據傳源起於公元1885年（清光緒11年），因鹽水鎮上居民罹患瘟疫，當地耆宿向關聖帝君祈求平安，並依占卜結果，在元宵節燃放炮竹，沿街繞鎮一晚，後來逐漸演變為傳統習俗。所謂蜂炮是指沖天炮組成的大型	○	○	○	○		○	○	○	○	○	

編號	活動名稱	活動內容	2006	2007	2008	2009	2010	2011	2012	2013	2014	2015	備註
		炮臺，點燃後萬炮齊發，似蜂群傾巢而出而聞名。											
5	臺灣燈會	交通部觀光局為慶祝元宵節，自1990年起結合地方政府及民間團體辦理之大型燈會活動。該燈會以「臺灣燈會」為名，早期皆在臺北市舉行，但自2001年起改在臺灣各地巡迴辦理。	○	○	○	○	○	○	○	○	○	○	2006臺南市、2007嘉義縣、2008臺南縣、2009宜蘭縣、2010嘉義市、2011苗栗縣、2012彰化縣、2013新竹縣、2014南投縣、2015臺中市、2016桃園市。
6	臺北燈會	原在臺北市中正紀念堂舉辦的燈會自2001年起，改在臺灣各地巡迴舉辦；而臺北市則由臺北市政府每年繼續辦理燈會。	○	○	○	○	○	○	○	○	○	○	

編號	活動名稱	活動內容	2006	2007	2008	2009	2010	2011	2012	2013	2014	2015	備註
7	高雄燈會	2001年及2002年臺灣燈會在高雄愛河畔以鰲龍及馬為主題舉行。後在2003年由高雄市政府繼續辦理燈會，並更名為高雄燈會。	○	○	○	○	○	○	○	○	○	○	2009-2015高雄燈會藝術節。
8	桃園燈會	2003年開始在中壢辦理的地方型燈會活動。	○	○	○	○	○	○	○	○	○	○	
9	苗栗㸌龍	苗栗㸌龍為當地客家人的傳統元宵節活動，該活動採用鞭炮、蜂炮炮炸舞龍的方式，藉以去邪、除舊、迎春及接福。	○	○	○	○	○	○	○	○	○	○	2007九五至尊慶元宵，苗栗㸌龍樂逍遙。
10	臺中燈會	2003年臺灣燈會在臺中市舉行，以吉羊開泰為活動主題。後來陸續辦理形成地方型燈會。	○	○	○	○	○	○	○	○	○	○	2009中臺灣元宵燈會。

編號	活動名稱	活動內容	2006	2007	2008	2009	2010	2011	2012	2013	2014	2015	備註
11	臺東元宵民俗炸寒單嘉年華會	「寒單爺」通「邯鄲爺」。臺東玄武堂寒單爺有三種歷史來源，一為日精、二為春秋魯國終南山人氏趙公明、三為流氓神等，說法紛紜的神蹟。臺東每年元宵節要請寒單爺出巡祈福，讓民眾炮炸參拜，以防瘟疫、洪水等災禍。	○	○	○	○	○	○	○	○	○	○	2006囍迎寒單旺旺來。2007金豬獻福炸寒單。2008金鼠賀歲炸寒單2009 NEW來福炸寒單。2010福虎生財炸寒單。2011玉兔迎春炸寒單。2012龍騰燈耀嘉年華炸寒單。2015神采飛羊炸寒單。
12	澎湖元宵萬龜祈福	元宵乞龜是澎湖特有的民俗活動，村民以糯米、米粉、麵線、白米、花生等材料製成的「麵	○	○	○	○	○	○	○	○	○	○	元宵節澎湖「萬龜祈福」宗教民俗活動。

編號	活動名稱	活動內容	2006	2007	2008	2009	2010	2011	2012	2013	2014	2015	備註
		龜」供在廟中，讓村民以擲筊的方式乞龜，並帶回家求平安順遂。以祈求平安順遂。隔年元宵前，要還更大的麵龜，供其他人乞求。至今麵龜重量已達萬斤，並越來越多。											
13	臺中大甲媽祖國際觀光文化節	大甲鎮瀾宮建於公元1730年（清雍正8年），媽祖起駕繞境進香，引領信眾前往嘉義新港奉天宮進行8天7夜繞境進香的活動，繞境的地區包括中部沿海4個縣、15個鄉鎮，60多座朝宇，全程約300公里。	○	○	○	○	○	○	○	○	○	○	

編號	活動名稱	活動內容	2006	2007	2008	2009	2010	2011	2012	2013	2014	2015	備註
14	高雄內門宋江陣	宋江陣有六種可能的歷史淵源傳說，一為《水滸傳》宋江發明末鄭成功的兵陣；五為福建漳泉地區的民團；六為清末臺南府城的義民旗陣。每年農曆二月觀音佛祖誕辰，高雄縣內門鄉全鄉動員練陣，原有108人大陣，現有36天定陣最為普遍。	○	○	×	×	×	×	×	○	○	○	
15	臺灣花卉博覽會	臺灣花卉博覽會是農委會補助彰化縣政府在2004年舉辦的大型花卉博覽會。會場面積21公頃，位於彰化縣溪州鄉臺糖農場，現為費茲洛公園舉辦。	○	○	○	○	○	○	○	○	○	○	2006世界卡通博覽會。2007花花的故鄉嘉年華會。2015花在彰化。

編號	活動名稱	活動內容	2006	2007	2008	2009	2010	2011	2012	2013	2014	2015	備註
16	烏來溫泉櫻花季	烏來係泰雅語中Ulai，原義為熱和危險的意思，後來引申為溫泉。2001年起在觀光局輔導下，70餘家溫泉業者每年舉辦的地方型溫泉旅遊活動。	○	○	○	○	○	○	○	○	○	○	
17	竹子湖海芋季	海芋原產南非，白花海芋在1966年自日本引進臺灣栽種。臺北市政府產業發展局（原建設局）自1998年起輔導北投溫泉農會宣導竹子湖海芋，2003年開始舉辦竹子湖海芋季活動。	○	○	○	○	○	○	○	○	○	○	
18	日月潭九族櫻花祭	九族文化村位於南投，擁有2000株的櫻花，在觀光局日	○	○	○	○	○	○	○	○	○	○	

編號	活動名稱	活動內容	2006	2007	2008	2009	2010	2011	2012	2013	2014	2015	備註
		月潭國家風景區管理處和日月潭觀光發展協會的協助下，2000年起舉辦九族櫻花祭活動，係國內首次引用「櫻花祭」的名詞。											
19	宜蘭綠色博覽會	宜蘭綠色博覽會在2000年起於宜蘭縣立運動公園舉辦，後來在武荖坑風景區舉辦，活動以生態教育、農業生產、環境保護及綠色休閒產業等議題為主。	○	○	○	○	○	○	○	○	○	○	
20	臺南世界糖果文化節	臺南縣文化局自2005年至2007年於臺南蕭壟文化園區（舊佳里糖廠）舉	○	○	○	×	×	×	×	○	×	×	

編號	活動名稱	活動內容	2006	2007	2008	2009	2010	2011	2012	2013	2014	2015	備註
		辦世界糖果文化節，設置為糖果場館、巧克力館等12個主題館。											
21	高雄山城花語溫泉季活動	由觀光局茂林國家風景區管理處和高雄縣政府在2003年起於六龜地區合辦的地方型溫泉旅遊活動。	○	○	○	○	○	○	○	○	○	○	
22	墾丁風鈴季	恆春半島因冬季落山風盛行。2002年起由觀光局輔導辦理墾丁風鈴季，以自然風力結合當地風鈴清脆響聲形成觀光特色。以自然風力結合當地風鈴清脆響聲形成觀光特色。	○	○	○	○	○	○	○	○	×	×	

4～6月臺灣地方觀光節慶簡表

編號	活動名稱	活動內容	2006	2007	2008	2009	2010	2011	2012	2013	2014	2015	備註
1	客家桐花祭	行政院客家委員會於2002年試辦，至2003年正式展開的北臺灣的區域活動。以當季盛開的桐花林為景觀特徵，並舉辦客家民俗旅遊及客家民俗活動。	○	○	○	○	○	○	○	○	○	○	活動涵蓋臺北、桃園、新竹、苗栗、臺中、彰化、南投等縣市。
2	龍舟錦標賽	龍舟係農曆五月初五端午節傳統民俗活動，當天以吃粽子、插菖蒲、掛香袋、賣雄黃酒、飲雄黃酒、鬥百草及划龍舟來驅邪避凶。划龍舟相傳源於戰國拯救愛國詩人屈原的行動，至今演變成民俗運動。	○	○	○	○	○	○	○	○	○	○	

編號	活動名稱	活動內容	2006	2007	2008	2009	2010	2011	2012	2013	2014	2015	備註
3	臺北市傳統藝術季	由臺北市政府在1985年開始每年的三月到五月舉辦的大型傳統藝術表演活動。首演包括明華園《周公法鬥桃花女》等曲目。	○	○	○	○	○	○	○	○	○	○	
4	九份地區媽祖遶境祈福活動	1940年代九份地區疫病流行，於是居民請來關渡宮媽祖遶境以平息災禍。之後每年農曆4月1日都會「刈香」，請關渡媽祖前來遶境祈福。	○	○	○	○	○	○	○	○	○	○	
5	鯤鯓王—出巡澎湖	臺南北門鄉南鯤鯓代天府建於公元1662年（清康熙元年，係臺灣五府千歲的開臺首廟，主供的五府千歲被	×	×	○	×	×	×	×	×	×	×	

編號	活動名稱	活動內容	2006	2007	2008	2009	2010	2011	2012	2013	2014	2015	備註
		尊稱為「南鯤鯓王」。自1683年（清康熙22年）五府千歲「南巡北狩・代天理陰陽」不定期出巡臺澎各地。2008年（戊子年）再次出巡澎湖。											
6	媽祖文化節	連江縣政府每年舉辦媽祖文化節，透過國人對媽祖的景仰，搭配舉行大型的祭祀大典和閩劇等活動。	○	○	○	○	○	○	○	○	○	×	2012龍躍連江卡啣馬祖。
7	浯島迎城隍觀光祭	金門舊稱浯島，浯島迎城隍觀光祭係在農曆4月12日為迎接城隍出巡舉辦的民俗慶典。活動包括城隍繞境巡安城區四里等。	○	○	○	○	○	○	○	○	○	○	2015金門迎城隍浯島宗教文化觀光季。

編號	活動名稱	活動內容	2006	2007	2008	2009	2010	2011	2012	2013	2014	2015	備註
8	中和潑水節活動	緣起於泰緬新年（Song-koran，每年4月12日至14日），因中和市南勢角華新街是泰緬居民聚集地，在新年群聚潑水以洗淨不利，相傳緣於古印度教潑灑紅色水的信仰。	○	○	○	○	○	○	○	○	○	○	
9	國際陶瓷藝術節	鶯歌陶瓷源於1804年（清嘉慶9年），福建人吳鞍渡海來臺在鶯歌落腳製陶，後演變成傳統地方產業。2000年陶瓷主題博物館於鶯歌成立，每年舉辦陶瓷嘉年華活動，活動包括名陶藝家示範、民眾製陶及陶藝品販售等。	○	○	○	○	○	○	○	○	○	×	2006、2007鶯歌國際陶瓷嘉年華活動，2008年改名國際陶瓷節，2012年改為新北市國際陶瓷藝術節。

編號	活動名稱	活動內容	2006	2007	2008	2009	2010	2011	2012	2013	2014	2015	備註
10	南投花卉嘉年華	南投縣政府於2004年起在中興新村等地舉辦的花卉嘉年華活動。嘉年華會、結合原住民祭典、寺廟建醮等活動。		○	○	○	○	○	○	○	○	○	
11	南投茶香健康節	緣起於2002年在南投鹿谷、竹山及名間茶區舉辦第一屆臺灣茶藝博覽會，活動以品茗、茶藝、炒茶、茶詩、茶畫等活動為主，後來又更名為世界茶業博覽會。	○	○	○	○	○	○	○	○	○	○	2010-2012年再度更名為南投世界茶業博覽會。
12	臺灣西瓜節	2005年、2006年臺南市政府在臺南市辦理，2007年起由雲林縣政府和臺南區農改場合辦，活動包括西瓜果雕、西瓜料理及臺灣西瓜王選拔。	○	○	○	○	○	○	○	○	○	○	

編號	活動名稱	活動內容	2006	2007	2008	2009	2010	2011	2012	2013	2014	2015	備註
13	白河蓮花節	白河蓮花節源於1995年。每年活動包括蓮子美食、荷染、賞荷、荷花面膜保養品和蓮子健康飲品行銷為主。	○	○	○	○	○	○	○	○	○	○	
14	屏東黑鮪魚文化觀光季	屏東東港為南臺灣第一大漁港,以捕撈黑鮪魚集散地聞名。屏東縣政府在2001年開始舉辦黑鮪魚文化觀光季,推廣黑鮪魚、櫻花蝦、油魚子等產品銷售,大幅度帶動產銷活動。	○	○	○	○	○	○	○	○	○	○	
15	澎湖國際海上花火節	澎湖縣政府自2003年起在觀音亭舉辦的海上花火節活動,活動以花火秀、歌劇、歌舞、特產展售為主。	○	○	○	○	○	○	○	○	○	○	2012年澎湖海上花火節。

7～9月臺灣地方觀光節慶簡表

編號	活動名稱	活動內容	2006	2007	2008	2009	2010	2011	2012	2013	2014	2015	備註
1	基隆市雞籠中元祭活動	基隆中元祭緣起於1851年（清咸豐元年），係為弭平漳泉械鬥之風，以賽會陣頭代替械鬥，活動包括賽會及祭典，祭典包括農曆7月1日老大公廟開龕門、12日主普壇點燈、13日迎斗燈繞境、14日放水燈、跳鍾馗、8月1日關龕門等民俗活動。	○	○	○	○	○	○	○	○	○	○	2012 壬辰雞籠中元祭。
2	頭城搶孤	頭城搶孤是中元普渡的祭典活動之一，儀式安排在農曆7月最後一夜舉行。搶孤緣起於早年漢人為紀念死亡孤魂，舉辦普渡以	○	○	○	○	○	○	○	○	×	○	

編號	活動名稱	活動內容	2006	2007	2008	2009	2010	2011	2012	2013	2014	2015	備註
		靈祭之。活動以勇漢攀爬孤棧搶奪祭供品，並布施給參加的善男信女。											
3	恆春搶孤	屏東縣恆春鎮自1950年起恢復舉辦之搶孤活動，緣起於清季。目前由縣政府豎立孤棚供參賽隊伍搶奪獎品，係融入社區競賽之民俗競賽活動，宗教意味較淡。	○	○	○	○	○	○	○	○	○	○	
4	臺北客家義民祭	1988年旅居臺北的客家鄉親為緬懷客家傳統，在臺北市舉行之客家義民祭，後自2000年起由市府接辦。活	○	○	○	○	○	○	○	○	○	○	2009年之後改為臺北客家嘉年華。

編號	活動名稱	活動內容	2006	2007	2008	2009	2010	2011	2012	2013	2014	2015	備註
		動包括迎神遶境、傳統表演及美食等活動。											
5	高雄戲獅甲藝術節	獅甲位於前鎮區，清代名為大竹里戲獅甲庄，早期因防禦海賊，以備賊為獅頭消遣，並以宋江陣禦敵。2006年開始由文建會補助高雄市政府文化局辦理，活動有戲獅比賽、高椿獅陣、擂鼓陣等。	◯	◯	◯	◯	◯	◯	◯	◯	◯	◯	2009戲獅甲藝術季。
6	新竹縣義民文化節	由行政院客家委員會補助新竹縣政府辦理的客家節慶活動，包括黑令旗令出巡、糊紙藝術、萬人挑擔活動等。	◯	◯	◯	◯	◯	◯	◯	◯	◯	◯	

編號	活動名稱	活動內容	2006	2007	2008	2009	2010	2011	2012	2013	2014	2015	備註
7	彰化縣媽祖遶境祈福	彰化縣政府主辦的縣內12座媽祖宮遶境祈福活動，活動包括起駕典、遶境、表演、擲杯祈福、全民攻炮及產業特色展等。	×	×	○	○	○	○	○	○	○	○	
8	原住民聯合豐年祭	豐年祭起源於原住民族祖先信仰和神靈崇拜，最初田部落自行辦理。現為各縣市政府以聯合名義辦理的豐年祭活動，儀式包括除草祭、拔摘祭及傳統的歌舞活動。	○	○	○	○	○	○	○	○	○	○	
9	南島族群婚禮	觀光局林茂林國家風景區管理處及原住民族文化園區在2005年起舉辦的原住民集團結婚，活	○	○	○	○	○	○	○	○	○	○	2008年、2009年南島族群婚禮系列活動（11月舉行）。

編號	活動名稱	活動內容	2006	2007	2008	2009	2010	2011	2012	2013	2014	2015	備註
		動包括揹新娘、盪鞦韆、取火所祈福儀式。											
10	臺東南島文化節	自2001年起由臺東縣政府依據本土及環太平洋各部落舉行的節慶方式而辦理的文化體驗活動。活動內容包括團隊演出、原住民風俗體驗及產業展售等。	○	○	○	○	○	○	○	×	○	×	2008年改為10月舉辦；2009臺東南島文化節十週年系列活動。
11	貢寮國際海洋音樂祭	係由2000年開始，在臺北縣貢寮鄉境內的福隆海水浴場據辦的大型戶外音樂活動。英文名稱Ho-hai-yan（吼海洋）係阿美族語及漢語的雙關語，活動包括表演、影展、銷售會等。	○	○	○	○	○	○	○	○	○	×	2012新北市貢寮國際海洋音樂祭。

編號	活動名稱	活動內容	2006	2007	2008	2009	2010	2011	2012	2013	2014	2015	備註
12	石門國際風箏節	2000年開始在臺北縣石門鄉舉行的運動休閒活動，內容包括風箏PK賽、風箏高空攝影和石門風箏嘉年華等活動。	○	○	○	○	○	○	○	○	○	○	
13	三峽藍染節	藍染源於清末三角湧（三峽）染布業，三峽藍染節以傳承三峽在地的藍染文化產業，活動包括服裝表演、藍染操作等。	○	○	○	○	○	○	○	○	○	○	2012新北市藍染節。
14	八里竹石藝術節	2007年至2009年以八里當地特有產業，竹與石雕融合藝術文化的展售及表演活動。	×	○	○	○	×	×	×	×	×	×	

編號	活動名稱	活動內容	2006	2007	2008	2009	2010	2011	2012	2013	2014	2015	備註
15	桃園花海嘉年華	桃園縣政府於2005年及2006年在中壢市及大園鄉舉辦的生態休閒產業活動。	○	×	×	×	×	×	×	×	×	×	
16	新竹米粉摃丸節	新竹市政府以米粉摃丸主題辦理的產業環境營造計畫，活動包括米粉摃丸產銷美食展、創意競賽、展演等活動。	○	○	○	○	○	○	○	○	○	○	
17	桃園石門	桃園縣政府於2004年起舉辦的食材文化嘉年華活動，活動包括魚苗放養、活魚私房料理、美食展銷等。	○	○	○	○	○	○	△	×	○	×	
18	苗栗海洋觀光季	苗栗縣政府於2002年起在後龍外埔漁港舉辦的展演活動。	○	○	○	○	○	○	○	○	○	○	

編號	活動名稱	活動內容	2006	2007	2008	2009	2010	2011	2012	2013	2014	2015	備註
19	宜蘭國際童玩藝術節	1996年起宜蘭縣政府參考法國亞維儂藝術節辦理的活動，該活動係國際民俗藝術節協會在亞洲唯一認證的藝術節活動。活動內容多元，以演出、展覽、遊戲、交流四大軸線，設計和年度主題相關的活動，堪稱我國節首屈一指的地方節慶。2007年8月7日，因不堪衝損，宜蘭縣決定停辦本活動，次年因觀眾要求而復辦。	○	○	○	×	○	○	○	○	○	○	
20	宜蘭國際蘭雨節	自2008年起為推動武老坑風景區、冬山河親水公園及頭城烏石港澳澳海濱三個	×	×	○	○	×	×	×	×	×	×	

編號	活動名稱	活動內容	2006	2007	2008	2009	2010	2011	2012	2013	2014	2015	備註
		場域觀光鏈結性而舉辦的海洋、內陸及山區遊憩體驗活動。											
21	三義國際木雕藝術節	自1990年舉辦的地方節慶活動，活動包括木雕展、木雕市集、木雕接力秀、客家生活文化等系列活動。	○	○	○	○	○	○	○	○	○	○	2012三義國際木雕藝術節。
22	嘉義東石海之夏祭	嘉義縣府自2007年起在東石漁人碼頭舉辦的地方活動，內容包括演唱會、體育休閒及農特產展等項目。	×	○	○	○	○	○	○	○	○	○	
23	兩馬觀光季系列活動	臺中縣政府於2003年至2010年以后里馬場（駿馬）及東豐自行車綠廊（鐵馬）為意象舉辦的活動。	○	○	○	○	○	×	×	○	○	○	

編號	活動名稱	活動內容	2006	2007	2008	2009	2010	2011	2012	2013	2014	2015	備註
		景觀觀光及騎乘自行車為主的活動。2014年縣市合併後，改由臺中市政府舉辦。											
24	王功漁火節	2005年起舉辦的王功漁火節活動，內容包括休閒漁業之體驗（捕魚、剝蚵、捉蝦、嚐鰻）及海洋音樂季欣賞。	◯	◯	◯	◯	◯	◯	◯	◯	◯	◯	
25	日月潭嘉年華	觀光局自2000年開始，配合全臺觀光季舉辦的日月潭大型嘉年華活動。近年來規劃古典音樂、鼓樂及舞樂，強調環境特色與地方產業。	◯	◯	◯	◯	◯	◯	◯	◯	◯	◯	2008秋樂·鼓舞日月潭。

編號	活動名稱	活動內容	2006	2007	2008	2009	2010	2011	2012	2013	2014	2015	備註
26	臺灣咖啡節	雲林縣政府自2003年起在古坑、華山等地舉辦地方特色產業活動，內容以咖啡文物展、美食展、咖啡豆評鑑、咖啡尋寶、咖啡樂活市集等活動為主。	○	○	○	○	○	○	△	○	○	○	2007年改為10月底舉行。
27	白河蓮花節	自1995年開始舉辦以蓮花為主軸，展現白河鎮地方特色風貌的節慶活動。活動內容包括飲食產業、休閒路跑、遊程設計、活動行銷等。	○	○	○	○	○	○	○	○	○	○	
28	府城七夕國際藝術節	由臺南市政府舉辦的府城七夕國際藝術節，內容涵蓋文化特質、多元藝術，及城市運動項	○	○	○	○	○	×	×	×	×	×	2010府城七夕16歲藝術節。

編號	活動名稱	活動內容	2006	2007	2008	2009	2010	2011	2012	2013	2014	2015	備註
		目。活動範圍包括古蹟景點、百貨公司、大賣場、廟宇及邀請國際團隊前來表演。											
29	菊島海鮮節	澎湖縣政府舉辦澎湖菊島海鮮節，內容包括美食品嚐、休閒漁業體驗、聚落參訪、巡滬踏浪，以及浮潛抱墩等活動。	○	○	○	○	○	○	×	×	×	×	
30	望安酸瓜海鮮節	澎湖縣望安鄉公所主辦的美食活動。	×	○	○	×	×	×	×	×	×	×	
31	南投火車好多節	集集線鐵路沿線鄉鎮結合鐵道文化和地方特色的活動。	○	○	○	○	○	○	○	○	○	○	

10～12月臺灣地方觀光節慶簡表

編號	活動名稱	活動內容	2006	2007	2008	2009	2010	2011	2012	2013	2014	2015	備註
1	泰山獅王文化節	臺北縣泰山鄉公所於2007年舉辦以花獅民間藝術及創意為題材的活動。	×	○	○	○	○	○	○	○	○	○	
2	大佛亮起來點亮半線城	彰化縣政府以彰化市區及風景區舉辦的觀光活動，內容包括大佛雷射燈光秀、城市光雕秀等。	○	×	×	×	×	×	×	×	×	×	
3	鯤鯓王平安鹽祭－雲嘉南觀光系列活動	觀光局雲嘉南風景區管理處為推動轄區內景點，以民俗表演、鹽文化采風、生態體驗及鹽袋祈福的方式進行旅遊宣導。	○	○	○	○	○	○	○	○	○	○	
4	高雄左營萬年季	左營在明鄭時期一稱「萬年」。左營萬年季原為左營	○	○	○	○	○	○	○	○	×	○	

編號	活動名稱	活動內容	2006	2007	2008	2009	2010	2011	2012	2013	2014	2015	備註
		慈濟宮迎火獅活動演變的地方慶典活動，2001年高雄市政府以蓮池潭為主軸推動獅陣、藝陣、畫防煙火秀、水舞表演的民俗活動。											
5	愛河布袋戲季	包含地方色彩的展演、布袋戲歌謠演唱活動。	○	○	○	○	○	○	△	×	×	×	2012愛河布袋戲祭。
6	媽祖在馬祖昇天祭	連江縣辦理之媽祖昇天祭祀大典，近年來已有海峽兩岸合流辦理的趨向。	×	○	○	○	○	○	○	○	×	○	2012馬祖秋慶。
7	阿里山鄒族生命豆季	鄒族原住民部落傳統婚禮儀式。	○	○	○	○	○	○	△	○	○	○	

編號	活動名稱	活動內容	2006	2007	2008	2009	2010	2011	2012	2013	2014	2015	備註
8	臺灣溫泉美食嘉年華	交通部觀光局自2007年起結合溫泉「溫泉」及「美食」兩大觀光資源，整合規劃「臺灣溫泉美食嘉年華」活動，以地方提升觀光發展。	×	○	○	○	○	○	○	○	○	○	
9	大湖草莓文化季	苗栗大湖草莓文化季活動在推動地方產業，活動內容包括草莓代言情侶選拔、草莓街舞PK賽、草莓賽才藝秀等。	○	○	○	○	○	○	△	○	○	○	2007-2008苗栗草莓溫泉季。
10	新社花海節	新社花海節活動推動遊程規劃、新社民宿、新社旅遊景點，內容包括各鄉鎮農會商品促銷、樂團演出以及休閒旅遊展示等活動。	○	○	○	○	○	○	○	○	○	○	

編號	活動名稱	活動內容	2006	2007	2008	2009	2010	2011	2012	2013	2014	2015	備註
11	國際文化藝術節	國家文化藝術基金會補助的地方文化藝術節慶活動。	○	○	○	○	○	○	△	○	○	○	2006、2007年福爾摩沙藝術節。
12	臺灣藥草節	臺灣藥草節以藥草的故鄉在臺東等活動，推動藥膳美食、藥草寫生比賽、神農祭典、藥草專題演講與論壇及藥草農特產展銷等活動。	○	○	○	○	○	○	△	○	○	×	2008臺灣藥草節－藥草故鄉在臺東系列活動。
13	金山萬里溫泉季	以臺灣溫泉美食嘉年華為主軸的地方型溫泉推廣活動。	○	○	○	○	○	○	○	○	○	○	
14	新竹縣國際花鼓藝術節	以傳統客家民俗花鼓藝術為主軸，藉由國際交流及民間參與推動地方藝文活動。	○	○	○	○	○	○	△	○	○	○	
15	三芝鄉芝柏水車文化節	以地方芝柏和水車文化結合的產業推動節慶。	○	○	○	○	○	○	△	○	×	×	2011新北市三芝芝白筍水車文化節。

編號	活動名稱	活動內容	2006	2007	2008	2009	2010	2011	2012	2013	2014	2015	備註
16	草嶺古道芒花季	觀光局推動嶺古道生態觀光遊程活動，內容包括拓碑、捏麵人及葉脈標本製作等。	○	○	○	○	○	○	△	○	○	○	
17	苗栗客家美食節	以推動客家飲食文化為主軸的地方計畫，內容包括地方美食展、客家美食餐廳認證、和客家便當宣導等。	○	○	○	○	○	○	△	○	○	○	2007苗栗銅鑼杭菊・芋頭節。2008輕安客家文化節。2008苗栗文藝季美食嘉年華。2009~2011苗栗市客家粄仔節。
18	泰雅巨木嘉年華	結合尖石鄉巨木群生態觀光、溫泉旅遊、以及泰雅部落導覽活動。	○	×	×	×	×	×	×	×	×	×	

編號	活動名稱	活動內容	2006	2007	2008	2009	2010	2011	2012	2013	2014	2015	備註
19	花蓮石雕藝術季	花蓮縣政府2001年開始辦理的石雕藝術活動，內容包括石雕展售、石雕競技、漂流木展示、傳統服飾（銀飾、頭飾）展覽活動。	○	○	○	○	○	○	○	○	○	○	2011花蓮國際石雕藝術季。
20	花蓮觀光月系列活動	結合花蓮當地旅遊資源辦理的大型觀光活動，內容有原住民創意歌舞、踩街嘉年華等地方特色活動。	○	○	○	×	×	×	×	○	○	○	2008花蓮水舞、原住民豐年節、花蓮石藝嘉年華及推出金針花季；之後更名之後散到12個月中舉辦。
21	東海岸旗魚季	臺東縣政府於成功鎮海濱公園舉行的產業活動，內容包括餐飲品嚐、麻荖漁懷舊展、漂旗魚體驗活動等。	○	○	○	○	○	○	△	○	○	○	

編號	活動名稱	活動內容	2006	2007	2008	2009	2010	2011	2012	2013	2014	2015	備註
22	澎湖風帆觀光節	主要以風帆競技為主的觀光旅遊活動。	○	○	○	○	×	×	×	×	×	×	2009亞洲盃澎湖風浪板競速賽。
23	金門鸕鷀季	以金門生態旅遊為主的觀光活動。	○	○	○	○	○	○	△	○	○	○	2011年金門采風—古厝‧鸕鷀「賞鷀」活動。
24	萬金聖誕季	屏東縣政府以教堂聖誕布置、宗教習俗和在地文化的觀光活動。						○	○	○	○	×	

（依據交通部觀光局未發表資料：95年（2006年）臺灣地區大型地方節慶表、96年（2007年）臺灣地區地方觀光節慶活動表、2008臺灣觀光節慶賽會活動表及2009臺灣觀光節慶賽會活動表整理。符號○：代表舉辦、×：代表停辦、D：代表尚未公告。本表以中華博物館節慶日、地方宗教慶典、地方新興產業觀光活動整理為主，未納入運動競技活動、商業博覽活動。資料以2006年1月～2015年6月官方統計資料為準，活動主辦與否以主辦單位公告為準。）

基督教教派和節慶

教派	英文名稱	簡介	節慶、儀式
曼達派	Mandeanism	源起於西元第二世紀至第三世紀施洗約翰傳教時，相信施洗約翰是彌賽亞，並且集成了猶太教和基督教的元素，融入到二元信仰的架構。	浸禮儀式，是從罪惡中淨化。
諾斯底主義教派	Gnosticism	諾斯底主義教派源起於波斯先知摩尼，用來表示以個人智慧來獲得拯救的人。雖然諾斯底主義者都遵循耶穌基督的教導，甚至自稱為基督徒，受到光與暗的鬥爭的二元信仰影響混雜著基督教教義、波斯神祕宗教，以及希臘哲學思想。	入會儀式不公開，營造神祕氣氛。
摩尼教	Manicheanism	摩尼教，又稱為明教，源自古代波斯宗教祆教的宗教，為西元三世紀中葉波斯人摩尼（Mani, 216-277）所創立，將佛教、基督教與伊朗祆教教義混合而成的哲學體系。摩尼教的創教者摩尼在巴比倫傳教，在西元277年被釘死於十字架上。	舉行懺悔、洗禮和聖餐的儀式。
阿里烏教派	Arianism	西元325年的第一次尼西亞公會議，為了打擊亞歷山大港教會的教區長阿里烏教派而宣告：「基督是完全的神」。阿里烏反對三位一體，認為《聖經》的啓示說明耶穌次於天父，拒使用「本體相同」描述基督與神的關係，阿里烏認為基督是天父與人之間的半神（Semi-god），認為聖子是受造物中的第一位，基督不是上帝也不是人，是上帝與人之間的媒介。阿里烏教派在西元第七世紀逐漸消失，融入伊斯蘭教。	舉行懺悔、洗禮，以及聖餐的儀式。

教派	英文名稱	簡介	節慶、儀式
東方亞述教會	Assyrian Church of the East	東方亞述教會又稱為波斯教會，由聖多馬、聖馬理，以及亞戴所建立，廣布在巴底亞、伊拉克東部以及伊朗。	舉行懺悔、崇拜、洗禮、以及聖餐的儀式。
東正教	Oriental Orthodoxy	僅承認大公會議（即君士坦丁大帝第一次尼西亞公會議，以及第一次以弗所公會議）的東方基督教會，拒絕承認迦克墩公會議及第三次君士坦丁堡會議的教義，主要分布在巴爾幹半島、東歐和西亞。東正教會與羅馬教會分裂之導火線是羅馬教宗把教義中的「聖靈從父出來」改為「聖靈從父和子出來」，界定了「基督的神人二性」。西元1054年教宗利奧九世（Leo IX, 1002-1054）將君士坦丁堡牧首賽魯拉留斯（Michael Cerularius, 1000－1059）逐出羅馬教廷，君士坦丁堡成立了正教會，稱為東方正統教會（東正教）。	其中以復活節最為重要，稱為節中之節。根據尼西亞公會議規定，每年春分後第一次月圓後的第一個星期日為復活節，因正教沿用儒略曆，復活節日期較天主教和基督新教所採用的西曆推算至今約晚13天。1924年君士坦丁堡正教會和希臘正教系的大部分教會改用西曆。除了復活節外，還有十二大節日。其中三個大節，依復活節為推算標準，稱為移動瞻禮，即棕樹節，在復活節前一周的星期天；耶穌升天瞻禮，在復活節後40天；聖三一瞻禮，在復活節後50天。其餘9個為定期瞻禮，即聖母聖誕瞻禮（約西曆9月20～21日）、榮舉聖架

教派	英文名稱	簡介	節慶、儀式
			瞻禮（約9月26～27日）、聖母獻堂瞻禮（約12月3～4日）、耶穌聖誕瞻禮（約1月6～7日）、聖母行潔淨瞻禮（約2月14～15日）、聖母領報瞻禮（約4月6～7日）、耶穌顯榮瞻禮（約8月18～19日）、聖母升天瞻禮（即聖母安息節，約8月27～28日）。
反聖像崇拜派	Iconoclasts	西元787年在尼西亞召開的基督教公會議，討論聖像崇拜問題，會議指責聖像破壞運動為異端行為，並宣布教會並非敬禮聖像本身，而是敬禮聖像所代表的神或天使，或聖母、聖人。反聖像派重新得勢之後，西元813年崇拜聖像的行為再次禁止。	拒絕崇拜聖像。
老信徒教派	Old Believers	在俄羅斯東正教教堂的歷史，產生老信徒教派，又稱分離教派。1666年俄羅斯東正教牧首尼孔（Nikita Minin Nikon, 1605–1681）改革莫斯科公國的社會，變成更合乎基督教的價值觀，並且改善教會的禮拜儀式，將希臘東正教和俄羅斯教會的教義及禮拜儀式整合為一致，例如：以三根手指替代中指微彎的兩指十字聖號，讚美詩「哈利路亞」要複誦三次，替代傳統的兩次，將	保有舊有儀式，比如保持中指微彎的兩指十字聖號，祈禱時採跪拜禮。最激烈的表現，包括宣揚世界末日，並以火洗禮或自焚明志。

教派	英文名稱	簡介	節慶、儀式
		祈禱時的跪拜改為鞠躬禮，教堂禮儀行列行進方向要朝著太陽，而不是順著太陽升降方向。迫使一些神職人員成了教會反對派的領袖，拒絕接受東正教新的禮拜儀式。	
東正教正教系	Eastern Orthodoxy	16世紀以後，君士坦丁堡東正教在督管區基礎上成立自主教會，稱為東正教正教系。俄羅斯東正教取得自主地位，通稱俄羅斯正教。自主教會是指在法規和行政方面享有全部獨立權並可自選大主教和主教的教會；有時也指不依附主教管轄的個教區。教義特點為不承認天主教所行的公會議，認為拯救要依靠自身，也要依靠天主，自身必需擇善，天主才能幫助。善功只是條件，並不具有得到救贖的效果。	東正教正教系的多數教會，包括中國東正教會，沿用儒略曆。舉辦下列儀式。一、凡主日暨諸瞻禮之日宜上帝聽經祈禱。二、遵守聖教會所定齋期。三、解罪至少每年一次。四、領聖體血每年至少一次。聖禮儀等同於天主教的彌撒，七大聖禮：受洗、塗聖油、受聖職、告解、婚配、終傅、聖體血。
羅馬天主教	Roman Catholicism	16世紀出現宗教改革運動，宗教改革者常使用「羅馬教會」的名稱來稱天主教會。在於第一次尼西亞公會議後，表明「聖父、聖子、聖靈」「三位一體」的信理。在教義方面，東正教主張聖靈只來自聖父，天主教則主張聖靈來自聖父和聖子，並信奉聖母瑪利亞和耶穌基督。東正教沒有關於「煉獄」的說法，而天主教強調「罪」與「罰」，聲稱天堂和地獄之間兩者之間有「煉獄」。使用天主經、聖經、聖母經、聖三光榮經等經典。	天主教徒通常儀式、節慶、聖禮等較多。望彌撒，時間有星期五或星期六、日，「彌撒」（Missa）一詞來自拉丁文Mitto，是「派遣」的意義，以聖餐的方式，重演基督藉十字架上的犧牲告祭獻所完成的救贖。天主教的節慶和紀

教派	英文名稱	簡介	節慶、儀式
			念日稱為瞻禮，包括聖誕節、聖家節、天主之母節、主顯節、耶穌受難節、復活節、救主慈悲主日、耶穌升天節、聖神降臨節（五旬節）、天主聖三節（聖神降臨節之後的第一個主日）、基督聖體聖血節、耶穌聖心瞻禮（耶穌聖體聖血節後八日的星期五）、大聖若瑟慶日、聖母蒙召升天節、基督普世君王節、聖伯多祿和聖保祿宗徒慶日等。
聖公會	Anglicanism	16世紀宗教改革運動之後，源自英國教會和愛爾蘭教會及其餘世界各地衍生出來的教會之總稱，在美國稱呼聖公會教堂為The Episcopal Church。因為聖公會受到海洋法系的影響，聖經、傳統、理性作為聖公會的信仰根基。	節慶包括將臨期、聖誕期、顯現期、大齋期、復活期、聖人節慶等。
基督新教	Protestantism	16世紀宗教改革運動之後，產生了基督新教，基督新教脫離天主教會，基督徒自主形成教會團體，與天主教、東正教並列為基督教三大派別。中文所稱的「基督教」多指基督新教，包含了路德教派、喀爾文教派，17世紀中葉，產生英格蘭的長老會、公理會、浸信會等，共	主日崇拜，時間在星期日，星期日又稱為安息日。主要節慶有聖誕節、復活節、耶穌受難日、聖靈降臨節、感恩節、情人節等。

教派	英文名稱	簡介	節慶、儀式
		同主軸都是「回歸聖經」、「以聖經為信仰的唯一依歸」。基督新教僅敬拜三位一體的神（聖父、聖子、聖靈）。回歸教會簡單的體制，沒有主教、教皇，而是教堂的牧者、使徒、教會執事等，每個人都可以直接向上帝禱告。基督新教拒絕偶像，認為祭祖典禮祭拜祖先是崇拜偶像之罪惡行為。	

傳統節慶活動

	中國大陸	臺灣
正月初一　春節	正月初二,是出嫁的女兒回娘家的日子;初二早晨迎接財神。初五開市,年節到此也告一段落。	正月初二,是出嫁的女兒回娘家的日子;初三有老鼠娶親的傳說,希望民眾早早休息;初四下午是迎接神明的日子,將去年送回天庭述職的眾神明接回來繼續看管守護家庭;初五開市,年節到此也告一段落,生活要回復年前正常的作息;初九天公生,由於地位崇高,祭祀的時候也得特別慎重。
十二月二十四日　送神	1. 送灶神回天庭。 2. 祭祀的食物,如灶糖、灶餅、紅豆干。 3. 糊竹燈臺為轎,並且以黃豆稻草來祭祀灶神的坐騎。	1. 將人間的所有神明一起恭送回天庭。 2. 祭祀的食物,如牲禮(三牲)、湯圓、甜粿、冬瓜糖、麥芽糖、糖果、水果、酒。 3. 準備壽金、刈金和雲馬,雲馬是以黃紙印上神馬、神轎、馬伕、白雲、船舶等圖案,以當作是神明們返回天庭的交通工具。

附錄四
除夕的菜色

食物	緣由
雞肉	閩南語中的「雞」跟「家」同音，因此取其諧音，來營造吉祥的意思，吃雞就能建立一個家，使家道興隆旺盛。
長年菜	芥菜在臺灣民間，多吃它的葉柄、葉梗，在過年期間吃的長年菜，意味著「長命百歲」。
丸子	過年吃丸子象徵團圓、圓滿。
魚	過年吃魚代表「年年有餘」。
白蘿蔔	白蘿蔔又稱為菜頭，而「菜」的諧音與「彩」相似，取好彩頭之意。
芹菜	因為芹菜諧音「勤快」，過年吃芹菜餡餃子會勤快一年，又有清閒自在之意。
韭菜	吃韭菜是取「久」的諧音，也意味著人長久、花長久之意。
豆干	吃豆干就是閩南語做官或升官之意。
紅棗	「吃紅棗，年年好」。
糕仔	「過年吃糕仔，事業步步高升」。
發粿	發糕又叫做發粿，是臺灣過年必備的食品，發糕有「發財」的意思，因此有「發粿發財」一說；其裂痕越大越漂亮，都是象徵著大發的吉兆。
包仔粿	形狀與元寶相似的粿，所以說包仔裡面包著金銀財寶，因包仔粿裡面包的東西不同，所以又有一說是「鹹的包金，甜的包銀」，這是取吉祥、發財的意義。
花生	閩南語叫做土豆，期許可以吃到老老，也就是長壽的意思。
鳳梨	閩南語叫做旺來，期望可以大大興旺。
橘子	代表吉祥之外，也代表大吉大利。

大年初一的禁忌

禁忌	原因
不可以吃稀飯和喝湯，必需要吃乾的飯	喝湯會被雨淋濕，稀飯是窮人家不得不這樣吃，又加上吃稀飯是生病的時候要吃的，所以大年初一吃稀飯會導致一整年的貧窮。
不能煎蘿蔔糕、年糕	煎蘿蔔糕、年糕煎焦焦的樣子叫做「赤赤」，由於音同閩南語的貧窮，因此也是不吉利的。
不可開殺戒來做料理，同時也不可以煮飯，只能把在除夕食煮好的飯加熱	臺語有句俗諺「初一早吃菜，卡贏吃歸年齋」，這種飯就是俗稱的「春飯」，意思就是剩下來的飯，兩者發音相同，遂以藉此來為未來討個吉祥、吉利，寓意去年的東西吃不完，到今年還有剩餘。
不要吃藥	健康的人不適合在這一天吃補藥。
女兒和女婿是不得返回娘家探望的	會讓娘家變窮，只能在初二或者初三回娘家，女婿陪女兒帶回娘家的禮物必需成雙。
不可動針線裁縫	忌諱器物的破壞心理，因為刀就意味著破與凶。
不可汲水	大年初一汲水，需在井口邊放金紙，祭拜井神，才能汲水。
不可洗澡、洗頭、洗衣物	大年初一、二忌洗衣，傳說這兩天是水神生日，因此忌洗衣，以避免將財富與財運洗掉。
不可傷心哭泣或打罵小孩、與人吵架等	傳說大年初一是天神下凡日，玉皇大帝率眾神下凡巡視，故民間生活起居須格外謹慎，傷心哭泣、打罵小孩，或是與人吵架等，會導致一年不如意。
不可打破器物	假如不慎打破器物，物品碎裂了，碎音同歲，便說「歲歲平安」來化解。
不可睡午覺	男人午睡，田畦就會崩壞；女人午睡，爐灶就會崩壞。若於大年初一睡午覺，會影響事業運。
禁止孕婦、產婦、生理期間的女性四處串門子	春節期間四處串門子，總是道人長短，是不適合的。
禁止掃地還有倒垃圾	大年初一不可掃地、倒垃圾，否則會將福氣掃掉。如必需掃地，則要由外向內掃，並將垃圾包好，等待大年初五後方能丟棄。所以大年初三之前，地方清潔隊暫停收垃圾。

附錄六
節慶關鍵字

春節	春節、新年、新正、新元、新春、正月、元旦、元日、開正、行春、賀正、過新正、初二、回娘家、赤狗日、初四、接神、初五、初九、天公生。
元宵	元宵、上元、天官、燈籠、賞燈、花燈、燈下、平溪、天燈、鹽水、蜂炮、偷蔥、偷菜、拔竹籬、聽香、聽響卜、關三姑、觀三姑、三姑、三歲姑、椅仔姑、紫姑、冬生娘、冬生仔娘、東絲娘、冬施娘。
清明	清明、寒食、掃墓、培墓、掛紙、墓粿、踏青。
端午	端午、端五、重五、重午、天中、端陽、龍舟、龍船、競渡、屈原、粽子、礁溪、二龍村、菖蒲、艾草、雄黃、午時水。
中元	中元、地官、盂蘭盆、普度、普渡、鬼門、好兄弟、鹿港。
中秋	中秋、月節、月夕、祭月、仲秋、團圓節、偷蔥、偷菜、月餅、柚子、切賊頭。
冬至	冬至、冬節、大冬、小年、短至、長至、亞歲、圓仔、米丸、餉耗、搔圓。
尾牙	尾牙、做牙、牙祭。
送神	送神、接神、灶神、祀灶、清塵、筅黗。
除夕	除夕、過年、除夜、辭年、圍爐、歲除、大年夜、二九暝、甜粿、年粿、菜頭粿、廿九暝發粿。

節慶觀光與民俗資料網站

網站名稱	網址
數位典藏聯合目錄	http://digitalarchives.tw/index.jsp
全臺詩・智慧型全臺詩資料庫	http://cls.hs.yzu.edu.tw/TWP/
國家文化資料庫	http://nrch.culture.tw/
國家圖書館「臺灣記憶」	http://memory.ncl.edu.tw/tm_cgi/hypage.cgi
中研院民族所數位典藏	http://www.ianthro.tw/
台灣咁仔店	http://www.taiwan123.com.tw/
台灣節慶	http://media.huayuworld.org/local/web/
漢人村莊社會文化傳統資料庫	http://twstudy.iis.sinica.edu.tw/han/
客家節慶	http://festival.hakka.gov.tw/
臺灣原住民數位博物館	http://www.dmtip.gov.tw/
民俗臺灣	http://da.lib.nccu.edu.tw/ft/
台灣觀光資訊網	http://taiwan.net.tw/
台灣觀光資訊網兒童網	http://child.taiwan.net.tw/

參考書目

㈠中文

丁誌鮫、陳彥霖，《探討臺灣地方節慶觀光活動永續發展的影響因素》，2008第五屆台灣鄉鎮觀光產業發展與前瞻學術研討會，2008。

王慧萍，《怪物考（新版）：西方中世紀的怪物世界》，如果出版社，2012。

王嘉偉，《節慶活動之設計架構與評估模式研究》，雲林科技大學碩士論文。，2008

方偉達，《休閒設施管理》，五南，2009。

方偉達，《生態旅遊》，五南，2010。

方偉達，《國際會議與會展產業概論》，五南，2011。

方偉達，《圖解：節慶觀光與民俗：SOP標準流程與案例分析》，五南，2013。

方偉達，《圖解：如何舉辦會展活動－SOP標準流程和案例分析（1版4刷）》，五南，2014。

巫仁恕，《節慶、信仰與抗爭－明清城隍信仰與城市群眾的集體抗議行為》。中央研究院近代史研究所集刊34：頁145-210，2000。

巫仁恕，《從遊觀到旅遊：16至20世紀蘇州旅遊活動與空間的變遷》，收入巫仁恕、康豹、林美莉主編，《從城市看中國的現代性》。中央研究院近代史研究所，頁113-149，2010。

巫仁恕，《激變良民：傳統中國城市群眾集體行動之分析》，北京大學出版社，2011。

李霖生，《周易神話與哲學》，臺灣學生書局，2002。

何明修，《革命的節慶、節慶的革命：Mona Ozouf對於集體行動研究的啟示》。教育社會通訊34：頁9-14，2001。

吳宜璇，《臺灣歲時節慶的文化與禮俗》。逢甲大學中國文學系碩士班碩士論文，2013。

吳宗瓊、潘治民，《觀光慶典活動遊客花費與整體經濟效果之評估研究——以國際童玩》節為例。戶外遊憩研究17(1)：頁1-21，2004。

吳鄭重、王伯仁，《節慶之島的現代奇觀：台灣新興節慶活動的現象淺描與理論初探》。地理研究54：頁69-95，2011。

林詠能、李兆翔、林玟伶，《節慶、觀光與地方振興整合型計畫：以水金九周邊地區為例》，藝文環境發展策略專題研究。財團法人國家文化藝術基金會，2010。

林俊宏，《從假期經濟看休閒假日之法制建議》。工商會務季刊 95，103.4，2014。

林茂賢，《臺灣民俗記事》，萬卷樓出版社，1999。

林國章，《臺灣民俗節慶文化活動產官學合作模式的理論與實際》。多元文化與族群和諧國際學術研討會，2007。

邱坤良，《紅塵鬧熱白雲冷——台灣現代藝術節慶的本末與虛實》。戲劇學刊15：頁49-78，2012。

胡馨文，《泰雅狩獵文化中原住民生態智慧、信仰與自然之關係》。國立臺灣師範大學環境教育研究所碩士論文，2014。

莊啓文，《原住民觀光與文化展演——部落現象、外國理論與在地研究》，2009年文化創意產業永續與前瞻研討會——營造在地文化觀光產業論文集，國立屏東教育大學，頁99-112，2009。

徐楓、牛貫杰，《刻在甲骨上的文明》，風格司藝術創作坊，2013。

韋慶遠、柏樺，《中國政治制度史》，中國人民大學出版社，2005。

馬如森，《殷墟甲骨文》，上海大學出版社，2007。

張子溥、陳毓劼，《用地圖看懂臺灣經濟》，商周出版，2015。

張君，《神祕的節俗》，廣西人民出版社，2003。

張傑，《中國傳統文化》，武漢大學出版社，1993。

陳柏州、簡如邠，《台灣的地方新節慶》，遠足文化，2004。

陳欣欣、孫逸民，《台北國際花卉博覽會大陸遊客花費與經濟效益之評估研究》。華醫學報36：頁121-145，2012。

陳熙遠，《競渡中的社會與國家——明清節慶文化中的地域認同、民間動員與官方調控》。中央研究院歷史語言研究所集刊，第七十九本，第三分，2008。

陳炳輝，《節慶文化與活動設計》，華立，2008。

黃丁盛，《臺灣的節慶》，遠足文化，2005。

黃金柱，《節慶文化與活動管理：創造台灣觀光發展的新觸媒》，助益台灣節慶與活動的永續經營，華立，2014。

郭錫良，《漢語史論集（增補本）》，上海商務印書館，2005。

葉至誠，《社會科學概論》，揚智文化，2000。

曾傳銘，《群眾意外事故之防範與安全管理》。工業安全衛生月刊2007(4)：頁32-43，2007。

蔣玉嬋，《以社區節慶促進社區發展之探討》。社區發展季刊127：頁304-317，2009。

蔡元隆、張淑媚，《鄉土教育從民俗節慶開始——以台東玄天堂的炸寒單爺民俗為例》。國教之友，58(4)，頁32-41，2007。

鄭佳昆、沈立，《運動產業發展條例之實施與應用——運動休閒旅遊業》。國民體育季刊41(3)：頁65-70，2012。

劉德謙、馬光復，《中國傳統節日趣談》，河北人民出版社，1983。

謝淑芬，觀光心理學，五南，2012。

謝蕙蓮、陳章波、李佳瑜，《濕地文化的傳承：以龍山寺為例》。2008年亞洲濕地大會中文論文集。頁1-12，2008。

韓明文，《企畫+》，碁峰資訊，2010。

羅旭壯，《論地方政府辦理民俗節慶活動效益》，2014年2月11日國政研究報告，財團法人國家政策研究基金會，2014。

(二)外文

Backman S. J., and Veldkamp, C. 1995. Examination of the relationship between service quality and user loyalty. Journal of Park and Recreation Administration 13, American Academy for Park and Recreation Administration, pp.29-41.

Bakhtin, M. M. 1984. Rabelais and his World, in Iswolsky, H. (trans.), Indiana University Press, Original work published in 1965.

Brickman, P. and Campbell, D. 1971. Hedonic Relativism and Planning the Good Society, Academic Press. pp. 287–302.

Choi, S. C., Mirjafari, A., and Weaver, H. B. 1976. The concept of crowding: A critical review and proposal of an alternative approach. Environment and Behavior 8:345-362.

Coltman, M. M. 1989. Tourism Marketing, Van Nostrand Reinhold.

Connerton, P. 1989. How Societies Remember, Cambridge University Press.

Csikszentmihalyi, M. 1990. Flow: The Psychology of Optimal Experience, Harper.

Durkheim, E. 1912. Les Formes Élémentaires de la vie Religieuse. Presses Universitaires de France, reprinted in 2003.

Fang, W.-T., Hu, H.-W. Hu, and Lee, C.-S. 2015. Atayal's identification of sustainability: Traditional ecological knowledge and indigenous science of a hunting culture. Sustainability Science DOI: 10.1007/s11625-015-0313-9

Feuchtwang, S. 2001. Popular Religion in China: The Imperial Metaphor, Routledge Curzon.

Formica, S. 1998. The development of festivals and special events studies. Festival Management and Event Tourism 5 (3):131-137.

節慶觀光與民俗

Fraenkel, J. R. and Wallen, N. E. 1993. How to Design and Evaluate Research in Education, 2nd Edition, McGraw-Hill.

Getz, D. 2010. The nature and scope of festival studies. International Journal of Event Management Research 5(1):1-47.

Gold, R. 1969. Roles in sociological field observation, in McCall, G., and Simmons J. (eds.), Issues in Participant Observation, Addison- Wesley, 30-39.

Grindon, G. 2013. Revolutionary romanticism: Henri Lefebvre's revolution-as-festival. Third Text 27(2):208-220.

Groff, L., and Smoker, P. 1996. Spirituality, religion, culture, and peace: exploring the foundations for inner-outer peace in the twenty-first century. The International Journal of Peace Studies 1(1): 57–114.

Gursoy, D., and Kendall, K. W. 2006. Hosting mega events: Modeling locals' support. Annals of Tourism Research 33(3):603–623.

Gursoy, D., Kim, K., and Uysal, M. 2004. Perceived impacts of festivals and special events by organizers: an extension and validation. Tourism Management 25(2):171-181.

Halbwachs, M. 1992. On collective memory, in Coser, L. A. (eds. & trans.), The University of Chicago Press.

Harari, Y. N. 2015. Sapiens: A Brief History of Humankind, Harper Press.

Hawkins, D., and Goldblatt, J. 1995. Event management: implications for tourism education. Tourism Recreation Research 20(2): 42-45.

Hobsbawm, E. and Ranger, T. O. 1992. The Invention of Tradition, Cambridge University Press.

Hoyle, L. H. 2002 Event Marketing: How to Successfully Promote Events, Festivals, Conventions, and Expositions, J. Wiley.

Huang, K.-H., and Fang, W.-T. 2013. Developing concentric logical concepts of environmental impact assessment systems: Feng Shui concerns and beyond. Journal of Architectural and Planning Research, 31(1):39-55.

Hunziker, W., and Krapf, K. 1941. Grundriss der allgemeinen Fremden-verkehrslehre. cf. Hasso Spode in Günther Haehling (ed.) Tourismus-Management, Berlin, 1998, Routledge.

Inglis, F. 2000. The Delicious History of the Holiday, Routledge.

Jackson, R. 1997. Making Special Events Fit in the 21st Century, Sagamore.

Kagan, S. 2012. Death, Yale Press.

Kang, E., Boger, C. A., Back, K.-J., and Madera, J. 2012. The Impact of Sensory Environments on Spa goers' Emotion and Behavioral Intention. scholarworks.umass.edu

Koch, J. W. H., and Koch, H. C. H 2008. Active Steps to Reducing Stress. Bracken.

Kyle, G., Graefe, A., Manning, R., and Bacon, J. 2003. An examination of the relationship between leisure activity involvement and place attach-ment among hikers along the Appalachian trail. Journal of Leisure Re-search 35:249-273.

Lee, H., and Graefe, A. R. 2003. Crowding at an arts festival: Extending crowding models to the frontcountry. Tourism Management 24:1-11.

Lefebvre, H. 1947. The Critique of Everyday Life, Verso.

Lieberman, D. E. 2013. The Story of the Human Body: Evolution, Health and Disease, Pantheon.

Lindberg, K. 1996. The Economic Impacts of Ecotourism. Eesti Ökoturismi Uhendus 2000-2002.

Lövheim, H. 2012. A new three-dimensional model for emotions and mono-amine neurotransmitters. Med Hypotheses 78:341-348.

McLuhan, R. 2000. Go live with a Big Brand Experience, Marketing.

Mehrabian A., and Russell, J. A. 1974. An Approach to Environmental Psychology, MIT Press.

Nurse, K. 1999. Globalization and Trinidad carnival: Diaspora hybridity and identity in global culture. Cultural Studies 13(4):661-690.

O'Toole, W., and Mikolaitis, P. 2002. Corporate Event Project Management, Wiley.

Ozouf, M. 1976. La Fête Révolutionnaire 1789–1799, Gallimard.

Schieffelin, E., and Gewertz, D. 1985. History and Ethnohistory in Papua New Guinea, University of Sydney.

Schmitt, B. H. 1999. Experiential Marketing: How to Get Customers to Sense, Feel, Think, Act, Relate, Free Press.

Scott, D. 1996. A comparison of visitors' motivations to attend three urban festivals. Festival Management and Event Tourism 3(3):121-128.

Sherif, M., and Cantril, H. 1947. The Psychology of Ego-involvements, Wiley.

Shone, A., and Parry, B. 2010. Successful Event Management, Cengage Learning.

Smith, M. K. 2009. Issues in Cultural Tourism Studies, 2nd Edition, Routledge.

Sorokin, P. A. 1947. Society, Culture, and Personality: Their Structure and Dynamics, Harper & Brothers, reprint in 1962.

Sorokin, P. A. 1954. The Ways and Power of Love, reprinted Templeton Foundation Press in 2002.

Stephens, S. 2000. Handbook for Culturally-Responsive Science Curriculum. Fairbanks, Alaska Fire Science Consortium & Alaska Rural Systemic Initiative. pp.40

Tattersall, I. 2012. Master of the Planet. The Search for Our Human Orgins, St. Martin's Press.

Tuan, Y. F.1980. Rootedness versus sense of place. Landscape 24 (January) 113:3-8.

Urry, J. 2002. The Tourist Gaze, 2nd Edition, Sage.

Uysal, M., Gahan, L., and Martin, B. 1993. An examination of event motivations: A case study. Festival Management and Event Tourism 1(1):5-10.

William, F. T. 1997. Global Tourism: The Next Decade, Butterwoth-Heinemann.

Witt, S. F., and Luiz, M. 1992. Tourism Marketing and Management Handbook, 2nd Edition, Prentice Hall.

Wright, R. 2010. The Evolution of God, Back Bay.

Yoon, Y., and Uysal, M., 2005. An examination of the effects of motivation and satisfaction on destination loyalty: a structural model. Tourism Management 26:45-56.

國家圖書館出版品預行編目資料

節慶觀光與民俗／方偉達著. －－初版. －－
臺北市：五南, 2016.02
　　面；　公分
ISBN 978-957-11-8428-9（平裝）

1.節日 2.民俗活動 3.文化觀光 4.臺灣文化

733.4　　　　　　　　　104025831

1L99　觀光系列

節慶觀光與民俗

作　　者 ― 方偉達

發 行 人 ― 楊榮川

總 編 輯 ― 王翠華

主　　編 ― 黃惠娟

責任編輯 ― 蔡佳伶

封面設計 ― 陳翰陞

出 版 者 ― 五南圖書出版股份有限公司

地　　址：106台北市大安區和平東路二段339號4樓

電　　話：(02)2705-5066　　傳　　真：(02)2706-6100

網　　址：http://www.wunan.com.tw

電子郵件：wunan@wunan.com.tw

劃撥帳號：01068953

戶　　名：五南圖書出版股份有限公司

法律顧問　林勝安律師事務所　林勝安律師

出版日期　2016年2月初版一刷

定　　價　新臺幣400元